PEQUENO LAROUSSE DO *Chocolate*

Copyright do texto e das fotos © 2008 Le Cordon Bleu International BV
Copyright da primeira edição francesa © 2008 Larousse
Copyright dos textos © 2015 Le Cordon Bleu International BV
Copyright da edição francesa e das fotos © 2015 Larousse
Copyright desta tradução © 2019 Alaúde Editorial Ltda.

Título original: *Le Petit Larousse du Chocolat - Le Cordon Bleu*®

Todos os direitos reservados. Nenhuma parte desta edição pode ser utilizada ou reproduzida – em qualquer meio ou forma, seja mecânico ou eletrônico –, nem apropriada ou estocada em sistema de banco de dados sem a expressa autorização da editora.
O texto deste livro foi fixado conforme o acordo ortográfico vigente no Brasil desde 1º de janeiro de 2009.

EDIÇÃO ORIGINAL: ÉDITIONS LAROUSSE
Diretoras da publicação: Isabelle Jeuge-Maynart e Ghislaine Stora
Diretora editorial: Agnès Busière
Edição: Coralie Benoit
Projeto gráfico: Black & White e Valérie Roland
SMARTIES® é uma marca registrada da Nestlé, usada pela Larousse com a autorização da empresa.

PRODUÇÃO EDITORIAL: EDITORA ALAÚDE
Edição: Bia Nunes de Sousa
Tradução: Célia Regina Rodrigues de Lima
Preparação: Patricia Vilar (Ab Aeterno)
Revisão: Claudia Vilas Gomes, Rosi Ribeiro Melo
Consultoria técnica: Priscila França
Capa: Cesar Godoy

1ª edição, 2019
Impresso no Brasil

Dados Internacionais de Catalogação na Publicação (CIP)
(Câmara Brasileira do Livro, SP, Brasil)

Pequeno Larousse do chocolate / Larousse ; [tradução Célia Regina de Lima]. -- São Paulo : Alaúde Editorial, 2019.

Título original: Le petit Larousse chocolat
ISBN 978-85-7881-594-3

1. Culinária (Chocolate) 2. Receitas culinárias I. Larousse.

19-26881 CDD-641.6374

Índices para catálogo sistemático:
1. Chocolate : Receitas culinárias : Economia doméstica 641.6374
Cibele Maria Dias - Bibliotecária - CRB-8/9427

2019
Alaúde Editorial Ltda.
Avenida Paulista, 1337, conjunto 11
São Paulo, SP, 01311-200
Tels.: (11) 3146-9700 / 5572-9474
www.alaude.com.br

PEQUENO
LAROUSSE
DO *Chocolate*

TRADUÇÃO DE
CÉLIA REGINA RODRIGUES DE LIMA

Prefácio

A escola Le Cordon Bleu tem o prazer de apresentar esta edição brasileira do famoso *Le Petit Larousse du chocolat*, livro de referência que alia as competências culinárias e pedagógicas da escola Le Cordon Bleu à qualidade das edições Larousse.

Com 120 anos de experiência, a Le Cordon Bleu tornou-se uma das líderes em formação culinária e hoteleira, com uma rede de mais de cinquenta escolas, em vinte países, que anualmente fornece mais de 20 mil certificados. Assim que recebem o certificado, os estudantes, de mais de noventa nacionalidades, já podem atuar como chefs com a mesma competência que os grandes mestres da arte culinária francesa.

O reconhecimento internacional da nossa instituição se firmou ao longo dos momentos marcantes da nossa história. Os primeiros cursos de culinária foram ministrados aos leitores da revista *La Cuisinière Cordon Bleu*, criada em Paris, em 1895, pela jornalista Marthe Distel. Essa iniciativa, bastante inovadora para a época, permitia que as mulheres se especializassem na arte culinária com o intuito de aprimorar seu desempenho na cozinha doméstica. A ideia se desenvolveu rapidamente com a abertura de nossa escola em Londres, em 1933. Foi nessa instituição inglesa que surgiu a famosa receita Coronation chicken (frango da coroação, em tradução literal), idealizada especialmente para as comemorações da coroação da rainha Elizabeth II, em 1953.

A partir dos anos 2000, foi implantada uma rede de escolas Le Cordon Bleu nos Estados Unidos, que hoje é considerada a instituição culinária mais importante desse país. Neste ano de 2019, a Le Cordon Bleu continua a crescer, com a abertura de mais de seis unidades nos cinco continentes. A inauguração de uma sede em Xangai marcou o primeiro acordo de sociedade conjunta assinado entre o governo chinês e uma entidade privada na área de formação. Por ocasião dos Jogos Olímpicos de 2016, o governo do Rio de Janeiro pediu à Le Cordon Bleu para abrir uma unidade direcionada a moradores de favelas, dos quais 20% seriam beneficiados com bolsas. Portanto, a instituição Le Cordon Bleu foi a primeira a utilizar chefs franceses para divulgar mundo afora a técnica e os conhecimentos gastronômicos da França.

A escola mantém seu prestígio e reconhecimento graças à participação anual dos nossos mestres em uma centena de eventos e jantares de gala no mundo todo. A Le Cordon Bleu não apenas é responsável pela expansão da arte culinária francesa, mas também acolhe as cozinhas locais, de seus chefs, bem como seus ingredientes e sabores, valorizando o patrimônio culinário de cada região.

Os estúdios de Hollywood se curvaram igualmente à Le Cordon Bleu, imortalizando Audrey Hepburn nas telas, em 1954, quando visitou a escola de Paris para o lançamento do filme *Sabrina*, no qual encarna com maestria uma estudante em uma escola de culinária. Em 2009, a rede Le Cordon Bleu contribuiu para o sucesso do filme *Julie & Julia*, cuja história se baseia na vida de Julia Child, a famosa norte-americana que estudou na Le Cordon Bleu Paris nos anos 1950, interpretada por Meryl Streep.

Para satisfazer ao interesse dos amantes de gastronomia, a Le Cordon Bleu publica regularmente livros de cozinha, dos quais muitos foram adotados mundialmente e outros se tornaram referência em matéria de formação culinária. São mais de 10 milhões de livros vendidos no mundo. Em 2014, uma de nossas obras foi a fonte de inspiração do chef indiano na comédia dramática norte-americana *A 100 passos de um sonho* (*The Hundred-Foot Journey*), com Manish Dayal, Charlotte Le Bon e Helen Mirren.

Já faz muitos anos que a escola Le Cordon Bleu se estabeleceu na cena internacional produzindo cursos de formação culinária de excelente qualidade, fornecendo licenciaturas, mestrados e MBAs na área de hotelaria e turismo, incluindo programas *on-line*.

A escola de Paris está sempre de portas abertas para alunos de todos os países. Hoje, a Le Cordon Bleu prepara um projeto muito importante na França visando atender à demanda crescente e receber estudantes estrangeiros em grande escala.

Esta edição ilustra a missão da Le Cordon Bleu: transmitir o conhecimento e valorizar os modelos contemporâneos da gastronomia, tanto na França quanto no mundo.

Temos orgulho em compartilhar com vocês nossa experiência, nossa visão e nossa paixão pela arte de viver à francesa.

Esperamos realmente contribuir para o seu sucesso.

SAUDAÇÕES GASTRONÔMICAS,

André Cointreau
Presidente da
Le Cordon Bleu International

Le Cordon Bleu pelo mundo

LE CORDON BLEU PARIS
13-15 Quai André Citroën
75015 Paris, França
T: +33 (0)1 85 65 15 00
paris@cordonbleu.edu

LE CORDON BLEU LONDRES
15 Bloomsbury Square
Londres WC1A 2LS
Reino Unido
T: +44 (0) 207 400 3900
london@cordonbleu.edu

LE CORDON BLEU MADRI
Universidad Francisco de Vitoria
Ctra. Pozuelo-Majadahonda
Km. 1,800
Pozuelo de Alarcón, 28223
Madri, Espanha
T: +34 91 715 10 46
madrid@cordonbleu.edu

LE CORDON BLEU INTERNATIONAL
Herengracht 28
1015 BL Amsterdã
Holanda
T: +31 20 661 6592
amsterdam@cordonbleu.edu

LE CORDON BLEU ISTAMBUL
Özyeğin University
Çekmeköy Campus
Nişantepe Mevkii, Orman Sokak, No:13,
Alemdağ, Çekmeköy 34794
Istambul, Turquia
T: +90 216 564 9000
istanbul@cordonbleu.edu

LE CORDON BLEU LÍBANO
Burj on Bay Hotel
Tabarja – Kfaryassine
Líbano
T: +961 9 85 75 57
lebanon@cordonbleu.edu

LE CORDON BLEU JAPÃO
Le Cordon Bleu Campus Tóquio
Le Cordon Bleu Campus Kobe
Roob-1, 28-13 Sarugaku-Cho,
Daikanyama, Shibuya-Ku, Tóquio
150-0033, Japão
T: +81 3 5489 0141
tokyo@cordonbleu.edu

LE CORDON BLEU COREIA DO SUL
Sookmyung Women's University,
7th Fl., Social Education Bldg.,
Cheongpa-ro 47gil 100, Yongsan-Ku,
Seul, 140-742 Coreia do Sul
T: +82 2 719 6961
korea@cordonbleu.edu

LE CORDON BLEU OTTAWA
453 Laurier Avenue East
Ottawa, Ontário, K1N 6R4, Canadá
T: +1 613 236 CHEF (2433)
Restaurant line +1 613 236 2499
ottawa@cordonbleu.edu

LE CORDON BLEU EUA
Le Cordon Bleu Campus Atlanta
Le Cordon Bleu Campus Austin
Le Cordon Bleu Campus Chicago
Le Cordon Bleu Campus Dallas
Le Cordon Bleu Campus Las Vegas
Le Cordon Bleu Campus Los Angeles
Le Cordon Bleu Campus Miami
Le Cordon Bleu Campus Minneapolis/ St Paul
Le Cordon Bleu Campus Orlando
Le Cordon Bleu Campus Boston
Le Cordon Bleu Campus CCA - São Francisco
Le Cordon Bleu Campus Portland
Le Cordon Bleu Campus Scottsdale
One Bridge Plaza N
Suite 275
Fort Lee, NJ USA 07024
T : +1 201 490 1067
info@cordonbleu.edu

UNIVERSIDAD LE CORDON BLEU PERU (ULCB)
Le Cordon Bleu Peru Instituto
Le Cordon Bleu Cordontec
Av. Vasco Núñez de Balboa 530
Miraflores, Lima 18, Peru
T: +51 1 617 8300
peru@cordonbleu.edu

LE CORDON BLEU MÉXICO
Universidad Anáhuac Campus Norte
Universidad Anáhuac Campus Sul
Universidad Anáhuac Campus Querétaro
Universidad Anáhuac Campus Cancún
Universidad Anáhuac Campus Mérida
Universidad Anáhuac Campus Puebla
Universidad Anáhuac Campus Tampico
Universidad Anáhuac Campus Oaxaca
Av. Universidad Anáhuac No. 46, Col. Lomas Anáhuac
Huixquilucan, Edo. De Mex. C.P. 52786, México
T: +52 55 5627 0210 ext. 7132 / 7813
mexico@cordonbleu.edu

LE CORDON BLEU AUSTRÁLIA
Le Cordon Bleu Campus Adelaide
Le Cordon Bleu Campus Sydney
Le Cordon Bleu Campus Melbourne
Le Cordon Bleu Campus Perth
Le Cordon Bleu Campus Brisbane
Days Road, Regency Park
South Australia 5010, Austrália
T: +61 8 8346 3000
australia@cordonbleu.edu

LE CORDON BLEU RIO DE JANEIRO
Rua da Passagem, 179, Botafogo
Rio de Janeiro, RJ, 22290-031
T: (21) 99400-2117

LE CORDON BLEU SÃO PAULO
Rua Natingui, 862, 1º andar
Vila Madalena, SP, São Paulo 05443-001
T: (11) 3185-2500

LE CORDON BLEU NOVA ZELÂNDIA
52 Cuba Street
Wellington, 6011, Nova Zelândia
T: +64 4 4729800
nz@cordonbleu.edu

LE CORDON BLEU MALÁSIA
Sunway University
No. 5, Jalan Universiti, Bandar Sunway, 46150 Petaling Jaya, Selangor DE, Malásia
T: +603 5632 1188
malaysia@cordonbleu.edu

LE CORDON BLEU TAILÂNDIA
17th-19th Floor, Zen Tower,
Central World Center,
Ratchadamri Road, Bangcoc 10330
Tailândia
T: +66 2 237 8877
thailand@cordonbleu.edu

LE CORDON BLEU XANGAI
2F, Building 1, No. 1458 Pu Dong Nan Road, Xangai, China 200122
T: +86 400 118 1895
shanghai@cordonbleu.edu

LE CORDON BLEU ÍNDIA
G D Goenka University
Sohna Gurgaon Road
Sohna, Haryana
Índia
T: +91 880 099 20 22 / 23 / 24
lcb@gdgoenka.ac.in

LE CORDON BLEU CHILE
Universidad Finis Terrae
Avenida Pedro de Valdivia 1509
Providencia
Santiago, Chile
T: +56 24 20 72 23

LE CORDON BLEU TAIWAN
NKUHT University
Ming-Tai Institute
4F, No. 200, Sec. 1, Keelung Road
Taipei 110, Taiwan
T: +886 2 7725-3600 / +886 975226418

LE CORDON BLEU KAOHSIUNG
No.1, Songhe Rd
Xiaogang Dist., Kaohsiung, 81271, Taiwan
T: +886 (0) 7 801 0909

LE CORDON BLEU, INC.
85 Broad Street – 18th floor, Nova York, NY 10004 EUA
T: +1 212 641 0331

WWW.CORDONBLEU.EDU
E-MAIL: INFO@CORDONBLEU.ED

LE CORDON BLEU PELO MUNDO 7

Sumário

BOLOS REFINADOS E CREMOSOS — 11
    Como fazer uma ganache básica — 12
    Como rechear um rocambole — 13
    Como colocar cobertura sobre um bolo — 14
    Como confeitar um bolo em duas cores — 15
Receitas — 16

TORTAS EXTRAVAGANTES — 87
    Como fazer massa amanteigada (sablée) — 88
    Como abrir massa de torta — 89
    Como forrar fôrma de torta — 90
    Como forrar fôrma de minitorta — 91
Receitas — 92

DELÍCIAS DE MUSSES, DELÍCIAS DE CREMES — 137
    Como fazer merengue de chocolate — 138
    Como preparar fôrmas de suflê — 139
Receitas — 140

DELÍCIAS GELADAS PARA COMER E BEBER — 207
    Como fazer creme inglês — 208
    Como fazer massa choux — 209
    Como moldar quenelles — 210
    Como fazer discos de merengue ou de massa — 211
Receitas de sobremesas geladas — 212
Receitas de bebidas — 246

PEQUENAS DELÍCIAS PARA COMPARTILHAR — 255
    Como rechear bombas de massa choux — 256
    Como fazer casquinhas de chocolate — 257
Receitas — 258

DOCINHOS DELICADOS — 319
    Como temperar chocolate em banho-maria — 320
    Como temperar chocolate com manteiga de cacau em pó — 321
    Como temperar chocolate no mármore — 322
    Como verificar a temperagem do chocolate — 324
    Como fazer pasta de pralinê — 325
    Como moldar bombons de chocolate — 326
    Como cobrir bombons com chocolate — 328
    Como fazer um cone para decorar sobremesas — 329
Receitas — 330

DECORAÇÕES DE CHOCOLATE   387

   Como fazer favos   388
   Como fazer folhas   389
   Como fazer flores   390
   Como fazer rosas   392
   Como fazer peixinhos coloridos   394
   Como decorar bombons com transfer   396
   Como fazer raspas   397
   Como fazer ondas   398
   Como fazer curvas   400
   Como fazer faixa lateral com chocolate   402
   Como fazer faixa lateral com manteiga de cacau   403
   Como fazer faixa lateral com fios de ouro   404

Glossário   406
Índice das receitas por ordem alfabética   409
Índice das receitas por ingredientes   411
Agradecimentos   416

Alguns conselhos importantes

A ESCOLHA DOS INGREDIENTES
Para as receitas deste livro, utilizamos a farinha tipo 1, leite integral, fermento químico em pó e ovos pequenos de 50 g. Prefira os chocolates próprios para culinária, e, para a temperagem e/ou cobertura, escolha um "chocolate de cobertura ao leite", que é um produto profissional de qualidade com um teor de cacau de aproximadamente 31%.

OS UTENSÍLIOS ESPECÍFICOS
Algumas receitas podem necessitar de uma peneira fina (chinois), um saco de confeitar de bico liso ou canelado, aros de confeitaria ou um termômetro culinário (de preferência com sonda eletrônica para a temperagem do chocolate – tipo espeto).

OS COZIMENTOS NO FORNO
As temperaturas e os tempos de cozimento apresentados podem variar ligeiramente de acordo com o forno utilizado.

Bolos refinados e cremosos

Como fazer uma ganache básica

Nesta receita básica, como as proporções de chocolate e de creme são iguais, a ganache ficará com uma consistência macia, ideal para decorar e cobrir bolos ou rechear tortas. Se você aumentar as proporções de chocolate em relação às de creme, a ganache ficará mais consistente, perfeita para preparar trufas e bombons. Portanto, adapte esta versão básica conforme os ingredientes da receita escolhida (ver, por exemplo, a p. 66).

① Pique grosseiramente 300 g de chocolate em barra e coloque-o em uma tigela grande.

② Em uma panela, leve ao fogo 300 ml de creme de leite até ferver e despeje-o sobre o chocolate.

③ Misture bem até a preparação esfriar e ficar com consistência homogênea e brilhante. Deixe a ganache descansar em temperatura ambiente até que esteja fácil de espalhar.

Como rechear um rocambole

Prepare o bolo e o creme para o recheio conforme as instruções da receita escolhida (ver, por exemplo, as pp. 18 ou 78).

① Disponha o bolo, já assado, sobre uma folha de papel-manteiga ou um pano de prato limpo, deixando para baixo o lado do bolo que não teve contato com a fôrma durante o cozimento.

② Com uma espátula flexível, espalhe o recheio sobre o bolo, deixando um espaço vazio nas extremidades.

③ Enrole a massa, começando pelo lado mais longo, com a ajuda do papel-manteiga (ou do pano de prato), descole o papel do bolo aos poucos, à medida que o enrola. Vire o rocambole de modo que essa emenda final fique escondida embaixo dele e, com uma faca, acerte as extremidades.

Como colocar cobertura sobre um bolo

Prepare o bolo e a cobertura conforme a receita escolhida (ver, por exemplo, as pp. 32 ou 44). Deixe a cobertura esfriar.

① Coloque o bolo sobre uma grelha disposta sobre uma assadeira grande.

② Despeje a cobertura sobre todo o bolo de uma vez só, deixando-a escorrer pelos lados.

③ Com uma espátula de inox, espalhe a cobertura sobre toda a superfície e alise-a. Leve à geladeira por 30 minutos para ficar consistente.

Como confeitar um bolo em duas cores

Prepare o bolo e a cobertura de chocolate conforme a receita escolhida (ver, por exemplo, as pp. 32 ou 44). Deixe a cobertura amornar. Misture 30 g de manteiga de cacau derretida com 30 g de cobertura neutra.

① Coloque o bolo sobre uma grelha disposta sobre uma assadeira grande. Despeje a cobertura de chocolate preto morna sobre todo o bolo, de uma vez só, deixando-a escorrer pelos lados. Em seguida, disponha um pouco da mistura de manteiga de cacau e cobertura neutra no centro do bolo.

② Com uma espátula flexível, espalhe a mistura de cobertura branca sobre toda a superfície do bolo e alise-a bem. O bolo deverá ficar com um aspecto marmorizado. Leve à geladeira por 30 minutos para ganhar consistência.

15

Rocambole de Natal de chocolate

RENDE 10 A 12 PORÇÕES
DIFICULDADE ★ ★ ★
PREPARAÇÃO: 1h30
COZIMENTO: 8 min
REFRIGERAÇÃO: 1h

Para a massa
- 150 g de marzipã
- 60 g de açúcar de confeiteiro
- 3 gemas
- 2 claras
- 60 g de açúcar
- 100 g de farinha de trigo peneirada
- 50 g de manteiga sem sal derretida

Para a ganache de chocolate
- 200 g de chocolate meio-amargo
- 250 ml de creme de leite fresco
- 75 g de manteiga sem sal em temperatura ambiente
- 50 ml de rum

Para a calda de rum
- 120 ml de água
- 100 g de açúcar
- 1 colher (chá) de essência de café
- 40 ml de rum

Para o creme de manteiga com café
- 1 ovo + 2 gemas
- 160 g de açúcar
- 80 ml de água
- 250 g de manteiga sem sal em temperatura ambiente
- essência de café (a gosto)

◊ Ver "Como rechear um rocambole" na p. 13

Preaqueça o forno a 180 °C. Forre uma fôrma de 30 × 38 cm com papel-manteiga.

Prepare a massa: ponha na batedeira o marzipã com o açúcar de confeiteiro e bata até a mistura ficar parecendo uma farofa. Incorpore as gemas uma a uma. Em uma tigela separada, bata as claras até ficarem ligeiramente espumosas. Junte, aos poucos, ⅓ do açúcar e continue batendo até elas ficarem lisas e brilhantes. Então, adicione delicadamente o restante do açúcar e bata até se tornar um merengue consistente. Incorpore ⅓ dessa preparação e 50 g de farinha peneirada à mistura inicial de marzipã e açúcar. Acrescente mais ⅓ do merengue, o restante da farinha e misture bem. Por fim, incorpore o último terço do merengue e a manteiga derretida. Coloque essa massa em uma fôrma de modo que fique com uma espessura de 5 mm e asse por aproximadamente 8 minutos, até a massa estar macia ao toque. Deixe esfriar sobre uma grelha.

Prepare a ganache de chocolate: pique grosseiramente o chocolate e coloque-o em uma tigela. Em uma panela, aqueça o creme de leite e despeje-o sobre o chocolate. Misture bem, junte a manteiga e o rum. Deixe descansar.

Prepare a calda de rum: ferva a água com o açúcar até o açúcar dissolver, mas não deixe formar caramelo. Espere esfriar e junte a essência de café e o rum.

Prepare o creme de manteiga com café: bata o ovo e as gemas até a mistura ficar esbranquiçada. Em uma panela, ferva a água com o açúcar até alcançar 120 °C no termômetro culinário. Despeje essa calda delicadamente sobre os ovos, batendo bem. Continue a bater até a mistura esfriar. Então, adicione cuidadosamente a manteiga e a essência de café.

Desenforme a massa sobre uma folha de papel-manteiga ou um pano de prato limpo. Regue o bolo com a calda de rum. Recheie com uma camada de creme de manteiga com café e enrole o rocambole com a ajuda da folha de papel-manteiga, descolando a massa do papel à medida que enrola. Arrume o rocambole de modo que o fim da massa fique para baixo, assim ele não desenrola. Espalhe outra camada de creme de manteiga sobre todo o rocambole e leve-o à geladeira. Antes de servir, espalhe a ganache sobre o rocambole.

Bolo de Natal com frutas

RENDE 10 A 12 PORÇÕES
DIFICULDADE ★ ★ ★
PREPARAÇÃO: 1h30
COZIMENTO: 8 min
REFRIGERAÇÃO: 1h

Para o pão de ló de chocolate
- 3 gemas
- 75 g de açúcar
- 3 claras
- 70 g de farinha de trigo peneirada
- 15 g de cacau em pó peneirado

Para o creme de chocolate
- 40 g de chocolate meio-amargo
- 1 folha de gelatina (2 g)
- 150 ml de leite
- 2 gemas
- 50 g de açúcar
- 20 g de amido de milho
- 200 ml de creme de leite fresco

Para rechear
- 200 g de morangos cortados em pedaços
- 1 pera cortada em pedaços
- 100 g de framboesas
- 100 g de amoras-pretas
- 1 kiwi cortado em pedaços

Para a calda de chocolate
- 100 ml de água
- 100 g de açúcar
- 10 g de cacau em pó

Para a decoração
- kiwis, peras, morangos, framboesas, amoras-pretas
- açúcar de confeiteiro

Preaqueça o forno a 200 °C. Forre uma fôrma de 30 × 38 cm com papel-manteiga.

Prepare o pão de ló de chocolate: bata as gemas e metade do açúcar em uma tigela até obter uma mistura esbranquiçada e espumante. À parte, bata as claras com a outra metade do açúcar até ficarem bem firmes. Delicadamente, incorpore a mistura de gemas às claras em neve. Adicione e misture delicadamente a farinha e o cacau peneirados. Despeje a massa na fôrma e alise-a com uma espátula. Leve ao forno por 8 minutos.

Prepare o creme de chocolate: pique o chocolate meio-amargo. Mergulhe a folha de gelatina em um pouco de água fria e reserve. Ferva o leite. Em uma tigela, bata as gemas com o açúcar até obter uma mistura esbranquiçada e junte o amido de milho. Acrescente metade do leite quente, mexa bem e junte o restante do leite. Disponha essa preparação em uma panela e aqueça-a em fogo baixo, mexendo suavemente com um batedor, até ficar um creme espesso. Deixe ferver por 1 minuto, ainda mexendo, e retire a panela do fogo. Esprema a folha de gelatina para extrair o máximo de água e incorpore-a à preparação. Despeje tudo sobre o chocolate picado e misture bem. Cubra o creme com filme de PVC e deixe esfriar, mexendo de vez em quando. Bata o creme de leite e incorpore-o ao creme de chocolate assim que ele estiver morno. Quando o creme esfriar completamente, incorpore delicadamente as frutas picadas.

Prepare a calda de chocolate: em uma panela, ferva a água com o açúcar e o cacau (somente até dissolver o açúcar, não deixe formar caramelo) e espere esfriar.

Forre uma fôrma de bolo de 35 cm de comprimento com papel-manteiga. Corte o bolo, no sentido do comprimento maior em três tiras de 10 × 35 cm. Disponha uma tira sobre o papel-manteiga da fôrma. Regue-a com a calda de chocolate e cubra-a com o creme de chocolate e frutas. Regue as outras duas tiras de massa com a calda e coloque-as sobre o recheio, de modo que fiquem nas laterais, formando um triângulo. Leve à geladeira por 1 hora, então, passe para o prato em que vai servir e decore com as frutas frescas e o açúcar de confeiteiro.

Bolo de chocolate
com frutas secas

RENDE 8 A 10 PORÇÕES
DIFICULDADE ★ ★ ★
PREPARAÇÃO: 25 min
COZIMENTO: 50 min

- 150 g de damascos secos
- 40 g de cerejas cristalizadas
- 50 g de cascas de laranja cristalizadas
- 50 g de uvas-passas
- 50 g de avelãs sem casca e torradas
- 30 g de pistaches sem casca
- 100 g de frutas cristalizadas
- 300 g de manteiga sem sal em temperatura ambiente
- 250 g de açúcar de confeiteiro
- 5 ovos
- 300 g de farinha de trigo peneirada
- 30 g de cacau em pó peneirado
- 1 colher (chá) de fermento químico em pó peneirado (5 g)

Preaqueça o forno a 180 °C. Unte uma fôrma de bolo inglês de 28 × 10 cm.

Corte os damascos, as cerejas e as cascas de laranja em pedacinhos e misture-os com as uvas-passas, as avelãs, os pistaches e as frutas cristalizadas. Reserve.

Em uma tigela, trabalhe a manteiga com uma espátula para que ela fique com consistência cremosa (em ponto de pomada). Junte o açúcar de confeiteiro e bata com um batedor até a mistura ficar clara. Incorpore os ovos, um a um, depois a farinha, o cacau e o fermento peneirados. Misture bem e adicione as frutas, mexendo delicadamente.

Disponha essa massa na fôrma e leve ao forno por 50 minutos. Deixe esfriar na fôrma por aproximadamente 15 minutos. Desenforme e coloque o bolo sobre uma grelha para esfriar.

DICA DO CHEF: este bolo pode ser conservado por várias semanas no congelador ou por alguns dias na geladeira, basta envolvê-lo em filme de PVC.

Quadradinhos de chocolate e framboesa

RENDE 8 A 10 PORÇÕES
DIFICULDADE ★ ★ ★
PREPARAÇÃO: 1h
COZIMENTO: 15 min
REFRIGERAÇÃO: 15 min

Para a massa tipo Sacher
- 75 g de chocolate
- 50 g de pasta de cacau (ver p. 96)
- 125 g de manteiga sem sal em temperatura ambiente
- 3 gemas
- 100 g de açúcar
- 4 claras
- 50 g de amido de milho peneirado
- ½ colher (chá) de fermento químico em pó peneirado (2,5 g)

Para a musse de chocolate
- 110 g de chocolate com 55% de cacau
- 25 g de pasta de cacau
- 250 ml de creme de leite fresco
- 4 gemas
- 60 g de açúcar

Para a calda de framboesa
- 50 ml de água
- 50 g de açúcar
- 100 ml de suco de framboesa
- 40 ml de aguardente de framboesa

Para o glacê de framboesa
- 65 g de framboesas
- ½ ou 1 colher (chá) de mel
- 60 g de açúcar
- 4 g de pectina

Preaqueça o forno a 180 °C. Coloque um aro quadrado de 17 × 17 cm sobre uma assadeira forrada com papel-manteiga.

Prepare a massa tipo Sacher: derreta o chocolate e a pasta de cacau em banho-maria. Fora do fogo, incorpore a manteiga, as gemas e metade do açúcar. Bata as claras com o restante do açúcar e incorpore-as à mistura de chocolate e pasta de cacau. Junte o amido de milho e o fermento e misture bem. Disponha a massa no aro e leve ao forno por 15 minutos. Deixe esfriar e remova o aro.

Prepare a musse de chocolate: derreta o chocolate e a pasta de cacau em banho-maria. Retire do banho-maria e deixe esfriar. Bata ligeiramente o creme de leite e leve à geladeira. Bata as gemas com o açúcar. Com uma espátula, incorpore o chocolate aos poucos e adicione o creme batido.

Prepare a calda de framboesa: em uma panela, ferva a água com o açúcar e o suco de framboesa. Coloque a mistura em uma tigela. Deixe esfriar e acrescente a aguardente de framboesa.

Prepare o glacê de framboesa: em uma panela, coloque as framboesas, o mel e metade do açúcar e leve ao fogo até ferver. Misture a pectina com o restante do açúcar, junte-os à panela e ferva novamente. Deixe esfriar.

Coloque o aro quadrado sobre uma assadeira forrada com papel-manteiga. Corte o bolo no sentido horizontal para obter dois quadrados iguais. Disponha o primeiro dentro do aro, regue-o com a calda e cubra-o com uma camada fina de musse. Coloque o segundo quadrado por cima. Com uma espátula, aplique o glacê de framboesa sobre o bolo. Leve à geladeira por 15 minutos, desenforme-o e iguale as laterais cortando-as com uma faca aquecida.

DICAS DO CHEF: se você não encontrar pasta de cacau, use um chocolate com alta porcentagem de cacau, como de 72%, por exemplo. E, se não dispuser de pectina, substitua-a por 2 folhas de gelatina.

Bolo de amêndoas

RENDE 4 A 6 PORÇÕES
DIFICULDADE ★ ★ ★
PREPARAÇÃO: 20 min
COZIMENTO: 25 min

- amêndoas laminadas
- 60 g de manteiga sem sal
- 200 g de marzipã
- 4 ovos
- 20 g de farinha de trigo peneirada
- 10 g de cacau em pó peneirado
- ½ colher (chá) de fermento químico em pó peneirado (2,5 g)

Preaqueça o forno a 160 °C. Unte uma fôrma quadrada de 18 x 18 cm e espalhe as amêndoas laminadas no fundo.

Derreta a manteiga em uma panela e reserve.

Leve o marzipã para a batedeira, comece a bater e, aos poucos, incorpore os ovos e bata por aproximadamente 5 minutos até a mistura ficar esbranquiçada e em ponto de fita: ao levantar o batedor, ela deve cair lentamente, sem se romper, formando uma fita. Então, incorpore a farinha, o cacau e o fermento peneirados e, depois, a manteiga derretida.

Despeje essa preparação até ¾ da altura da fôrma e asse por 25 minutos. Desenforme o bolo e deixe-o esfriar sobre uma grelha.

Coração de chocolate

RENDE 8 A 10 PORÇÕES
DIFICULDADE ★ ★ ★
PREPARAÇÃO: 1h30
COZIMENTO: 40 min
REFRIGERAÇÃO: 50 min

Para o bolo de chocolate
- 140 g de manteiga sem sal
- 225 g de chocolate meio-amargo
- 4 gemas
- 150 g de açúcar
- 4 claras
- 50 g de farinha de trigo peneirada

Para a ganache
- 250 g de chocolate meio-amargo
- 250 ml de creme de leite fresco

Para a decoração
- frutas vermelhas (morangos, mirtilos etc.)

◊ Ver "Como colocar cobertura sobre um bolo" na p. 14

Preaqueça o forno a 180 °C. Unte e enfarinhe uma fôrma em formato de coração (ou uma fôrma redonda de 24 cm de diâmetro).

Prepare o bolo de chocolate: derreta, em banho-maria, a manteiga e o chocolate picado. Bata as gemas com metade do açúcar até ficarem espessas, firmes e dobrarem de volume. À parte, bata as claras, adicionando o restante do açúcar aos poucos até formar um merengue. Junte a farinha de trigo peneirada à mistura de gemas e açúcar. Incorpore essa preparação ao chocolate derretido. Então, junte as claras delicadamente, em três levas. Deixe esfriar por 5 minutos, despeje a mistura na fôrma e asse por 40 minutos. Leve o bolo à geladeira por 20 minutos e desenforme-o.

Prepare a ganache: pique o chocolate grosseiramente e coloque-o em uma tigela.

Ferva o creme de leite e despeje-o sobre o chocolate, misturando bem. Deixe descansar por cerca de 10 minutos até que a ganache esteja em consistência bem maleável.

Quando o bolo esfriar e estiver firme, corte a parte de cima para nivelá-lo bem. Espalhe a ganache sobre o bolo todo. Leve à geladeira por 30 minutos. Então, decore com frutas vermelhas.

DICA DO CHEF: este bolo pode ser guardado por 2 ou 3 dias na geladeira. Se quiser, sirva-o com creme inglês ou chantili.

Dacquoise de pera
com calda de chocolate ao vinho

RENDE **6** PORÇÕES
DIFICULDADE ★ ★ ★
PREPARAÇÃO: 1h30
COZIMENTO: cerca de 35 min
REFRIGERAÇÃO: 30 min

Para a dacquoise
- 4 claras
- 50 g de açúcar
- 70 g de farinha de amêndoa peneirada
- 75 g de açúcar de confeiteiro peneirado
- 30 g de farinha de trigo peneirada

Para a ganache
- 90 g de chocolate amargo (com 55% a 70% de cacau)
- 100 ml de creme de leite fresco
- 15 g de mel de sabor neutro
- 35 g de manteiga sem sal em temperatura ambiente

Para as peras com especiarias
- 6 peras
- ½ limão
- 30 g de manteiga sem sal
- 40 g de mel de sabor neutro
- canela em pó
- cravos-da-índia
- noz-moscada em pó
- pimenta-do-reino moída na hora

Para a calda de chocolate ao vinho
- 100 g de chocolate
- ½ garrafa de vinho tinto
- 3 anises-estrelados
- 20 ml de água
- 30 g de açúcar

Preaqueça o forno a 170 °C. Forre uma fôrma de 30 × 38 cm com papel-manteiga.

Prepare a dacquoise: bata as claras com o açúcar até formar um merengue e incorpore delicadamente a farinha de amêndoa, o açúcar de confeiteiro e a farinha peneirados. Coloque essa preparação em um saco de confeitar com bico médio e, usando um aro de 8 cm de diâmetro, disponha na fôrma seis discos de massa, engrossando os contornos para formar um ninho.

Asse os discos por 20 minutos e deixe-os esfriar sobre uma grelha.

Prepare a ganache: pique o chocolate e coloque-o em uma tigela. Ferva o creme de leite com o mel e despeje a mistura sobre o chocolate. Mexa delicadamente com uma espátula flexível e incorpore a manteiga. Leve à geladeira por 30 minutos.

Prepare as peras com especiarias: descasque as peras, corte-as ao meio e retire o miolo, mantendo os cabos. Regue-as com o limão para evitar que escureçam. Em uma panela, aqueça a manteiga com o mel e as especiarias até ferver. Adicione as peras e apure-as por 15 minutos, virando-as na metade do cozimento.

Prepare a calda de chocolate ao vinho: pique o chocolate. Em uma panela, aqueça o vinho com os anises-estrelados em fogo médio. Quando o vinho ferver, deixe-o reduzir pela metade. Junte o chocolate picado, a água e o açúcar e ferva de novo. Depois que o chocolate estiver completamente derretido, passe a calda por uma peneira e espere esfriar.

Ponha uma dacquoise em cada prato de servir, seis ao todo. Com duas colheres, forme quenelles de ganache e disponha uma sobre cada dacquoise. Coloque por cima meia pera quente e enfeite o prato com gotinhas de calda de chocolate ao vinho.

◊ Ver "Como moldar quenelles" na p. 210.

Delícia de chocolate

RENDE **8** PORÇÕES
DIFICULDADE ★ ★ ★
PREPARAÇÃO: 1h
COZIMENTO: 20 min
REFRIGERAÇÃO: 1h

Para o bolo
- 6 gemas
- 130 g de açúcar
- 4 claras
- 60 g de farinha de trigo peneirada
- 30 g de cacau em pó peneirado
- 50 g de farinha de avelã ou de amêndoa
- 60 g de manteiga sem sal

Para a cobertura
- 100 g de chocolate meio-amargo
- 100 ml de creme de leite fresco
- 20 g de mel de sabor neutro

Preaqueça o forno a 180 °C. Unte e enfarinhe uma fôrma de 18 × 18 cm.

Prepare o bolo: bata as gemas com 100 g de açúcar até que a mistura fique esbranquiçada e espumante. Bata as claras em neve bem firme com os 30 g restantes de açúcar e incorpore-as à mistura de gemas e açúcar. Em uma tigela, misture a farinha de trigo e o cacau peneirados, junte a farinha de avelã e incorpore tudo delicadamente, em três levas, à mistura anterior. Em uma panela, derreta a manteiga e adicione-a à preparação. Disponha essa massa na fôrma e leve ao forno por 20 minutos, até que, ao enfiar um palito no centro do bolo, ele saia seco. Deixe esfriar antes de desenformar.

Prepare a cobertura: pique o chocolate em pedacinhos e coloque-o em uma tigela. Em uma panela, aqueça o creme de leite com o mel e despeje-o sobre o chocolate. Misture bem e deixe esfriar. Com uma espátula flexível, espalhe a cobertura sobre a superfície do bolo. Leve à geladeira por, no mínimo, 1 hora para que a cobertura ganhe a consistência adequada.

DICA DO CHEF: este bolo fica delicioso acompanhado de sorvete de laranja.

Delícia de chocolate
com nozes

RENDE 8 A 10 PORÇÕES
DIFICULDADE ★ ★ ★
PREPARAÇÃO: 1h15
COZIMENTO: cerca de 40 min
RESFRIAMENTO: 2h
REFRIGERAÇÃO: 1h

Para o bolo
- 190 g de chocolate meio-amargo
- 125 g de manteiga sem sal em temperatura ambiente
- 125 g de açúcar mascavo escuro
- 2 gemas
- 90 g de nozes picadas
- 40 g de farinha de amêndoa
- 2 claras
- 40 g de açúcar

Para a cobertura
- 100 g de chocolate meio-amargo
- 100 ml de creme de leite fresco
- 20 g de mel

Para a decoração
- 50 g de chocolate branco
- nozes cortadas ao meio

◊ Ver "Como colocar cobertura sobre um bolo" na p. 14

◊ Ver "Como fazer um cone para decorar sobremesas" na p. 329

Preaqueça o forno a 160 °C. Unte uma fôrma de 20 cm de diâmetro.

Prepare o bolo: pique o chocolate em pedaços bem pequenos e reserve. Em uma tigela, trabalhe a manteiga com uma espátula até ficar cremosa (em ponto de pomada). Incorpore o açúcar mascavo e bata até a mistura obter uma consistência cremosa. Junte as gemas, o chocolate, as nozes e a farinha de amêndoa. Reserve. Em uma tigela, bata as claras até ficarem ligeiramente espumantes. Adicione aos poucos ⅓ do açúcar e continue a bater até virar um merengue macio e brilhante. Então, acrescente delicadamente o restante do açúcar e bata até obter uma consistência bem firme. Incorpore suavemente esse merengue à preparação de chocolate e nozes. Disponha a massa na fôrma e asse por 40 minutos. Deixe esfriar por cerca de 2 horas e desenforme o bolo sobre uma grelha.

Prepare a cobertura: pique o chocolate em pedaços bem pequenos e coloque em uma tigela. Em uma panela, ferva o creme de leite com o mel e despeje sobre o chocolate. Misture bem.

Com uma espátula, espalhe a cobertura sobre o bolo. Leve-o à geladeira por 1 hora para o chocolate ficar consistente.

Em seguida, derreta o chocolate branco em uma panela. Transfira-o para um cone pequeno de papel-manteiga e decore o bolo com linhas geométricas trançadas. Enfeite com as metades de nozes.

DICA DO CHEF: embale bem o bolo em filme de PVC e conserve-o no congelador por várias semanas ou na geladeira por alguns dias.

Folhas de outono

RENDE **6 PORÇÕES**
DIFICULDADE ★ ★ ★
PREPARAÇÃO: 1h30
COZIMENTO: 1h
REFRIGERAÇÃO: 1h

Para o merengue de amêndoas
- 4 claras
- 120 g de açúcar
- 120 g de farinha de amêndoa

Para a musse de chocolate
- 250 g de chocolate amargo com 55% de cacau
- 4 claras
- 150 g de açúcar
- 80 ml de creme de leite fresco

Para a decoração
- 250 g de chocolate meio-amargo
- 40 g de cacau em pó (ou 40 g de açúcar de confeiteiro)

◊ Ver "Como fazer discos de merengue ou de massa" na p. 211

Preaqueça o forno a 100 °C. Forre duas assadeiras rasas com papel-manteiga.

Prepare o merengue de amêndoas: bata as claras com o açúcar em neve bem firme. Incorpore aos poucos a farinha de amêndoa, misturando delicadamente. Transfira esse merengue para um saco de confeitar com bico liso e molde três discos de 20 cm de diâmetro sobre as assadeiras, formando uma espiral a partir do centro. Leve ao forno por 1 hora, desenforme e deixe esfriar até o momento de usar.

Prepare a musse de chocolate: corte o chocolate em pedaços e derreta-o em banho-maria em fogo baixo. Bata as claras em neve firme, adicionando o açúcar aos poucos. Bata ligeiramente o creme de leite. Retire o chocolate do banho-maria e espere-o amornar. Com uma espátula flexível, incorpore ao chocolate as claras em neve e o creme batido. Reserve.

Leve as duas assadeiras vazias ao forno a 50 °C. Derreta o chocolate para a decoração em banho-maria e reserve-o.

Coloque um disco de merengue no prato de servir e cubra-o com uma camada fina de musse. Disponha o segundo disco sobre o primeiro e repita a operação, reservando um pouco de musse para a decoração. Por fim, coloque o último disco de merengue. Leve à geladeira por 30 minutos.

Enquanto isso, retire as assadeiras do forno e espalhe uma camada fina de chocolate sobre cada uma. Coloque-as na parte de baixo da geladeira por 10 minutos. Cubra o bolo com a musse reservada, nivelando-a com uma espátula, e leve de volta à geladeira por mais 20 minutos. Assim que o chocolate das assadeiras começar a endurecer, retire-as da geladeira. Deixe o chocolate se adaptar à temperatura ambiente e, depois, com uma espátula triangular, raspe o fundo da assadeira fazendo com que o chocolate se dobre formando folhas. Com cuidado, recolha cada "folha" de chocolate formada, coloque algumas ao redor da superfície do bolo e revire-as para cima. Disponha o restante no topo do bolo. Polvilhe com cacau ou açúcar de confeiteiro.

Bolo Ópera de chocolate e pistache

RENDE 8 PORÇÕES
DIFICULDADE ★ ★ ☆
PREPARAÇÃO: 1h
COZIMENTO: 20 min

Para o bolo de pistache
- 80 g de açúcar
- 45 g de farinha de amêndoa
- 45 g de pasta de pistache
- 2 gemas
- 1 ovo
- 20 g de farinha de trigo peneirada
- 20 g de manteiga sem sal derretida
- 3 claras

Para a calda
- 120 ml de água
- 100 g de açúcar
- 20 ml de licor de cereja (tipo kirsch)

Para a ganache
- 200 g de chocolate amargo com 54% de cacau
- 200 ml de creme de leite fresco
- 20 g de manteiga sem sal

Para o chantili de pistache
- 150 ml de creme de leite fresco gelado
- 15 g de açúcar de confeiteiro
- 20 g de pasta de pistache
- 1 colher (chá) de gelatina incolor em pó (6 g)

Para a decoração
- açúcar de confeiteiro
- 20 pistaches

Preaqueça o forno a 200 °C. Forre com papel-manteiga duas assadeiras rasas de 30 × 38 cm. Coloque nelas três aros quadrados de 17 × 17 cm.

Prepare o bolo de pistache: em uma tigela, bata 45 g de açúcar com a farinha de amêndoa, a pasta de pistache, as gemas e o ovo inteiro. Incorpore a farinha de trigo e a manteiga derretida morna. À parte, bata as claras até ficarem ligeiramente espumantes. Aos poucos, junte ⅓ dos 35 g de açúcar restantes e continue a bater até formar um merengue macio e brilhante. Adicione delicadamente o restante do açúcar e bata até o merengue ficar bem firme. Incorpore-o à mistura anterior.

Distribua a massa nos três quadrados. Asse os bolos separadamente por cerca de 10 minutos. Deixe-os esfriar em uma grelha e remova os aros.

Prepare a calda: em uma panela, ferva a água com o açúcar somente até dissolver o açúcar, não deixe formar caramelo, e espere esfriar. Junte o kirsch.

Prepare a ganache: pique o chocolate e ponha-o em uma tigela. Em uma panela, ferva o creme de leite, despeje-o sobre o chocolate e mexa delicadamente com uma espátula flexível. Incorpore a manteiga e reserve.

Com um pincel, umedeça os três bolos com a calda. Coloque o primeiro em um aro quadrado e cubra-o com metade da ganache, sem alisá-la. Disponha o segundo bolo e espalhe sobre ele o restante da ganache. Por fim, cubra com o terceiro bolo e reserve.

Prepare o chantili de pistache: em uma tigela, bata o creme de leite com o açúcar de confeiteiro, a pasta de pistache e a gelatina até a mistura ficar consistente e aderir ao batedor. Transfira esse creme para um saco de confeitar com bico liso de 6 ou 8 mm e distribua-o sobre o bolo fazendo um movimento de vaivém. Remova o aro (aqueça-o levemente com um maçarico para ajudar a desenformar). Polvilhe a sobremesa com açúcar de confeiteiro e decore-a com pistaches antes de servir.

Bolo de chocolate
com amêndoas

RENDE 8 PORÇÕES
DIFICULDADE ★ ★ ★
PREPARAÇÃO: 30 min
COZIMENTO: 40 min
RESFRIAMENTO: 30 min

Para o bolo de chocolate com amêndoas
- 150 g de chocolate meio-amargo
- 170 g de manteiga sem sal em temperatura ambiente
- 115 g de açúcar mascavo escuro ou claro
- 3 ovos
- 175 g de farinha de amêndoa
- 35 g de açúcar

Para o chantili
- 250 ml de creme de leite fresco
- essência de baunilha a gosto
- 25 g de açúcar de confeiteiro

Para a decoração
- 2 colheres (sopa) de amêndoas laminadas

Preaqueça o forno a 150 °C. Unte uma fôrma alta e canelada com furo no meio de 22 cm de diâmetro.

Prepare o bolo de chocolate com amêndoas: pique o chocolate e derreta-o em banho-maria. Em uma tigela, bata a manteiga e o açúcar mascavo até obter uma consistência cremosa. Separe as claras das gemas e junte as gemas uma a uma à preparação de manteiga e açúcar, mexendo bem a cada adição. Incorpore a farinha de amêndoa, o chocolate derretido e reserve. Bata as claras em neve firme, acrescente o açúcar branco e bata de novo por alguns segundos. Incorpore ⅓ desse merengue à mistura de chocolate e, depois, junte o restante delicadamente. Disponha a massa na fôrma e asse por 40 minutos, até que, ao enfiar um palito no meio do bolo, ele saia seco. Deixe esfriar completamente antes de desenformar.

Prepare o chantili: em uma tigela, bata o creme de leite com a essência de baunilha. Quando começar a engrossar, adicione o açúcar de confeiteiro e continue a bater até ficar bem consistente. Enfeite o bolo com o chantili e espalhe por cima as amêndoas laminadas.

DICAS DO CHEF: para preparar o chantili mais facilmente, escolha uma tigela bem funda e leve-a à geladeira por 15 minutos antes de bater. Se não dispuser de açúcar mascavo, use açúcar demerara ou cristal orgânico.

Bolo de chocolate amargo

RENDE 8 PORÇÕES
DIFICULDADE ★ ★ ★
PREPARAÇÃO: 35 min
COZIMENTO: 45 min
REFRIGERAÇÃO: 30 min

Para o bolo
- 125 g de manteiga sem sal em temperatura ambiente
- 200 g de açúcar
- 4 ovos
- 150 g de farinha de trigo peneirada
- 40 g de cacau em pó peneirado

Para a ganache
- 200 g de chocolate amargo (com 55% a 70% de cacau)
- 200 ml de creme de leite fresco

Para a decoração
- 150 g de chocolate granulado

◊ Ver "Como fazer uma ganache básica" na p. 12

Preaqueça o forno a 180 °C. Unte uma fôrma de borda alta de 20 cm de diâmetro.

Prepare o bolo: em uma tigela, bata a manteiga com uma espátula até ficar cremosa (em ponto de pomada). Junte o açúcar e misture até obter uma consistência cremosa. Adicione os ovos um a um, sem bater demais, evitando assim que a preparação fique aerada. Incorpore delicadamente a farinha e o cacau em pó peneirados. Disponha a massa na fôrma e asse por 45 minutos, até que, ao inserir um palito no meio do bolo, ele saia seco. Desenforme-o sobre uma grelha e deixe esfriar.

Prepare a ganache: pique o chocolate e coloque-o em uma tigela.

Em uma panela, ferva o creme de leite, junte o chocolate e mexa delicadamente com uma espátula flexível.

Corte o bolo ao meio no sentido horizontal. Disponha no prato de servir a primeira metade e cubra-a com uma camada fina de ganache, de 1,5 cm de espessura. Coloque por cima a segunda metade do bolo e leve à geladeira por 30 minutos.

Cubra o bolo inteiro com o restante da ganache e espalhe o chocolate granulado apenas nas laterais. Por fim, com a ajuda de uma faca serrilhada mergulhada em água quente, faça um desenho concêntrico na superfície do bolo.

DICAS DO CHEF: caso o bolo fique muito seco, regue-o com a calda de sua preferência. Se desejar, conclua a decoração com rosáceas de chantili.

Bolo de chocolate
com cerejas

RENDE 8 PORÇÕES
DIFICULDADE ★ ★ ★
PREPARAÇÃO: 2h
COZIMENTO: cerca de 30 min
REFRIGERAÇÃO: 1h30

Para a génoise de chocolate
- 20 g de manteiga sem sal
- 4 ovos
- 125 g de açúcar
- 90 g de farinha de trigo peneirada
- 30 g de cacau em pó peneirado

Para a calda
- 100 ml de água
- 80 g de açúcar

Para a musse de chocolate
- 200 g de chocolate meio-amargo
- 400 ml de creme de leite fresco
- 25 cerejas em calda

Preaqueça o forno a 180 °C. Unte uma fôrma de borda alta de 20 cm de diâmetro.

Prepare a génoise de chocolate: derreta a manteiga em uma panela. Coloque os ovos e o açúcar em uma tigela e aqueça em banho-maria por 5 a 8 minutos, bata a mistura no banho-maria até que fique esbranquiçada e em consistência de fita: ela deve escorrer do batedor sem se romper, como se fosse uma fita. Retire a massa do banho-maria e bata-a na batedeira em velocidade máxima até ela esfriar. Junte a farinha e o cacau peneirados, em duas ou três levas, e, depois, incorpore, com delicadeza, mas rapidamente, a manteiga aquecida. Despeje a massa na fôrma e asse por 25 minutos, até que a génoise esteja macia ao toque e que, ao enfiar um palito no centro do bolo, ele saia seco. Deixe esfriar por alguns minutos e desenforme-o sobre uma grelha.

Prepare a calda: ferva a água com o açúcar em uma panela somente até dissolver o açúcar, não deixe formar caramelo, e deixe esfriar.

Prepare a musse de chocolate: derreta o chocolate em banho-maria. Bata o creme de leite em uma tigela até ficar consistente. Despeje ⅔ dele sobre o chocolate, bata vigorosamente e junte o restante. Cubra a musse com filme de PVC e leve-a para gelar por 30 minutos.

Corte a génoise ao meio no sentido horizontal. Disponha a primeira metade no prato de servir e regue-a com a calda usando um pincel. Cubra-a com uma camada generosa de musse de chocolate. Espalhe as cerejas sobre a musse. Disponha a segunda metade da génoise, regue-a com a calda e acomode-a sobre a primeira.

DICA DO CHEF: para espalhar a musse de chocolate, experimente usar um saco de confeitar com bico canelado, o resultado será digno de admiração.

Bolo de chocolate
e framboesa

RENDE 8 A 10 PORÇÕES
DIFICULDADE ★ ★ ★
PREPARAÇÃO: 2h30
COZIMENTO: 8 min
REFRIGERAÇÃO: 1h10

Para o pão de ló de chocolate
- 4 ovos
- 125 g de açúcar
- 90 g de farinha de trigo peneirada
- 30 g de cacau em pó peneirado

Para a calda
- 100 ml de água
- 50 g de açúcar
- 50 ml de licor de framboesa

Para a musse de chocolate
- 250 g de chocolate amargo com 55% de cacau
- 500 ml de creme de leite fresco

Para a cobertura
- 140 g de chocolate meio-amargo
- 200 ml de creme de leite fresco
- 25 g de mel de sabor neutro

Para o recheio e a decoração
- 350 g de framboesas frescas

◊ Ver "Como colocar cobertura sobre um bolo" na p. 14

Preaqueça o forno a 180 °C. Conforme o tamanho do seu forno, forre uma ou duas assadeiras rasas com papel-manteiga e desenhe sobre ele três círculos de 20 cm de diâmetro.

Prepare o pão de ló de chocolate: separe as gemas das claras. Em uma tigela, bata as gemas com metade do açúcar até a mistura ficar esbranquiçada e cremosa. Bata as claras com a outra metade de açúcar até formar um merengue. Incorpore a esse merengue a mistura de gemas. Adicione delicadamente a farinha e o chocolate em pó peneirados. Transfira essa massa para um saco de confeitar com bico liso. Molde três discos de massa nos círculos traçados, formando uma espiral a partir do centro. Leve ao forno por 8 minutos. Reserve-os até a utilização.

Prepare a calda: em uma panela, ferva a água com o açúcar até o açúcar dissolver, mas não formar caramelo, e despeje em uma tigela. Deixe esfriar e adicione o licor de framboesa.

Prepare a musse de chocolate: pique o chocolate grosseiramente e derreta-o em banho-maria. Bata o creme de leite em uma tigela. Despeje o chocolate ainda quente sobre ele e bata vigorosamente.

Prepare a cobertura: raspe o chocolate em espessura fina e coloque-o em uma tigela. Em uma panela, aqueça o creme de leite com o mel até levantar fervura e despeje-o sobre o chocolate. Misture bem.

Regue o primeiro disco de massa com a calda. Cubra-o com ⅓ da musse e espalhe por cima ⅓ das framboesas. Repita a operação com o segundo disco e coloque o último por cima de tudo. Com uma espátula flexível, cubra o bolo inteiro com o terço restante da musse e leve-o à geladeira por 20 minutos. Reaqueça a cobertura e espalhe-a sobre o bolo, alisando-o com a espátula. Leve-o à geladeira por 50 minutos até o chocolate ficar firme. Antes de servir, decore-o com as framboesas restantes.

Bolo de chocolate
e avelã

RENDE 6 A 8 PORÇÕES
DIFICULDADE ★ ★ ★
PREPARAÇÃO: 20 min
COZIMENTO: 35 min

- 1 fava de baunilha
- 130 ml de leite
- 100 g de açúcar
- 100 g de chocolate amargo (de 55% a 70% de cacau)
- 35 g de creme de avelã com chocolate
- 30 g de manteiga sem sal em temperatura ambiente
- 2 ovos
- 100 g de farinha de trigo peneirada
- 1 colher (chá) de fermento químico em pó peneirado (5 g)
- 25 g de farinha de avelã

Preaqueça o forno a 180 °C. Unte uma fôrma de borda alta de 20 cm de diâmetro.

Abra a fava de baunilha no sentido do comprimento e raspe as sementes com uma faca. Em uma panela, ferva o leite com 20 g de açúcar, a fava e as sementes de baunilha. Deixe esfriar.

Derreta em banho-maria o chocolate e o creme de avelã com chocolate.

Em uma tigela, bata a manteiga com o restante do açúcar até obter uma consistência cremosa. Junte os ovos um a um, misturando bem a cada adição. Peneire a farinha com o fermento. Incorpore o chocolate e o creme derretidos, depois, ⅓ da farinha com fermento peneirados.

Retire a fava de baunilha do leite e junte à preparação de chocolate, em duas levas, adicione o leite e o restante da mistura de farinha e fermento. Então, adicione a farinha de avelã e misture bem.

Coloque a massa na fôrma e leve ao forno por 35 minutos, até que, ao inserir um palito no meio do bolo, ele saia seco. Deixe esfriar completamente antes de desenformar.

DICA DO CHEF: se quiser, substitua a farinha de avelã por avelã triturada. Triture grosseiramente 25 g de avelã, coloque em uma assadeira forrada com papel-manteiga e toste levemente por 5 minutos no forno a 160 °C.

Bolo da mamãe

RENDE 10 A 12 PORÇÕES
DIFICULDADE ★ ★ ★
PREPARAÇÃO: 20 min
COZIMENTO: 30 a 35 min

- 195 g de chocolate meio-amargo
- 150 g de manteiga sem sal
- 6 ovos
- 300 g de açúcar
- 95 g de farinha de trigo peneirada
- 1 colher (sopa) de essência de café

Aqueça o forno a 160 °C. Unte uma fôrma refratária redonda com capacidade para 2,5 litros.

Pique grosseiramente o chocolate e derreta-o com a manteiga em banho-maria.

Separe as gemas das claras de 3 ovos. Em uma tigela, coloque as gemas com os outros 3 ovos e 250 g de açúcar e bata até a mistura ficar espumante. À parte, bata as três claras em neve com o restante do açúcar até que estejam bem consistentes.

Incorpore delicadamente o chocolate derretido à mistura de gemas e açúcar e, depois, junte as claras em neve. Adicione a farinha e a essência de café. Despeje a massa na fôrma.

Disponha a fôrma em um recipiente maior com água quente e leve ao forno em banho-maria por cerca de 30 a 35 minutos, até que o bolo esteja assado por fora, mas com o centro úmido. Retire do forno e deixe esfriar por alguns minutos antes de servir.

DICAS DO CHEF: para preparar a essência de café, coloque 80 g de café moído em 150 ml de água quente. Se necessário, acrescente ½ colher (chá) de café solúvel. Este bolo combina muito bem com frutas frescas da estação.

Bolo cremoso de chocolate e figo

RENDE 8 PORÇÕES
DIFICULDADE ★ ★ ★
DEMOLHO: 1 noite
PREPARAÇÃO: 1 h
COZIMENTO: 45 min

- 200 g de figos secos
- ½ garrafa de vinho tipo moscatel
- ½ fava de baunilha
- 120 ml de leite
- 100 g de açúcar
- 100 g de chocolate amargo (de 55% a 70% de cacau)
- 30 g de manteiga sem sal em temperatura ambiente
- 2 ovos
- 100 g de farinha de trigo peneirada
- ½ colher (chá) de fermento químico em pó peneirado (3 g)

Na véspera, coloque os figos em uma tigela. Cubra-os com vinho moscatel e deixe de molho durante a noite.

No dia do preparo, preaqueça o forno a 180 °C. Unte e enfarinhe uma fôrma de borda alta de 20 cm de diâmetro.

Abra a fava de baunilha no sentido do comprimento e raspe as sementes com uma faca. Em uma panela, aqueça o leite com 20 g de açúcar e as sementes de baunilha. Assim que o leite ferver, retire-o do fogo e deixe-o esfriar.

Escorra os figos e corte-os em pedacinhos.

Derreta o chocolate em banho-maria e deixe-o amornar.

Em uma tigela, bata a manteiga com o açúcar restante até a mistura ficar cremosa. Incorpore o chocolate e os ovos um a um, misturando bem a cada adição. Peneire a farinha com o fermento. Adicione delicadamente ⅓ da farinha com fermento peneirados. Despeje metade do leite na preparação. Incorpore mais ⅓ da mistura de farinha e fermento e a outra metade do leite. Então, junte o último terço da farinha com fermento. Por fim, com uma espátula, incorpore à massa os figos picados. Disponha-a na fôrma até ¾ da borda e leve ao forno por cerca de 45 minutos, até que, ao enfiar um palito no meio do bolo, ele saia seco. Deixe esfriar por alguns minutos antes de desenformá-lo.

DICA DO CHEF: se quiser, substitua os figos por outras frutas secas, como peras, pêssegos ou damascos.

Kouglof com gotas de chocolate

RENDE 8 A 10 PORÇÕES
DIFICULDADE ★ ★ ★
PREPARAÇÃO: 20 min
REPOUSO: 1 h
COZIMENTO: 45 min

- 25 g de amêndoas laminadas
- 17 g de fermento biológico fresco
- 1 colher (sopa) de água quente
- 2 ovos
- 1 gema
- 200 g de farinha de trigo
- 20 g de açúcar
- ¾ de colher (chá) de sal
- 110 g de manteiga sem sal derretida quente
- 50 g de uvas-passas brancas
- 25 g de cascas de laranja cristalizada cortadas em cubos
- 60 g de gotas de chocolate

Unte uma fôrma de borda alta de 18 cm de diâmetro e salpique o fundo com as amêndoas laminadas.

Em uma tigela grande, dissolva o fermento na água quente. Junte os ovos e a gema e mexa bem. Adicione a farinha, misture e incorpore o açúcar e o sal.

Coloque a massa em uma batedeira elétrica com gancho e bata por 6 minutos, até ficar homogênea, brilhante e maleável. Incorpore a manteiga em três ou quatro levas e bata de novo. A massa estará pronta quando, ao apoiar um dedo nela, ele não grude e ela volte ao lugar sem deixar marca. Então, acrescente as uvas-passas, as cascas de laranja e as gotas de chocolate e misture.

Disponha a massa na fôrma e deixe-a crescer por cerca de 1 hora em lugar aquecido até que ela atinja a borda da fôrma.

Preaqueça o forno a 180 °C. Asse o bolo até ficar dourado, reduza a temperatura para 170 °C e termine o cozimento (aproximadamente 45 minutos ao todo). Espere esfriar e desenforme.

DICA DO CHEF: kouglof é um brioche típico da Alsácia, região localizada no leste da França.

Génoise de chocolate e framboesa

RENDE 8 PORÇÕES
DIFICULDADE ★ ★ ★
PREPARAÇÃO: 30 min
COZIMENTO: 25 min

Para a génoise de chocolate
- 20 g de manteiga sem sal
- 4 ovos
- 125 g de açúcar
- 90 g de farinha de trigo peneirada
- 30 g de cacau em pó peneirado
- 120 g de geleia de framboesa
- açúcar de confeiteiro

Preaqueça o forno a 180 °C. Unte uma fôrma de borda alta de 20 cm de diâmetro.

Prepare a génoise de chocolate: derreta a manteiga em uma panela e deixe-a amornar. Coloque os ovos e o açúcar em uma tigela em banho-maria e aqueça por 5 a 8 minutos, bata a mistura ainda no banho-maria com um batedor manual até ela ficar esbranquiçada e em ponto de fita: ela deve escorrer do batedor sem se romper, formando uma fita. Retire a preparação do banho-maria e bata na batedeira elétrica em velocidade máxima até ela esfriar. Junte a farinha e o cacau peneirados, em duas ou três levas, então, incorpore com delicadeza, mas rapidamente, a manteiga morna.

Disponha a massa na fôrma e asse por 25 minutos, até que a génoise esteja macia ao toque e se descole da borda da fôrma. Deixe esfriar por alguns minutos e desenforme sobre uma grelha.

Com uma faca serrilhada, corte o bolo horizontalmente em dois discos iguais. Espalhe a geleia de framboesa no primeiro disco, cubra com o segundo e polvilhe-o com o açúcar de confeiteiro.

DICA DO CHEF: ao preparar a génoise, não deixe a água do banho-maria quente demais, para que a massa conserve seu volume. Assim, o bolo crescerá bem e ficará mais macio.

Bolo mármore

RENDE 8 A 10 PORÇÕES
DIFICULDADE ★ ★ ★
PREPARAÇÃO: 30 min
COZIMENTO: 50 min

- 250 g de manteiga sem sal em temperatura ambiente
- 260 g de açúcar de confeiteiro
- 6 ovos
- 300 g de farinha de trigo peneirada
- 2 colheres (chá) de fermento químico em pó peneirado (11 g)
- 50 ml de rum
- 25 g de cacau em pó
- 40 ml de leite

Preaqueça o forno a 180 °C. Unte e enfarinhe uma fôrma de bolo inglês de 28 × 10 cm.

Em uma tigela, bata a manteiga com o açúcar até obter uma consistência cremosa. Junte os ovos um a um, misturando bem a cada adição. Peneire a farinha com o fermento. Adicione o rum à massa e incorpore a farinha e o fermento peneirados. Divida a preparação em duas partes iguais. Dissolva o cacau no leite e incorpore-o aos poucos a uma das metades da massa.

Com a ajuda de duas colheres, encha a fôrma, alternando a massa ao natural e a achocolatada. Leve ao forno por 50 minutos, até que, ao enfiar um palito no meio do bolo, ele saia seco.

DICA DO CHEF: você também pode utilizar duas fôrmas pequenas de bolo inglês de 18 cm de comprimento, reduzindo o tempo de cozimento para 20 minutos.

Bolo mármore de chocolate e pistache

RENDE 15 PORÇÕES
DIFICULDADE ★ ★ ★
PREPARAÇÃO: 40 min
COZIMENTO: 1 h
RESFRIAMENTO: 10 min

Para a massa de chocolate
- 60 g de manteiga sem sal
- 3 ovos
- 210 g de açúcar
- 90 ml de creme de leite fresco
- uma pitada de sal
- 135 g de farinha de trigo peneirada
- 1 colher (chá) de fermento químico em pó peneirado (6 g)
- 30 g de cacau em pó peneirado

Para a massa de pistache
- 60 g de manteiga sem sal
- 1 colher (sopa) de água
- 200 g de açúcar
- ½ colher (chá) de mel de sabor neutro
- 35 g de pistache sem casca
- 3 ovos
- 90 ml de creme de leite fresco
- uma pitada de sal
- 165 g de farinha de trigo peneirada
- 1 colher (chá) de fermento químico em pó peneirado (6 g)

Preaqueça o forno a 160 °C. Unte uma fôrma de bolo inglês de 28 cm de comprimento.

Prepare a massa de chocolate: derreta a manteiga em uma panela sem deixá-la dourar e espere esfriar por alguns minutos. Em uma tigela, bata os ovos com o açúcar até que a mistura fique esbranquiçada e espumante. Então, junte o creme de leite, a manteiga derretida, o sal, a farinha, o fermento e o cacau em pó peneirados.

Prepare a massa de pistache: derreta a manteiga em uma panela sem deixá-la dourar e espere esfriar por alguns minutos. Ferva a água com 20 g de açúcar e o mel. Bata os pistaches no liquidificador até obter um pó bem fino. Acrescente a calda de mel e continue a bater até a consistência ficar mole. Em uma tigela, bata os ovos com esse preparo e o açúcar restante até a mistura ficar esbranquiçada e espumante. Junte o creme de leite, a manteiga derretida, o sal, a farinha e o fermento peneirados.

Usando duas colheres, encha a fôrma, alternando a massa de pistache (que deve ser disposta primeiro) e a massa de chocolate, de maneira a obter uma textura marmorizada. Leve ao forno por 1 hora, até que, ao enfiar um palito no centro da massa, ele saia seco. Deixe o bolo esfriar por 10 minutos e desenforme-o sobre uma grelha.

DICA DO CHEF: envolva o bolo em filme de PVC e conserve-o por várias semanas no congelador ou por alguns dias na geladeira.

Bolo maravilha

RENDE 8 A 10 PORÇÕES
DIFICULDADE ★ ★ ★
PREPARAÇÃO: 1h30
COZIMENTO: cerca de 30 min
REFRIGERAÇÃO: 25 min

Para a génoise de chocolate
- 20 g de manteiga sem sal
- 4 ovos
- 125 g de açúcar
- 90 g de farinha de trigo peneirada
- 30 g de cacau em pó peneirado

Para o caramelo de nozes
- 70 ml de creme de leite fresco
- 20 g de mel
- 100 g de açúcar
- 70 g de nozes moídas

Para a musse de chocolate e pralinê
- 150 g de chocolate meio-amargo
- 75 g de pasta de pralinê (ver p. 325)
- 250 ml de creme de leite fresco

Para a decoração
- 150 g de nozes moídas
- raspas de chocolate (ver p. 397)

Preaqueça o forno a 180 °C. Unte uma fôrma de borda alta de 20 cm de diâmetro.

Prepare a génoise de chocolate: derreta a manteiga em uma panela e deixe amornar. Coloque os ovos e o açúcar em banho-maria e aqueça por 5 a 8 minutos, bata com um batedor manual ainda em banho-maria até a mistura ficar esbranquiçada e em ponto de fita: ela deve escorrer do batedor sem se romper, formando uma fita. Retire o preparo do banho-maria e bata-o na batedeira em velocidade máxima até esfriar. Junte a farinha e o cacau peneirados, em duas ou três levas. Incorpore com delicadeza, mas rapidamente, a manteiga morna. Disponha a massa na fôrma e leve ao forno por 25 minutos até que a génoise esteja macia ao toque e se descole das laterais. Deixe esfriar por alguns minutos e desenforme sobre uma grelha.

Prepare o caramelo de nozes: aqueça o creme de leite com o mel até levantar fervura. Em outra panela, derreta o açúcar lentamente, sem água, até obter um caramelo marrom. Aos poucos, despeje a mistura de creme de leite e mel sobre o caramelo, mexendo sem parar.

Adicione as nozes, transfira tudo para uma tigela e reserve em temperatura ambiente.

Prepare a musse de chocolate e pralinê: derreta o chocolate e a pasta de pralinê em banho-maria. Bata o creme de leite até ficar bem firme. Despeje sobre ele a mistura quente de chocolate e pasta de pralinê e mexa vigorosamente com o batedor. Reserve na geladeira.

Com uma faca serrilhada, corte a génoise horizontalmente em dois discos iguais. Espalhe em um deles o caramelo de nozes e uma camada de musse de chocolate. Disponha por cima o segundo disco e leve à geladeira por 15 minutos. Cubra o bolo inteiro com o restante da musse, distribua as nozes na superfície e leve à geladeira por mais 10 minutos. Para finalizar, enfeite o bolo com as raspas de chocolate.

Bolinhos fofos de chocolate
com creme de pistache

RENDE 4 PORÇÕES
DIFICULDADE ★ ★ ★
PREPARAÇÃO: 20 min
COZIMENTO: 12 min

Para o creme de pistache
- 20 g de pistaches sem casca
- 250 ml de leite
- 3 gemas
- 60 g de açúcar
- 1 ou 2 gotas de essência de baunilha

Para a massa de chocolate
- 125 g de chocolate amargo (de 55% a 70% de cacau)
- 125 g de manteiga sem sal
- 3 ovos
- 125 g de açúcar
- 40 g de farinha de trigo peneirada

Prepare o creme de pistache: torre os pistaches em uma frigideira por 2 minutos, mexendo para evitar que queimem, e moa-os no liquidificador. Aqueça o leite em fogo baixo até ferver. Bata as gemas e o açúcar até a mistura ficar esbranquiçada e espumante. Adicione a ela ⅓ do leite fervente e mexa bem. Junte a mistura ao leite restante na panela e cozinhe em fogo baixo, mexendo sem parar com uma colher de pau, até que a mistura engrosse e cubra o dorso da colher (cuidado para não deixar o creme ferver). Retire-o do fogo imediatamente, passe por uma peneira e incorpore a essência de baunilha e o pistache moído. Leve à geladeira até o momento de servir.

Prepare a massa de chocolate: preaqueça o forno a 180 °C. Forre uma assadeira rasa com papel-manteiga. Unte quatro aros de 7,5 cm de diâmetro e coloque-os sobre a assadeira. Derreta o chocolate e a manteiga em banho-maria. Em uma tigela, bata os ovos e o açúcar até obter uma consistência cremosa. Incorpore a esse preparo a mistura de chocolate e manteiga e, depois, a farinha. Distribua a massa nos aros. Deixe amornar e leve ao forno por 12 minutos.

Disponha os bolinhos em pratos de sobremesa e, então, retire os aros. Sirva o creme de pistache à parte.

DICAS DO CHEF: se você não dispuser de aros de confeitaria, asse os bolos em fôrmas pequenas. Esta sobremesa fica uma delícia acompanhada de fatias de pera ao natural ou em calda.

Petit-gâteau de chocolate
com recheio cremoso

RENDE 6 PORÇÕES
DIFICULDADE ★ ★ ★
PREPARAÇÃO: 15 min
COZIMENTO: 5 a 6 min

- 150 g de chocolate meio-amargo
- 4 ovos
- 135 g de açúcar
- 135 g de manteiga sem sal em temperatura ambiente
- 40 g de farinha de trigo peneirada
- 20 g de fécula de batata
- 6 quadradinhos (10 g cada) de chocolate meio-amargo para o recheio

Preaqueça o forno a 210 °C.

Unte e enfarinhe seis forminhas de alumínio de 5 cm de diâmetro e 4 cm de altura.

Pique o chocolate e derreta-o em banho-maria.

Coloque os ovos e o açúcar em banho-maria e bata com um batedor manual, ainda em banho-maria, até a mistura ficar esbranquiçada e em ponto de fita: a massa deve escorrer do batedor sem se romper, formando uma fita. Retire a panela do fogo, coloque essa preparação em uma batedeira em velocidade máxima e bata até esfriar.

Misture a manteiga com o chocolate derretido e incorpore-o à massa. Junte delicadamente a farinha e a fécula de batata.

Distribua a massa nas forminhas até metade da altura, disponha um quadradinho de chocolate no centro de cada bolinho e termine de encher as forminhas.

Leve ao forno por 5 ou 6 minutos. Deixe esfriar por 5 minutos antes de desenformar. Sirva imediatamente.

Bolo real

RENDE **6** PORÇÕES
DIFICULDADE ★ ★ ★
PREPARAÇÃO: 35 min
COZIMENTO: 12 min
REFRIGERAÇÃO: 30 min

Para o bolo de amêndoa e chocolate
- 120 g de farinha de amêndoa
- 150 g de açúcar de confeiteiro
- 2 ovos inteiros
- 4 gemas
- 25 g de farinha de trigo peneirada
- 25 g de cacau em pó peneirado
- 5 claras
- 60 g de açúcar

Para a ganache
- 300 g de chocolate meio-amargo
- 300 ml de creme de leite fresco

Para a calda
- 100 ml de água
- 100 g de açúcar
- 2 colheres (chá) de rum

◊ Ver "Como fazer uma ganache básica" na p. 12

Preaqueça o forno a 180 °C. Forre uma fôrma rasa de 30 × 38 cm com papel-manteiga.

Prepare o bolo de amêndoa e chocolate: em uma tigela, bata a farinha de amêndoa, o açúcar de confeiteiro, os ovos e as gemas por cerca de 5 minutos. Incorpore ao preparo a farinha e o cacau. Em uma tigela grande, bata as 5 claras em neve e acrescente o açúcar até formar um merengue. Incorpore o merengue aos poucos à mistura. Disponha a massa na fôrma e leve ao forno por 12 minutos.

Prepare a ganache: pique o chocolate em pedaços bem pequenos e coloque-o em uma tigela. Em uma panela, aqueça o creme de leite até ferver. Despeje-o sobre o chocolate e mexa com uma espátula. Deixe a ganache descansar para ficar bem maleável.

Prepare a calda: em uma panela, ferva a água com o açúcar somente até dissolver o açúcar, não deixe formar caramelo, despeje-a em uma tigela, espere esfriar e adicione o rum.

Corte o bolo em três partes iguais, no sentido horizontal. Regue a primeira delas com um pouco de calda e espalhe uma camada fina de ganache. Repita a operação com as outras duas partes, reservando um pouco de ganache para a decoração. Leve o bolo à geladeira por 30 minutos.

Em seguida, espalhe o restante da ganache sobre o bolo e desenhe pequenas ondinhas na superfície com a ajuda de uma faca serrilhada mergulhada em água quente.

DICA DO CHEF: para que o recheio fique bem cremoso, retire-o da geladeira pelo menos 30 minutos antes de servir.

Pequenas dacquoises
e seus florentinos

RENDE 16 PORÇÕES
DIFICULDADE ★ ★ ★
PREPARAÇÃO: 1h30
COZIMENTO: cerca de 30 min
REFRIGERAÇÃO: 15 min

Para as dacquoises
- 150 g de açúcar de confeiteiro
- 150 g de farinha de amêndoa
- 4 claras
- 50 g de açúcar

Para os florentinos
- 50 g de cerejas cristalizadas
- 50 g de laranjas cristalizadas
- 125 g de amêndoas laminadas
- 20 g de farinha de trigo
- 100 ml de creme de leite fresco
- 50 g de manteiga sem sal
- 50 g de mel
- 75 g de açúcar

Para a musse de chocolate
- 200 g de chocolate ao leite
- 300 ml de creme de leite fresco

◊ Ver "Como moldar quenelles" na p. 210

Preaqueça o forno a 200 °C. Forre duas assadeiras rasas com papel-manteiga. Disponha nelas dezesseis aros quadrados de 6 x 6 cm e 3 cm de altura.

Prepare as dacquoises: peneire o açúcar de confeiteiro e a farinha de amêndoa juntos. Bata as claras em neve com o açúcar e incorpore delicadamente à mistura de açúcar e amêndoa. Insira esse preparo em um saco de confeitar com bico médio e forre os aros com uma camada de 2 cm de espessura. Asse por 12 minutos. Retire as dacquoises do forno, desenforme com a ajuda de uma faquinha e disponha-as sobre uma folha limpa de papel-manteiga.

Prepare os florentinos: reduza a temperatura do forno para 180 °C. Corte as cerejas ao meio e as laranjas em cubos. Coloque-as em uma tigela com as amêndoas laminadas e a farinha e misture bem. Em uma panela, coloque o creme de leite, a manteiga, o mel e o açúcar. Leve ao fogo até a temperatura alcançar 110 °C no termômetro culinário. Adicione os ingredientes secos, mexendo delicadamente para não quebrar as amêndoas. Estenda essa massa em espessura de 3 mm em uma assadeira forrada com papel-manteiga. Leve ao forno por cerca de 15 minutos, até a massa ficar levemente dourada. Retire do forno, espere esfriar por alguns instantes e corte-a em quadradinhos de 6 x 6 cm.

Prepare a musse de chocolate: corte grosseiramente o chocolate e derreta-o em banho-maria. Bata o creme de leite em uma tigela. Junte o chocolate morno e continue a bater vigorosamente.

Usando duas colheres, faça quenelles de musse e coloque sobre cada quadradinho de dacquoise. Leve à geladeira por 15 minutos. Antes de servir, disponha os florentinos sobre a musse, formando um sanduíche.

* Florentinos (ou biscoitos florentinos) são um doce com massa de nozes e frutas típicas da região de Florença, na Itália, muito populares na época de Natal.

BOLOS REFINADOS E CREMOSOS

Bolo quatre-quarts de chocolate

RENDE 12 PORÇÕES
DIFICULDADE ★ ★ ★
PREPARAÇÃO: 15 min
COZIMENTO: 45 min

- 250 g de manteiga sem sal em temperatura ambiente
- 250 g de açúcar
- 5 ovos
- 200 g de farinha de trigo peneirada
- 1 colher (chá) de fermento químico em pó (6 g)
- 50 g de cacau em pó peneirado

Preaqueça o forno a 180 °C. Unte e enfarinhe uma fôrma de bolo inglês de 25 × 8 cm.

Em uma tigela, bata a manteiga para ficar com consistência cremosa (ponto de pomada). Junte o açúcar e bata até a mistura se tornar esbranquiçada e espumante. Incorpore os ovos um a um, misturando bem a cada adição. Então, acrescente a farinha, o fermento e o chocolate peneirados.

Disponha a massa na fôrma até ¾ da borda. Leve ao forno por 45 minutos, até que, ao enfiar um palito no meio do bolo, ele saia seco. Retire-o do forno e desenforme-o sobre uma grelha. Sirva quente ou frio.

DICA DO CHEF: utilize a manteiga em consistência de pomada, e não derretida, assim o bolo ficará mais leve.

* O bolo quatre-quarts é um clássico francês e tem esse nome porque a receita original leva apenas quatro ingredientes, todos na mesma proporção.

Bolo quatre-quarts com gotas de chocolate

RENDE 12 PORÇÕES
DIFICULDADE ★ ★ ★
PREPARAÇÃO: 15 min
COZIMENTO: 45 min

- 250 g de manteiga sem sal em temperatura ambiente
- 250 g de açúcar
- 5 ovos
- 200 g de farinha de trigo peneirada
- 50 g de gotas de chocolate
- 50 ml de rum

Preaqueça o forno a 180 °C. Unte e enfarinhe uma fôrma de bolo inglês de 25 × 8 cm.

Em uma tigela, trabalhe a manteiga até ficar com consistência cremosa (em ponto de pomada). Junte o açúcar e bata até a mistura se tornar esbranquiçada e espumante. Incorpore os ovos um a um, misturando bem a cada adição. Então, incorpore a farinha e as gotas de chocolate.

Disponha a massa na fôrma até ¾ da borda. Leve ao forno por 45 minutos até que, ao enfiar um palito no meio do bolo, ele saia seco. Retire-o do forno, desenforme-o sobre uma grelha e, ainda quente, regue-o com o rum. Sirva o bolo quente ou frio.

DICA DO CHEF: se preferir, incorpore o rum à massa antes de assá-la.

Bolo Rainha de Sabá

RENDE 6 A 8 PORÇÕES
DIFICULDADE ★ ★ ★
PREPARAÇÃO: 20 min
COZIMENTO: 20 min
RESFRIAMENTO: 15 min

- 100 g de marzipã
- 4 gemas
- 50 g de açúcar de confeiteiro
- 3 claras
- 35 g de açúcar
- 55 g de farinha de trigo peneirada
- 15 g de cacau em pó peneirado
- 25 g de manteiga sem sal

Preaqueça o forno a 160 °C. Unte e enfarinhe uma fôrma de borda alta de 20 cm de diâmetro.

Em uma tigela, misture o marzipã com as gemas. Junte o açúcar de confeiteiro e bata até a massa ficar leve e homogênea. À parte, bata as claras em neve com o açúcar até formar um merengue, depois, incorpore a esse merengue a mistura de amêndoa, ovos e açúcar. Delicadamente, adicione à preparação a farinha e o cacau. Derreta a manteiga em uma panela e incorpore-a à massa.

Encha a fôrma com a massa. Leve ao forno por 20 minutos, retire o bolo e deixe-o esfriar antes de desenformar.

DICA DO CHEF: sirva este bolo acompanhado de framboesas frescas ou outra fruta vermelha (amoras, mirtilos etc.).

Rocambole de chocolate
ao licor de laranja

RENDE 12 PORÇÕES
DIFICULDADE ★ ★ ★
PREPARAÇÃO: 1h30
COZIMENTO: 8 min
REFRIGERAÇÃO: 20 min

Para a massa de chocolate
- 3 gemas
- 75 g de açúcar
- 3 claras
- 70 g de farinha de trigo peneirada
- 15 g de cacau em pó peneirado

Para o creme de licor
- 1 folha de gelatina (2 g)
- 330 ml de leite
- 3 gemas
- 70 g de açúcar
- 20 g de farinha de trigo
- 20 g de amido de milho
- 20 ml de licor de laranja (tipo Cointreau)
- 150 ml de creme de leite fresco

Para a calda
- 150 ml de água
- 70 g de açúcar
- 20 ml de licor de laranja (tipo Cointreau)

Para o creme de chocolate
- 80 g de chocolate meio-amargo
- 300 ml de creme de leite fresco

Para o recheio
- geleia de framboesa

Preaqueça o forno a 200 °C. Forre uma fôrma rasa de 30 × 38 cm com papel-manteiga.

Prepare a massa de chocolate: bata as gemas com metade do açúcar até a mistura ficar esbranquiçada e espumante. Em outra tigela, bata as claras com a outra metade do açúcar até formar um merengue. Incorpore delicadamente a esse merengue a mistura de gemas e açúcar. Então, adicione a farinha e o cacau. Disponha a massa na fôrma, alise a superfície com uma espátula e leve ao forno por 8 minutos.

Prepare o creme de licor: hidrate a folha de gelatina em um pouco de água fria e reserve. Aqueça o leite até ferver e retire-o do fogo. Bata as gemas com o açúcar em uma tigela e adicione a farinha e o amido de milho. Despeje um pouco do leite quente nessa mistura. Mexa, acrescente o restante do leite e coloque tudo na panela.

Aqueça em fogo baixo, mexendo sem parar até o creme engrossar. Ferva-o por 1 minuto, sempre mexendo, e retire do fogo. Escorra a folha de gelatina e incorpore-a ao creme. Disponha-o em uma tigela e cubra a superfície com filme de PVC, deixando que o filme encoste no creme, para não formar uma nata por cima. Espere esfriar e acrescente o licor. Bata o creme de leite e incorpore-o à preparação.

Prepare a calda: ferva a água com o açúcar somente até dissolver o açúcar, não deixe formar caramelo, espere esfriar e adicione o licor.

Prepare o creme de chocolate: pique o chocolate e derreta-o em banho-maria. Bata o creme de leite até ficar bem firme. Despeje o chocolate sobre ele e bata vigorosamente.

Regue o bolo com a calda, cubra-o com a geleia de framboesa e, depois, com uma camada de creme. Enrole-o com a ajuda do papel-manteiga e vá descolando o papel à medida que enrola. Ajuste as extremidades com uma faca e leve à geladeira por 20 minutos. Por fim, coloque o creme de chocolate em um saco de confeitar com bico liso e confeite o rocambole com ele.

Rocambole de chocolate

RENDE 8 A 10 PORÇÕES
DIFICULDADE ★ ★ ★
PREPARAÇÃO: 25 min
COZIMENTO: 8 min
REFRIGERAÇÃO: 20 min

Para a génoise de chocolate
- 20 g de manteiga sem sal
- 4 ovos
- 125 g de açúcar
- 90 g de farinha de trigo peneirada
- 30 g de cacau em pó peneirado

Para a cobertura
- 150 ml de creme de leite fresco
- 50 g de açúcar de confeiteiro
- 200 g de framboesas

Para a decoração
- cacau em pó e/ou açúcar de confeiteiro

◊ Ver "Como rechear um rocambole" na p. 13

Preaqueça o forno a 200 °C. Forre com papel-manteiga uma fôrma de 30 × 38 cm.

Prepare a génoise de chocolate: derreta a manteiga em uma panela. Coloque os ovos e o açúcar em banho-maria e aqueça por 5 a 8 minutos, bata com um batedor manual, ainda em banho-maria, até a mistura ficar esbranquiçada e em ponto de fita: ela deve escorrer do batedor sem se romper, formando uma fita. Retire a preparação do banho-maria e bata na batedeira em velocidade máxima até esfriar. Adicione a farinha e o cacau em duas ou três levas, então, incorpore, com delicadeza, mas rapidamente, a manteiga morna.

Disponha a massa na fôrma, alise-a com uma espátula e leve ao forno por 8 minutos até ficar macia ao toque e descolar do papel-manteiga. Cuidadosamente, faça o bolo deslizar sobre uma grelha com a ajuda do papel. Cubra-o com outra folha de papel-manteiga e outra grelha e vire-o. Remova a grelha e o papel de cima e deixe esfriar.

Prepare a cobertura: bata o creme de leite com o açúcar de confeiteiro até a mistura ficar bem firme e aderir ao batedor. Espalhe o creme sobre o bolo e distribua as framboesas por cima. Enrole o rocambole com a ajuda do papel-manteiga, vá descolando o papel aos poucos à medida que vai enrolando. Deixe a emenda sob o rocambole, acerte as extremidades do bolo com uma faca e leve à geladeira por 20 minutos. Antes de servir, polvilhe a superfície com cacau e/ou açúcar de confeiteiro.

Torta tipo Sacher

RENDE 8 A 10 PORÇÕES
DIFICULDADE ★ ★ ★
PREPARAÇÃO: 35 min
COZIMENTO: 40 min
REFRIGERAÇÃO: 40 min

Para a massa
- 180 g de chocolate meio-amargo
- 30 g de manteiga sem sal
- 7 claras
- 80 g de açúcar
- 3 gemas
- 40 g de farinha de trigo peneirada
- 20 g de farinha de amêndoa peneirada

Para a calda
- 150 ml de água
- 100 g de açúcar
- 1 colher (sopa) de licor de cereja (tipo Kirsch)

Para a ganache
- 150 g de chocolate meio-amargo
- 150 ml de creme de leite fresco

Para o recheio
- 200 g de geleia de damasco

◊ Ver "Como colocar cobertura sobre um bolo" na p. 14

Preaqueça o forno a 180 °C. Unte e enfarinhe uma fôrma de borda alta de 22 cm de diâmetro.

Prepare a massa: derreta o chocolate e a manteiga em banho-maria. Em uma tigela, bata as claras até ficarem levemente espumantes. Aos poucos, junte ⅓ do açúcar e continue a bater até obter uma consistência homogênea e brilhante. Adicione delicadamente o restante do açúcar e bata até formar um merengue firme. Incorpore as gemas, a farinha, a farinha de amêndoa e a mistura de chocolate e manteiga. Disponha a massa na fôrma e leve ao forno por 40 minutos, até ficar macia ao toque. Deixe esfriar e desenforme.

Prepare a calda: em uma panela, ferva a água com o açúcar somente até o açúcar dissolver, não deixe formar caramelo. Espere esfriar e adicione o licor.

Prepare a ganache: pique o chocolate grosseiramente e coloque-o em uma tigela. Aqueça o creme de leite e despeje-o sobre o chocolate. Misture bem e deixe a ganache descansar para ficar bem maleável.

Corte o bolo ao meio horizontalmente. Regue um dos discos com a calda e espalhe a geleia por cima em uma espessura de 1 cm. Coloque o segundo disco sobre o primeiro, regue-o com a calda e leve à geladeira por 30 minutos.

Cubra o bolo com uma parte da ganache. Leve à geladeira por 10 minutos para a cobertura endurecer.

Então, aqueça o restante da ganache em uma panela. Coloque o bolo bem frio sobre uma grelha e cubra-o por inteiro com a ganache quente. Imediatamente, alise a superfície com uma espátula flexível.

DICA DO CHEF: a Sachertorte ou torta Sacher é uma especialidade da Áustria servida em ocasiões especiais. Foi criada em 1832 por Franz Sacher, que era o chef de cozinha do príncipe Von Metternich.

Génoise de chocolate em três camadas

RENDE 8 PORÇÕES
DIFICULDADE ★ ★ ★
PREPARAÇÃO: 2h
COZIMENTO: 25 min
REFRIGERAÇÃO: 25 min

Para a génoise de chocolate
- 20 g de manteiga sem sal
- 4 ovos
- 125 g de açúcar
- 90 g de farinha de trigo peneirada
- 30 g de cacau em pó peneirado

Para a calda
- 150 ml de água
- 200 g de açúcar
- 50 ml de licor de laranja (tipo Cointreau)

Para a ganache
- 250 g de chocolate
- 250 ml de creme de leite fresco
- 50 ml de licor de laranja (tipo Cointreau)

◊ Ver "Como fazer uma ganache básica" na p. 12

Preaqueça o forno a 180 °C. Unte e enfarinhe uma fôrma de borda alta de 22 cm de diâmetro.

Prepare a génoise de chocolate: derreta a manteiga em uma panela. Coloque os ovos e o açúcar em banho-maria e aqueça por 5 a 8 minutos, mexendo, ainda em banho-maria, com um batedor manual até a mistura ficar esbranquiçada e em ponto de fita: ela deve escorrer do batedor sem se romper, formando uma fita. Retire a mistura do banho-maria, coloque-a na batedeira em velocidade máxima e bata até esfriar. Adicione a farinha e o cacau em duas ou três levas, então, incorpore, delicada, mas rapidamente, a manteiga.

Disponha a massa na fôrma e leve ao forno por 25 minutos, até que o bolo esteja macio ao toque e descolando das bordas. Deixe esfriar por alguns minutos e desenforme sobre uma grelha.

Prepare a calda: em uma panela, ferva a água com o açúcar, somente até o açúcar dissolver, não deixe formar caramelo. Deixe esfriar e junte o licor.

Prepare a ganache: pique grosseiramente o chocolate e coloque-o em uma tigela. Aqueça o creme de leite até começar a ferver e despeje-o sobre o chocolate. Misture bem e incorpore o licor. Deixe a ganache descansar para ficar com consistência bem maleável.

Com uma faca serrilhada, corte o bolo em três discos iguais no sentido horizontal. Com um pincel, regue o primeiro disco com um pouco de calda e, depois, espalhe sobre ela uma camada de 2 cm de ganache. Cubra com o segundo disco e repita a operação com a calda e a ganache. Em seguida, disponha o terceiro disco, regue-o com calda e leve o bolo à geladeira por 15 minutos para a ganache ficar consistente.

Por fim, cubra o bolo inteiro com o restante da ganache, formando pequenos picos com a ajuda de uma espátula. Leve à geladeira por mais 10 minutos antes de servir.

Bolo Saint-Honoré
de chocolate

RENDE **8** PORÇÕES
DIFICULDADE ★ ★ ★
PREPARAÇÃO: 1h30
COZIMENTO: 1h
REFRIGERAÇÃO: 4h35

Para a massa doce (sucrée)
- 75 g de manteiga sem sal
- 50 g de açúcar de confeiteiro
- uma pitada de sal
- 1 gema
- 125 g de farinha de trigo

Para a massa choux
- 100 g de manteiga sem sal
- 125 ml de água
- 125 ml de leite
- ½ colher (chá) de sal
- 15 g de açúcar
- 150 g de farinha de trigo
- 4 ovos + 1 batido para pincelar a massa

Para o caramelo
- 35 ml de água
- 120 g de açúcar

Para o creme de chocolate
- 120 g de chocolate com 70% de cacau
- 2½ folhas de gelatina (5 g)
- 200 ml de leite
- 5 gemas
- 40 g de açúcar
- 20 g de amido de milho

Para o merengue italiano
- 4 claras
- 35 ml de água
- 120 g de açúcar

Para a decoração
- 100 g de raspas de chocolate meio-amargo (ver p. 397)

Prepare a massa doce (sucrée): em uma tigela, misture a manteiga com o açúcar de confeiteiro e o sal. Incorpore a gema e, depois, peneire a farinha e junte à preparação. Forme uma bola de massa e achate-a levemente. Envolva-a em filme de PVC e leve à geladeira por 30 minutos.

Prepare a massa choux como indicado na p. 209 e coloque-a em um saco de confeitar com bico liso de 12 mm.

Preaqueça o forno a 180 °C. Forre uma assadeira rasa com uma folha de papel-manteiga de 30 × 38 cm. Abra a massa doce (sucrée) com um rolo, formando um disco de cerca de 20 cm de diâmetro por 3 mm de espessura, e disponha-a na assadeira. Com o saco de confeitar, aplique a massa choux sobre o disco, desenhando uma espiral de fora para dentro com espessura de cerca de 2 cm, afinando à medida que chega ao centro. Na mesma assadeira, disponha dezessete bolinhas de massa choux de 1,5 cm de diâmetro. Pincele a espiral e as bolinhas com o ovo batido e leve ao forno por 20 minutos. Deixe esfriar sobre uma grelha.

Prepare o caramelo: em uma panela, aqueça a água com o açúcar, até ele dissolver completamente. Aumente o fogo e cozinhe por 10 minutos, até a temperatura alcançar 165 °C no termômetro culinário. Delicadamente, mergulhe a base das carolinas no caramelo e, com uma gota de caramelo, cole-as na borda da espiral de massa com o lado caramelizado para cima.

Prepare o creme de chocolate como indicado na p. 276, sem levá-lo à geladeira.

Prepare o merengue italiano: bata as 4 claras em neve. Misture o açúcar com a água e aqueça em uma panela até alcançar 121 °C no termômetro culinário. Despeje essa calda sobre as claras e bata bem até a mistura esfriar e formar um merengue.

Adicione ⅓ do merengue ao creme de chocolate quente e continue a bater. Então, com uma espátula flexível, incorpore os ⅔ restantes. Insira essa preparação em um saco de confeitar com bico e leve à geladeira.

Com o saco de confeitar, disponha uma camada de creme de chocolate sobre a espiral de massa choux, formando ondas. Leve o bolo à geladeira por, pelo menos, 4 horas. Decore com as raspas de chocolate e sirva.

Tortas extravagantes

Como fazer massa amanteigada (sablée)

Adapte esta versão da massa amanteigada aos ingredientes da receita escolhida (ver, por exemplo, a p. 112).

① Em uma tigela, misture, com a ponta dos dedos, 150 g de manteiga em temperatura ambiente, 250 g de farinha de trigo peneirada, uma pitada de sal, 95 g de açúcar de confeiteiro e 8 g de açúcar de baunilha até obter uma consistência granulada. Se quiser, você pode aromatizar a preparação adicionando aos ingredientes chocolate em pó ou farinha de amêndoa peneirados.

② Incorpore 1 ovo e continue a misturar com uma colher de pau.

③ Forme uma bola com a massa e coloque-a na mesa de trabalho previamente enfarinhada, amassando-a e empurrando-a com a palma da mão até ficar bem homogênea. Evite trabalhar a massa demais, para não torná-la quebradiça. Leve à geladeira por 30 minutos antes de usar.

Como abrir massa de torta

Prepare a massa podre (brisée), amanteigada (sablée), doce (sucrée) etc. conforme a receita de torta ou minitorta escolhida.

① Enfarinhe a mesa de trabalho. Comprima a massa nas mãos ligeiramente.

② Abra a massa com um rolo, sempre partindo do centro para as extremidades. Cada vez que passar o rolo, gire a massa 90°, para que ela não deforme e conserve uma espessura e um diâmetro regulares. Abra a massa rapidamente para que se mantenha bem fria, enfarinhando de novo a mesa, se necessário.

③ Se o disco de massa estiver muito quebradiço para ser manipulado, mas ainda não tiver atingido o tamanho da fôrma, enrole-o em volta do rolo para que você possa levantá-lo da mesa e girá-lo 90° para continuar a abrir a massa.

Como forrar fôrma de torta

Prepare a massa podre (brisée), amanteigada (sablée), doce (sucrée) etc. conforme a indicação da receita escolhida e abra-a em uma espessura de cerca de 3 mm até obter um disco com diâmetro 5 cm superior ao diâmetro da fôrma.

① Depois de abrir a massa, enrole-a em torno de um rolo e desenrole-a sobre a fôrma, deixando-a transpor as bordas.

② Disponha a massa na fôrma, pressionando-a bem para cobrir as laterais e o fundo.

③ Passe o rolo sobre a borda da fôrma, pressionando firmemente para cortar o excesso de massa. Espete o fundo com um garfo antes de levar a torta ao forno conforme as indicações da receita escolhida.

Como forrar fôrma de minitorta

Prepare a massa podre (brisée), amanteigada (sablée), doce (sucrée) etc. conforme a receita escolhida e abra-a em uma espessura de cerca de 3 mm.

① Recorte os discos na massa com um cortador (ou uma tigelinha virada de boca para baixo) do mesmo tamanho que as fôrmas de tortinha.

② Disponha um disco de massa em cada forminha.

③ Pressione a massa para que ela cubra bem o fundo e as laterais das forminhas. Espete o fundo com um garfo antes de assar as tortinhas conforme as indicações da receita escolhida.

Barquetes doçura

RENDE 12 A 14 BARQUETES
DIFICULDADE ★ ★ ★
PREPARAÇÃO: 45 min
REFRIGERAÇÃO: 45 min
COZIMENTO: de 10 a 15 min

Para a massa doce (sucrée)
- 120 g de manteiga sem sal em temperatura ambiente
- 100 g de açúcar de confeiteiro
- uma pitada de sal
- 1 ovo
- 200 g de farinha de trigo peneirada

Para a musse de chocolate
- 150 g de chocolate ao leite
- 250 ml de creme de leite fresco

Para a decoração
- cacau em pó e/ou açúcar de confeiteiro

◊ Ver "Como moldar quenelles" na p. 210

Prepare a massa doce (sucrée): em uma tigela, misture a manteiga com o açúcar de confeiteiro e o sal. Incorpore o ovo e depois a farinha. Forme uma bola com a massa e achate-a levemente. Envolva-a em filme de PVC e leve à geladeira por 30 minutos.

Unte doze a catorze forminhas de barquete. Enfarinhe a mesa de trabalho. Abra a massa em uma espessura de cerca de 3 mm. Com uma faca, recorte doze discos ovais um pouco maiores que as forminhas. Disponha-os sobre as forminhas, pressionando bem para cobrir as laterais e o fundo, e espete as bases com um garfo. Leve à geladeira por 15 minutos.

Preaqueça o forno a 180 °C.

Asse as barquetes por 10 a 15 minutos, até dourarem ligeiramente. Deixe-as esfriar um pouco e reserve-as.

Prepare a musse de chocolate: derreta o chocolate em banho-maria. Bata o creme de leite em uma tigela até ficar com consistência cremosa. Despeje-o sobre o chocolate morno. Com uma espátula flexível, bata vigorosamente no princípio, depois, mais devagar.

Recheie as barquetes com musse, moldando quenelles com duas colheres. Para servir, polvilhe com cacau ou açúcar de confeiteiro peneirados.

Flã moderno de chocolate
com crumble de quinoa

RENDE 6 PORÇÕES
DIFICULDADE ★ ★ ★
PREPARAÇÃO: 55 min
COZIMENTO: cerca de 1h10
REPOUSO: 20 min
REFRIGERAÇÃO: 2h

Para o flã de chocolate
- 75 g de chocolate com 70% de cacau picado
- 200 ml de água
- 600 ml de leite
- 150 ml de creme de leite fresco
- 1 cravo-da-índia
- 1 pau de canela
- 5 ovos
- 125 g de açúcar

Para o crumble
- 25 g de quinoa em grãos
- 50 g de açúcar mascavo escuro
- 50 g de manteiga sem sal
- 50 g de farinha de trigo
- canela em pó

Para o chantili
- 150 ml de creme de leite fresco gelado
- essência de baunilha a gosto
- 15 g de açúcar de confeiteiro

Prepare o flã de chocolate: em uma panela, derreta o chocolate com a água em fogo baixo. Depois que ferver, mantenha no fogo por 5 minutos. Adicione o leite, o creme de leite, o cravo e a canela e ferva novamente. Em uma tigela, bata os ovos e o açúcar até a mistura ficar esbranquiçada. Adicione lentamente a preparação de chocolate, mexa bem e deixe descansar por 20 minutos.

Preaqueça o forno a 80 °C. Passe o creme do flã pela peneira. Distribua-o em seis ramequins, até ¾ da borda, e leve ao forno por 40 minutos até os flãs ficarem firmes. Retire-os do forno, deixe esfriar e leve à geladeira por 2 horas.

Prepare o crumble: lave os grãos de quinoa e coloque-os em uma panela com bastante água. Ferva por 20 minutos, até os grãos se abrirem. Retire-os do fogo, escorra-os e deixe secar. Aumente a temperatura do forno para 180 °C. Forre uma assadeira rasa com papel-manteiga. Em uma tigela, misture todos os ingredientes do crumble até obter uma consistência de farofa grossa. Disponha essa preparação na assadeira em uma espessura de 1 cm. Leve ao forno por 10 a 15 minutos, retire e deixe esfriar.

Prepare o chantili: em uma tigela, bata o creme de leite com a baunilha. Quando começar a encorpar, junte o açúcar de confeiteiro e continue a bater até o creme ficar bem firme.

Decore os flãs de chocolate com pedacinhos de crumble e uma porção de chantili.

Cheesecake de batata
e chocolate amargo

RENDE 6 PORÇÕES
DIFICULDADE ★ ★ ☆
DESSOROMENTO: 12h
PREPARAÇÃO: 45 min
COZIMENTO: cerca de 1h15
REFRIGERAÇÃO: cerca de 4h20

- 115 g de queijo branco (com 40% de gordura)

Para o purê doce de batata
- 200 g de batata
- 200 ml de leite
- 20 g de açúcar
- raspas da casca de ½ laranja

Para a pasta de cacau
- 1½ colher (sopa) de cacau em pó (10 g)
- 30 ml de água

Para o fundo crocante
- 30 g de manteiga sem sal
- 60 g de bolachas de chocolate sem recheio
- 15 g de nozes picadas

Para a base do cheesecake
- 110 ml de creme de leite fresco
- 1 ovo + 1 gema
- 55 g de açúcar
- 1 colher (sopa) de mel (18 g)

Para a cobertura
- ½ folha de gelatina (1 g)
- 35 g de mel de sabor neutro
- 30 ml de água

Na véspera, deixe o queijo branco fora da geladeira para liberar o soro. Reserve-o em lugar fresco.

No dia, prepare o purê doce de batata: descasque, lave e corte as batatas em cubos. Em uma panela, ferva o leite com o açúcar e as raspas de laranja. Junte a batata e cozinhe por cerca de 30 minutos até a batata ficar bem macia, quase se desfazendo. Passe a mistura por uma peneira ou espremedor de batata e deixe amornar.

Prepare a pasta de cacau: dissolva o cacau na água e ferva-o em uma panela. Reserve.

Preaqueça o forno a 180 °C. Forre uma assadeira rasa com papel-manteiga e coloque sobre ela um aro removível de 18 cm de diâmetro e 5 cm de altura.

Prepare o fundo crocante: derreta a manteiga. Triture as bolachas e misture-as com as nozes e a manteiga derretida formando uma farofa. Distribua essa preparação no fundo do aro e pressione-a firmemente até que fique uma massa homogênea.

Prepare a base do cheesecake: incorpore o queijo branco escorrido ao purê de batata ainda morno. Acrescente o creme de leite, os ovos, o açúcar, o mel e a pasta de chocolate, mexendo bem. Disponha essa mistura sobre o fundo crocante no aro e leve ao forno por 45 minutos. Deixe o cheesecake esfriar sem retirá-lo do aro e leve-o à geladeira por 4 horas.

Prepare a cobertura: dissolva a gelatina em um pouco de água fria. Em uma panela, ferva a água com o mel. Esprema a gelatina para extrair toda a água, incorpore-a à calda com mel e deixe esfriar. Espalhe a cobertura sobre o cheesecake sem remover o aro e leve o bolo novamente à geladeira por 15 a 20 minutos. Por fim, passe a ponta de uma faca em volta do cheesecake e desenforme-o.

Torta de chocolate

RENDE **8 A 10** PORÇÕES
DIFICULDADE ★ ★ ★
PREPARAÇÃO: 2h
REFRIGERAÇÃO: 1h
COZIMENTO: de 50 min a 1h

Para a massa doce (sucrée)
- 120 g de manteiga sem sal
- 100 g de açúcar de confeiteiro
- uma pitada de sal
- 1 ovo
- 200 g de farinha de trigo

Para o creme de amêndoa
- 100 g de manteiga sem sal
- 100 g de açúcar
- 5 gotas de essência de baunilha
- 2 ovos
- 100 g de farinha de amêndoa

Para a ganache
- 125 g de chocolate meio-amargo
- 125 ml de creme de leite fresco
- 25 g de açúcar
- 25 g de manteiga sem sal em temperatura ambiente

Para a calda de chocolate
- 50 ml de água
- 40 g de açúcar
- 15 g de cacau em pó

Para o crocante de chocolate
- 25 g de chocolate ao leite
- 30 g de manteiga sem sal
- 125 g de pasta de pralinê (ver p. 325)
- 15 biscoitos crêpe dentelle ou biju doce (60 g)
- 5 biscoitos crêpe dentelle ou biju doce em pedacinhos

Prepare a massa doce (sucrée): misture a manteiga em temperatura ambiente com o açúcar de confeiteiro e o sal. Incorpore o ovo e a farinha peneirada. Forme uma bola com a massa e achate-a ligeiramente. Envolva-a em filme de PVC e leve à geladeira por 30 minutos.

Preaqueça o forno a 180 °C. Unte uma fôrma de torta de 24 cm de diâmetro. Enfarinhe a mesa de trabalho. Abra a massa formando um disco de cerca de 30 cm de diâmetro e 3 mm de espessura, e forre a fôrma com ela. Leve à geladeira por 10 minutos.

Cubra a massa com uma folha de papel-manteiga maior do que a fôrma e espalhe sobre ela uma camada de feijões crus para fazer peso. Asse por 10 minutos até a massa ficar ligeiramente dourada. Retire a fôrma do forno e remova o papel-manteiga e os feijões. Reduza a temperatura para 160 °C e asse a base da torta por mais 8 minutos. Reserve sobre uma grelha, sem desenformar.

Prepare o creme de amêndoa: em uma tigela, misture a manteiga em temperatura ambiente com o açúcar e a baunilha. Incorpore os ovos um a um, misturando delicadamente, e a farinha de amêndoa. Disponha esse creme na base da torta e asse por cerca de 30 a 40 minutos.

Prepare a ganache: pique o chocolate grosseiramente e coloque-o em uma tigela. Em uma panela, ferva o creme de leite com o açúcar e despeje-o sobre o chocolate. Misture bem e adicione a manteiga. Deixe a ganache descansar para ficar bem maleável.

Prepare a calda de chocolate: em uma panela, ferva a água com o açúcar somente até dissolver o açúcar, não deixe formar caramelo. Junte o cacau, mexa com um batedor e ferva novamente. Deixe esfriar.

Prepare o crocante de chocolate: pique o chocolate em pedacinhos e derreta-o em banho-maria. Incorpore a ele a manteiga em temperatura ambiente, a pasta de pralinê e os biscoitos crêpe dentelle bem esfarelados, misturando bem. Desenhe um círculo de 20 cm em uma folha de papel-manteiga e espalhe a mistura. Leve à geladeira por 20 minutos.

Desenforme a torta e regue o creme de amêndoa com a calda de chocolate. Espalhe sobre o creme uma camada fina de ganache e alise-a com a espátula. Coloque por cima o crocante de chocolate e, depois, a ganache restante. Enfeite com os biscoitos crêpe dentelle cortados em pedacinhos.

Manga caramelizada
com crumble de chocolate

RENDE 6 PORÇÕES
DIFICULDADE ★ ★ ★
PREPARAÇÃO: 30 min
COZIMENTO: de 20 a 25 min

Para o crumble de chocolate
- 75 g de manteiga sem sal
- 50 g de farinha de trigo
- 25 g de cacau em pó
- 75 g de açúcar mascavo escuro
- 75 g de farinha de avelã

Para a manga caramelizada
- 3 mangas
- 60 g de manteiga sem sal
- 150 g de açúcar mascavo escuro

Preaqueça o forno a 180 °C. Forre uma assadeira com papel-manteiga.

Prepare o crumble de chocolate: em uma tigela, misture todos os ingredientes do crumble até obter uma consistência de farofa grossa. Disponha essa mistura na assadeira em uma espessura de 1 cm e leve ao forno por 10 a 15 minutos. Quebre o crumble em pedacinhos e deixe esfriar.

Prepare a manga caramelizada: descasque as mangas e corte-as em fatias. Aqueça a manteiga em uma frigideira. Junte as fatias de manga, polvilhe-as com o açúcar mascavo e cozinhe por 10 minutos em fogo baixo até ficarem macias.

Distribua algumas fatias de manga em seis pratos fundos, espalhe por cima pedacinhos de crumble de chocolate e, depois, cubra com o restante da manga. Sirva bem quente.

Torta de chocolate amargo

RENDE 10 PORÇÕES
DIFICULDADE ★ ★ ★
PREPARAÇÃO: 35 min
REFRIGERAÇÃO: 40 min
COZIMENTO: cerca de 50 min

Para a massa podre (brisée)
- 200 g de farinha de trigo peneirada
- 30 g de açúcar
- uma pitada de sal
- 100 g de manteiga sem sal em pedaços
- 1 ovo batido
- 1 colher (sopa) de água

Para o creme de chocolate amargo
- 150 g de chocolate amargo (com 55% a 70% de cacau)
- 150 g de manteiga sem sal
- 3 ovos
- 200 g de açúcar
- 60 g de farinha de trigo
- 50 ml de creme de leite fresco

Para o creme inglês (opcional)
- 6 gemas
- 180 g de açúcar
- 1 fava de baunilha
- 500 ml de leite

Para a decoração
- açúcar de confeiteiro

◊ Ver "Como fazer creme inglês" na p. 208

Prepare a massa podre (brisée): em uma tigela, coloque a farinha, o açúcar e o sal. Incorpore a manteiga e trabalhe a massa com as mãos até ficar parecendo uma farofa. Faça uma cova no centro, junte o ovo batido e a água e misture ligeiramente. Forme uma bola com a massa e achate-a levemente. Envolva-a em filme de PVC e leve à geladeira por 30 minutos.

Preaqueça o forno a 180 °C. Unte uma fôrma de torta de 26 cm de diâmetro. Enfarinhe a mesa de trabalho. Abra a massa, forme um disco de cerca de 30 cm de diâmetro e 3 mm de espessura e forre a fôrma com ela. Leve à geladeira por 10 minutos.

Cubra a massa com uma folha de papel-manteiga ligeiramente maior do que a fôrma e espalhe sobre ela uma camada de feijões crus para fazer peso. Asse por cerca de 10 minutos, até a massa ficar levemente dourada. Retire a fôrma do forno e remova o papel-manteiga e os feijões. Reduza a temperatura do forno para 160 °C e asse a torta por mais 8 minutos. Reserve sobre uma grelha, mas não desenforme ainda.

Reduza a temperatura do forno para 120 °C.

Prepare o creme de chocolate amargo: em uma panela, derreta o chocolate e a manteiga em banho-maria. Fora do fogo, junte os ovos e misture imediatamente. Incorpore o açúcar, a farinha e por fim o creme de leite. Disponha a mistura sobre a massa da torta e leve ao forno por mais 30 minutos, até o creme ficar consistente.

Prepare o creme inglês (se for usá-lo): coloque os ovos e o açúcar em uma tigela e bata com um batedor manual até a mistura ficar esbranquiçada e espessa. Abra a fava de baunilha no sentido do comprimento e raspe-a com uma faca para liberar as sementes. Coloque-as em uma panela juntamente com o leite e aqueça até levantar fervura. Despeje ⅓ do leite sobre a mistura de gemas e açúcar, mexendo vigorosamente.

Coloque tudo na panela com o leite e cozinhe em fogo baixo, mexendo sem parar com uma espátula de madeira, até o creme engrossar e aderir à espátula (não deixe que ele ferva).

Polvilhe a torta com açúcar de confeiteiro. Sirva-a morna, acompanhada do creme inglês, se desejar.

Torta de chocolate com
perfume de limão

RENDE **8** PORÇÕES
DIFICULDADE ★ ★ ★
PREPARAÇÃO: 1h + 45 min
COZIMENTO: 1h + 20 a 25 min
REFRIGERAÇÃO: 1h10

Para o limão cristalizado
- 2 limões taiti
- 100 g de açúcar
- 100 ml de água

Para a massa doce (sucrée)
- 120 g de manteiga sem sal em temperatura ambiente
- 100 g de açúcar de confeiteiro
- uma pitada de sal
- 1 ovo
- 200 g de farinha de trigo peneirada

Para a ganache de limão
- tiras da casca de 2 limões taiti
- 300 g de chocolate meio-amargo
- 250 ml de creme de leite fresco
- 125 g de manteiga sem sal

Para a decoração
- cacau em pó

◊ Ver "Como forrar fôrma de torta" na p. 90

Na véspera, prepare o limão cristalizado: preaqueça o forno a uma temperatura entre 80 °C e 100 °C. Forre uma assadeira com papel-manteiga. Corte os limões em fatias bem finas. Em uma panela, ferva o açúcar com a água somente até dissolver o açúcar, não deixe formar caramelo. Retire a panela do fogo, coloque as fatias de limão e deixe nessa calda por 1 hora. Retire as fatias da calda, escorra, coloque na assadeira e espere 1 hora para elas cristalizarem. Reserve.

No dia, prepare a massa doce (sucrée): misture a manteiga com o açúcar e o sal. Incorpore o ovo e a farinha. Forme uma bola com a massa e achate-a levemente. Envolva-a em filme de PVC e leve à geladeira por 30 minutos.

Preaqueça o forno a 180 °C. Unte uma fôrma de torta de 22 cm de diâmetro. Enfarinhe a mesa de trabalho. Abra a massa, forme um disco de 27 cm de diâmetro e cerca de 3 mm de espessura e forre a fôrma com ele. Leve à geladeira por 10 minutos.

Cubra a massa com uma folha de papel-manteiga ligeiramente maior do que a fôrma e espalhe sobre ela uma camada de feijões crus para fazer peso. Leve ao forno por cerca de 10 minutos, até a massa ficar levemente dourada. Retire a fôrma do forno e remova o papel-manteiga e os feijões. Reduza a temperatura do forno para 160 °C e asse a torta por mais 10 a 15 minutos, até ficar dourada. Reserve sobre uma grelha, mas não desenforme ainda.

Prepare a ganache de limão: corte as cascas de limão em tiras finas. Corte o chocolate grosseiramente e coloque-o em uma tigela. Em uma panela, aqueça o creme de leite com as tiras de limão até levantar fervura. Despeje essa mistura sobre o chocolate. Misture bem e adicione a manteiga. Disponha essa ganache sobre a massa da torta e leve à geladeira por 30 minutos. Polvilhe a superfície com cacau e enfeite com rodelas do limão cristalizado.

DICA DO CHEF: se sobrar ganache, coloque-a em um saco de confeitar com bico canelado e forme rosáceas sobre a torta antes de levá-la à geladeira.

Torta de chocolate e figo

RENDE **8** PORÇÕES
DIFICULDADE ★ ★ ★
PREPARAÇÃO: 45 min
COZIMENTO: cerca de 1h10
REFRIGERAÇÃO: 1h10

Para a massa amanteigada (sablée) de chocolate
- 150 g de manteiga sem sal em temperatura ambiente
- 250 g de farinha de trigo peneirada
- 15 g de cacau em pó peneirado
- uma pitada de sal
- 95 g de açúcar de confeiteiro
- 1 ovo

Para a compota de figo
- 400 g de figos secos
- 85 g de açúcar
- 200 ml de vinho tinto
- 125 g de purê de framboesa

Para a ganache de chocolate
- 300 g de chocolate meio-amargo
- 375 ml de creme de leite fresco
- 100 g de manteiga sem sal em temperatura ambiente

◊ Ver "Como fazer uma ganache básica" na p. 12

Prepare a massa amanteigada (sablée) de chocolate: em uma tigela, coloque a manteiga, a farinha e o cacau peneirados, o sal e o açúcar de confeiteiro e misture tudo com os dedos até ficar parecendo uma farofa. Junte o ovo, incorpore-o bem e forme uma bola com a massa. Achate-a um pouco, envolva-a em filme de PVC e leve à geladeira por 30 minutos.

Preaqueça o forno a 180 °C. Unte uma fôrma de torta de 22 cm de diâmetro. Enfarinhe a mesa de trabalho. Abra a massa, moldando um disco de cerca de 27 cm de diâmetro e 3 mm de espessura, e forre a fôrma com ela. Leve à geladeira por 10 minutos.

Cubra a massa com uma folha de papel-manteiga ligeiramente maior do que a fôrma e espalhe sobre ela uma camada de feijões crus para fazer peso. Asse por cerca de 10 minutos, até a massa ficar levemente dourada. Retire a fôrma do forno e remova o papel-manteiga e os feijões. Reduza a temperatura do forno para 160 °C e asse a torta por mais 10 a 15 minutos. Reserve sobre uma grelha, mas não desenforme ainda.

Prepare a compota de figo: mergulhe os figos em água fervente por 3 minutos para amolecê-los e escorra-os. Coloque-os em uma panela com o açúcar, o vinho e o purê de framboesa e aqueça em fogo baixo por 40 minutos até a mistura engrossar. Depois dos primeiros 5 minutos de cozimento, retire 2 figos da panela, corte-os em rodelas e reserve-os para a decoração. Deixe a compota esfriar. Disponha-a sobre a massa da torta até alcançar ⅔ da borda e alise a superfície com uma espátula.

Prepare a ganache de chocolate: pique grosseiramente o chocolate e coloque-o em uma tigela. Aqueça o creme de leite em uma panela até ferver e despeje-o sobre o chocolate. Misture bem e incorpore a manteiga. Espalhe a ganache sobre a compota de figo, decore com as rodelas de figo e leve a torta à geladeira por 30 minutos.

DICAS DO CHEF: se preferir um recheio mais suave do que a compota, cozinhe os figos com o açúcar, o vinho e o purê de framboesa e, depois, passe no liquidificador. Se não encontrar purê de framboesa pronto, prepare-o em casa: passe as frutas, frescas ou congeladas, no processador e coe. Se desejar, adicione açúcar.

Torta de chocolate grand cru

RENDE **8** A **10** PORÇÕES
DIFICULDADE ★ ★ ★
PREPARAÇÃO: 45 min
REFRIGERAÇÃO: 40 min
COZIMENTO: de 20 a 25 min

Para a massa doce (sucrée)
- 120 g de manteiga sem sal em temperatura ambiente
- 100 g de açúcar de confeiteiro
- uma pitada de sal
- 1 ovo
- 200 g de farinha de trigo peneirada

Para o creme inglês com chocolate grand cru
- 2 gemas
- 40 g de açúcar
- 120 ml de creme de leite fresco
- 130 ml de leite
- 190 g de chocolate grand cru (com 66% de cacau) picado

◊ Ver "Como forrar fôrma de torta" na p. 90

Prepare a massa doce (sucrée): misture a manteiga com o açúcar de confeiteiro e o sal. Incorpore o ovo e a farinha. Forme uma bola com a massa e achate-a levemente. Envolva-a em filme de PVC e leve-a à geladeira por 30 minutos.

Preaqueça o forno a 180 °C. Unte uma fôrma de torta de 24 cm de diâmetro. Enfarinhe a mesa de trabalho. Abra a massa e forme um disco de cerca de 30 cm de diâmetro e 3 mm de espessura. Forre a fôrma com ela e leve à geladeira por 10 minutos.

Cubra a massa com uma folha de papel-manteiga ligeiramente maior do que a fôrma e espalhe sobre ela uma camada de feijões crus. Asse por cerca de 10 minutos, até a massa ficar levemente dourada. Retire a fôrma do forno e remova o papel-manteiga e os feijões. Abaixe a temperatura do forno para 160 °C e asse a massa por mais 10 a 15 minutos, até ficar dourada. Reserve sobre uma grelha, mas não desenforme ainda.

Prepare o creme inglês com chocolate grand cru: em uma tigela, bata as gemas com o açúcar até a mistura ficar esbranquiçada e espessa. Em uma panela, ferva o creme de leite e despeje ⅓ dele sobre as gemas batidas, mexendo vigorosamente. Coloque tudo na panela com o leite e cozinhe em fogo baixo, mexendo sem parar com uma colher de madeira até o creme engrossar e aderir à colher (cuidado para não deixar ferver). Retire a panela do fogo e despeje o creme sobre o chocolate picado. Misture delicadamente até o chocolate derreter por completo. Cubra a massa da torta com esse creme e leve à geladeira até o momento de servir.

DICAS DO CHEF: o termo "grand cru" designa uma variedade de cacau de excelente qualidade oriunda de uma região específica, como Cuba, São Tomé e Príncipe, Venezuela etc. Você pode substituí-lo por um chocolate com teor de cacau superior a 66%. Se quiser dar um toque frutado à torta, espalhe framboesas sobre a base da torta antes de cobrir com o creme inglês.

Torta de chocolate
e coco

RENDE **8** PORÇÕES
DIFICULDADE ★ ★ ★
PREPARAÇÃO: 1h
COZIMENTO: cerca de 40 min
REFRIGERAÇÃO: 40 min

Para a massa doce (sucrée) de coco
- 165 g de manteiga sem sal em temperatura ambiente
- 75 g de açúcar de confeiteiro
- 30 g de farinha de amêndoa
- 30 g de coco ralado
- uma pitada de sal
- 1 ovo
- 175 g de farinha de trigo peneirada

Para o recheio de coco
- 3 claras
- 190 g de coco ralado
- 170 g de açúcar
- 40 g de purê de maçã

Para o crumble de chocolate
- 50 g de manteiga sem sal
- 35 g de farinha de trigo
- 15 g de cacau em pó
- 50 g de açúcar mascavo
- 50 g de coco ralado
- ½ colher (chá) de fermento químico em pó (3 g)

Para a decoração
- açúcar de confeiteiro

◊ Ver "Como forrar fôrma de torta" na p. 90

Prepare a massa doce (sucrée) de coco: em uma tigela, misture a manteiga com o açúcar de confeiteiro, a farinha de amêndoa, o coco ralado e o sal. Incorpore o ovo e, depois, a farinha. Forme uma bola com a massa e achate-a levemente. Envolva-a em filme de PVC e leve à geladeira por 30 minutos.

Preaqueça o forno a 180 °C. Unte uma fôrma de fundo removível de 22 cm de diâmetro. Enfarinhe a mesa de trabalho. Abra a massa, forme um disco de 27 cm de diâmetro e cerca de 3 mm de espessura e forre a fôrma com ela. Leve à geladeira por 10 minutos.

Cubra a massa com uma folha de papel-manteiga ligeiramente maior do que a fôrma e espalhe sobre ela uma camada de feijões crus. Asse por cerca de 10 minutos, até a massa ficar levemente dourada. Remova o papel-manteiga com os feijões. Reduza a temperatura para 160 °C e asse a torta por mais 8 minutos. Reserve-a sobre uma grelha, mas não desenforme ainda.

Prepare o recheio de coco: bata as claras e, depois, com uma espátula flexível, misture-as com os outros ingredientes. Espalhe essa preparação sobre a massa da torta e reserve.

Prepare o crumble de chocolate: em uma tigela grande, misture todos os ingredientes do crumble até ficar parecendo uma farofa. Disponha essa mistura sobre o recheio de coco.

Leve a torta ao forno novamente por mais 20 minutos, até ficar dourada. Espere esfriar, desenforme e corte-a em oito pedaços. Sirva-a morna ou fria. Se quiser, polvilhe com açúcar de confeiteiro antes de servir.

DICAS DO CHEF: se não encontrar o purê de maçã pronto, prepare uma versão caseira: corte 3 maçãs vermelhas em quatro, retire o miolo, o cabinho e as sementes. Leve ao forno e asse por 40 minutos a 120 °C. Retire e deixe amornar antes de processá-las ou espremê-las até obter um purê. Se quiser, adicione 1 colher (chá) de canela em pó (5 g) e 2 colheres (sopa) de mel (50 g).

Torta de chocolate e laranja
aromatizada com coentro

RENDE **8 A 10** PORÇÕES
DIFICULDADE ★ ★ ★
PREPARAÇÃO: cerca de 1h45
REFRIGERAÇÃO: 40 min
COZIMENTO: de 20 a 25 min

Para a laranja aromatizada com coentro
- 150 ml de água
- 150 g de açúcar
- 25 g de coentro em grãos
- 1 laranja cortada em rodelas finas

Para a massa amanteigada (sablée)
- 150 g de manteiga sem sal em temperatura ambiente
- 250 g de farinha de trigo peneirada
- uma pitada de sal
- 95 g de açúcar de confeiteiro
- 1½ colher (chá) de açúcar de baunilha (8 g)
- 1 ovo

Para o creme inglês de chocolate
- 3 gemas
- 50 g de açúcar
- 1 fava de baunilha
- 250 ml de leite
- 275 g de chocolate meio-amargo picado

◊ Ver "Como fazer massa amanteigada (sablée)" na p. 88

Prepare a laranja aromatizada com coentro: ferva a água e o açúcar em uma panela somente até o açúcar dissolver, não deixe formar caramelo. Junte o coentro e, fora do fogo, deixe em infusão por 5 a 10 minutos. Coe a calda, acrescente a laranja e deixe-a nessa calda por 1 hora.

Prepare a massa amanteigada (sablée): em uma tigela, coloque a manteiga, a farinha, o sal, o açúcar de confeiteiro e o açúcar de baunilha e misture com a ponta dos dedos até ficar parecendo uma farofa. Incorpore o ovo e forme uma bola com a massa. Achate-a levemente, envolva-a em filme de PVC e leve à geladeira por 30 minutos.

Preaqueça o forno a 180 °C. Unte uma fôrma de torta de 24 cm de diâmetro. Enfarinhe a mesa de trabalho. Abra a massa, forme um disco de cerca de 30 cm de diâmetro e 3 mm de espessura e forre a fôrma com ela. Leve à geladeira por 10 minutos.

Cubra a massa com uma folha de papel-manteiga ligeiramente maior do que a fôrma e espalhe sobre ela uma camada de feijões crus para fazer peso. Asse por cerca de 10 minutos, até a massa ficar levemente dourada. Retire-a do forno e remova o papel-manteiga e os feijões. Reduza a temperatura do forno para 160 °C e asse por mais 10 a 15 minutos até a torta ficar dourada. Reserve-a sobre uma grelha, mas não desenforme.

Prepare o creme inglês de chocolate: bata as gemas com o açúcar até a mistura ficar esbranquiçada e espessa. Abra a fava de baunilha no sentido do comprimento, raspe-a com uma faca para soltar as sementes e coloque-as em uma panela com o leite até ferver. Despeje ⅓ do leite sobre a mistura de gemas e açúcar e mexa vigorosamente. Coloque tudo de volta na panela do leite e cozinhe em fogo baixo, mexendo sem parar com uma espátula de madeira até o creme engrossar e aderir à espátula (não deixe que ele ferva).

Fora do fogo, despeje o creme sobre o chocolate em uma tigela. Misture delicadamente até o chocolate ficar bem incorporado. Espalhe o creme sobre a massa da torta e leve à geladeira. Antes de servir, escorra as rodelas de laranja, seque-as com papel-toalha e disponha-as sobre a torta.

Torta de chocolate
com peras caramelizadas

RENDE **8** PORÇÕES
DIFICULDADE ★ ★ ★
PREPARO: 1h
REFRIGERAÇÃO: 40 min
COZIMENTO: 40 min

Para a massa doce (sucrée) de chocolate
- 175 g de manteiga sem sal em temperatura ambiente
- 125 g de açúcar de confeiteiro
- 1 ovo
- 250 g de farinha de trigo peneirada
- 20 g de cacau em pó peneirado

Para o recheio
- 100 g de chocolate meio-amargo
- 200 ml de creme de leite fresco
- 50 g de mel de sabor neutro
- 5 gemas

Para as peras caramelizadas
- 850 g de peras em calda em metades
- 50 g de mel de sabor neutro
- 20 g de manteiga sem sal

◊ Ver "Como forrar fôrma de torta" na p. 90

Prepare a massa doce (sucrée) de chocolate: misture a manteiga com o açúcar de confeiteiro. Incorpore o ovo, depois a farinha e o cacau peneirados. Forme uma bola com a massa e achate-a levemente. Envolva-a em um filme de PVC e leve à geladeira por 30 minutos.

Preaqueça o forno a 180 °C. Unte uma fôrma de torta de 22 cm de diâmetro. Enfarinhe a mesa de trabalho. Abra a massa, forme um disco de cerca de 27 cm de diâmetro e 3 mm de espessura e forre a fôrma com ela. Leve à geladeira por 10 minutos.

Cubra a massa com uma folha de papel-manteiga ligeiramente maior do que a fôrma e espalhe sobre ela uma camada de feijões crus para fazer peso. Asse por cerca de 10 minutos, até a massa ficar levemente dourada. Retire-a do forno e remova o papel-manteiga e os feijões. Reduza a temperatura do forno para 160 °C e asse a torta por mais 8 minutos. Reserve-a sobre uma grelha, mas não desenforme ainda.

Reduza a temperatura do forno para 140 °C.

Prepare o recheio: pique o chocolate e coloque em uma tigela. Aqueça o creme de leite e o mel até ferver. Bata as gemas e incorpore a elas a mistura de mel e creme de leite ainda quente. Despeje tudo sobre o chocolate picado, misture bem e reserve.

Prepare as peras caramelizadas: retire as peras da calda e deixe escorrendo, disponha-as em uma frigideira antiaderente com o mel e a manteiga e aqueça-as em fogo alto até ficarem caramelizadas. Coloque em uma tábua, deixe amornar e corte-as em meias-luas.

Espalhe o recheio sobre a massa da torta e, com a ajuda de uma espátula reta, disponha as peras sobre o recheio, fazendo um desenho decorativo. Leve a torta ao forno por 20 minutos e sirva.

DICA DO CHEF: se não encontrar pera em calda pronta, prepare uma versão caseira: descasque 7 peras pequenas, corte-as ao meio e retire o miolo e o cabinho. Regue-as com suco de 1 limão e reserve. Coloque em uma panela 900 ml de água, 440 g de açúcar, 3 anises-estrelados, 1 pau de canela e 3 cravos-da-índia. Abra 1 fava de baunilha no sentido do comprimento e raspe as sementes com a ponta da faca e coloque na panela. Leve ao fogo e cozinhe, mexendo sempre, até obter uma calda rala. Acrescente as peras e cozinhe por 20 minutos, ou até que elas estejam macias.

Torta de chocolate com pralinê

RENDE 10 A 12 PORÇÕES
DIFICULDADE ★ ★ ☆
PREPARO: 1h
REFRIGERAÇÃO: 1h
COZIMENTO: de 20 a 25 min

Para a massa amanteigada (sablée) com amêndoa
- 100 g de manteiga sem sal em temperatura ambiente
- 20 g de farinha de amêndoa
- 175 g de farinha de trigo peneirada
- uma pitada de sal
- 65 g de açúcar de confeiteiro
- ½ colher (chá) de açúcar de baunilha (3 g)
- 1 ovo

Para o creme de chocolate com pralinê
- 400 g de chocolate meio-amargo
- 400 ml de creme de leite fresco
- 60 g de pralin (ver p. 325)
- 1 ou 2 gotas de essência de baunilha
- 90 g de manteiga sem sal

Para as amêndoas e avelãs caramelizadas
- 50 ml de água
- 100 g de açúcar
- 50 g de amêndoas inteiras
- 50 g de avelãs inteiras
- 10 g de manteiga sem sal

◊ Ver "Como fazer massa amanteigada (sablée)" na p. 88

Prepare a massa amanteigada (sablée) com amêndoa: disponha, em uma tigela, a manteiga, a farinha de amêndoa, a farinha de trigo, o sal, o açúcar de confeiteiro e o açúcar de baunilha e misture com a ponta dos dedos até ficar parecendo uma farofa. Junte o ovo e trabalhe a massa de novo até formar uma bola. Achate-a levemente, envolva-a em filme de PVC e leve à geladeira por 30 minutos.

Preaqueça o forno a 180 °C. Unte uma fôrma retangular de fundo removível de 25 x 10 cm. Abra a massa em uma espessura de cerca de 3 mm, recorte um retângulo de 30 x 15 cm e forre a fôrma com ele. Leve à geladeira por 10 minutos.

Cubra a massa com uma folha de papel-manteiga e espalhe sobre ela uma camada de feijões crus para fazer peso. Asse por cerca de 10 minutos, até a massa ficar levemente dourada. Retire-a do forno e remova o papel-manteiga e os feijões. Reduza a temperatura do forno para 160 °C e asse a torta por mais 10 a 15 minutos, até ficar dourada. Reserve-a sobre uma grelha, mas não desenforme ainda.

Prepare o creme de chocolate e pralinê: pique grosseiramente o chocolate e coloque-o em uma tigela. Ferva o creme de leite e despeje-o sobre o chocolate. Misture bem e incorpore o pralin, a baunilha e a manteiga. Disponha esse creme na massa da torta e leve à geladeira por 20 minutos.

Prepare as amêndoas e as avelãs caramelizadas: em uma panela, coloque a água com o açúcar, deixe ferver e engrosse por cerca de 5 minutos, até a temperatura alcançar 117 °C no termômetro culinário. Retire do fogo, adicione as amêndoas e as avelãs e misture bem até o açúcar se cristalizar e as frutas secas ficarem açucaradas (cobertas de açúcar parecendo um pó branco). Volte a panela ao fogo baixo e deixe o açúcar derreter caramelizando as frutas secas. Nesse momento, incorpore a manteiga.

Espalhe as amêndoas e as avelãs sobre uma folha de papel-manteiga e mexa com uma espátula até elas esfriarem. Então, esfregue-as entre as mãos para separá-las e disponha-as sobre a torta na hora de servir.

DICA DO CHEF: se quiser fazer uma torta redonda, utilize uma fôrma de 26 cm de diâmetro.

Torta de maracujá e chocolate

RENDE 8 PORÇÕES
DIFICULDADE ★ ★ ★
PREPARO: 1h
COZIMENTO: 35 min
REFRIGERAÇÃO: 2h40

Para a massa doce (sucrée) de amêndoa
- 120 g de manteiga sem sal em temperatura ambiente
- 65 g de açúcar de confeiteiro
- 1 ovo pequeno
- 200 g de farinha de trigo peneirada
- 20 g de farinha de amêndoa

Para o recheio de chocolate
- 50 g de chocolate ao leite
- 30 g de chocolate amargo com 70% de cacau
- 60 g de manteiga sem sal em temperatura ambiente
- 2 ovos
- 50 g de açúcar
- 2 colheres (chá) de licor de coco (tipo Malibu)

Para o creme de maracujá
- 2 folhas de gelatina (4 g)
- 80 g de polpa de maracujá
- 85 g de açúcar
- 2 ovos
- 140 g de manteiga sem sal

Para o glacê
- 100 g de cobertura neutra
- polpa de 1 maracujá

Para a decoração
- 100 g de framboesas

◊ Ver "Como forrar fôrma de torta" na p. 90

Prepare a massa doce (sucrée) de amêndoa: em uma tigela grande, misture a manteiga com o açúcar de confeiteiro. Incorpore o ovo, a farinha de trigo peneirada e a farinha de amêndoa. Forme uma bola com a massa e achate-a ligeiramente. Envolva-a em filme de PVC e leve à geladeira por 30 minutos.

Preaqueça o forno a 170 °C. Unte uma fôrma de torta de 22 cm de diâmetro. Enfarinhe a mesa de trabalho. Abra a massa, forme um disco de 27 cm de diâmetro e cerca de 3 mm de espessura e forre a fôrma com ela. Leve à geladeira por 10 minutos.

Cubra a massa com uma folha de papel-manteiga ligeiramente maior do que a fôrma e espalhe sobre ela uma camada de feijões crus para fazer peso. Asse por cerca de 10 minutos, até a massa ficar levemente dourada. Retire-a do forno e remova o papel-manteiga e os feijões. Reduza a temperatura do forno para 160 °C e asse a torta por mais 10 a 15 minutos, até ficar dourada. Reserve-a sobre uma grelha, mas não desenforme ainda.

Prepare o recheio de chocolate: aumente a temperatura do forno para 190 °C. Derreta os dois chocolates em banho-maria, retire a panela do fogo e incorpore a manteiga. Em uma tigela, misture os ovos, o açúcar e o licor e junte o chocolate derretido. Bata vigorosamente. Despeje essa preparação sobre a massa da torta até ¾ da borda e leve ao forno por 7 minutos. Reserve.

Prepare o creme de maracujá: amoleça a gelatina em uma tigela com água fria. Aqueça a polpa de maracujá em uma panela. Coloque o açúcar e os ovos em uma tigela e bata até a mistura ficar esbranquiçada e espessa. Incorpore-a à polpa de maracujá e leve ao fogo até ferver.

Escorra a gelatina. Fora do fogo, incorpore-a à mistura da panela e junte a manteiga. Deixe o creme amornar e disponha-o sobre o recheio de chocolate. Incline a fôrma levemente para os lados para distribuir o creme de modo uniforme e leve à geladeira por 2 horas.

Prepare o glacê: misture a cobertura neutra com a polpa do maracujá. Com um pincel, espalhe o glacê sobre a torta e decore-a com framboesas frescas. Sirva em seguida.

Torta de maçã com ganache
e nibs de cacau

RENDE 8 PORÇÕES
DIFICULDADE ★★☆
PREPARO: 1h
REFRIGERAÇÃO: 1h40
COZIMENTO: cerca de 40 min

Para a massa podre (brisée) de chocolate
- 125 g de farinha de trigo peneirada
- 10 g de cacau em pó peneirado
- 50 g de açúcar
- uma pitada de sal
- 75 g de manteiga sem sal
- 1 gema
- 45 ml de água
- 15 g de chocolate granulado

Para a ganache com nibs de cacau
- 200 g de chocolate com nibs de cacau
- 200 ml de creme de leite fresco
- 2 pitadas de noz-moscada em pó
- 1 colher (chá) de essência de baunilha

Para as maçãs caramelizadas
- 2 maçãs verdes
- 30 g de manteiga sem sal
- 30 g de açúcar

Para a decoração (opcional)
- 20 g de nibs de cacau ou chocolate granulado

Prepare a massa podre (brisée) de chocolate: em uma tigela, misture a farinha e o cacau com o açúcar e o sal. Junte a manteiga cortada em pedaços e trabalhe com a ponta dos dedos até ficar parecendo uma farofa. Faça uma cova no centro, adicione a gema e a água e misture grosseiramente. Acrescente o chocolate granulado. Forme uma bola com a massa e achate-a levemente. Envolva-a em filme de PVC e leve à geladeira por 30 minutos.

Preaqueça o forno a 180 °C. Unte uma fôrma de torta de 22 cm de diâmetro. Enfarinhe a mesa de trabalho. Abra a massa, forme um disco de 27 cm de diâmetro e cerca de 3 mm de espessura e forre a fôrma com ela. Leve à geladeira por 10 minutos.

Cubra a massa com uma folha de papel-manteiga ligeiramente maior do que a fôrma e espalhe sobre ela uma camada de feijões crus para fazer peso. Asse por cerca de 10 minutos. Retire-a do forno e remova o papel-manteiga e os feijões. Reduza a temperatura do forno para 160 °C e asse a torta por mais 10 a 15 minutos. Reserve-a sobre uma grelha, mas não desenforme ainda.

Prepare a ganache com nibs de cacau: pique o chocolate em uma tigela. Ferva o creme de leite com a noz-moscada e despeje-o sobre o chocolate. Incorpore a essência de baunilha e misture bem. Disponha a ganache sobre a massa da torta e reserve.

Prepare as maçãs caramelizadas: descasque as maçãs e corte-as em quartos. Em uma frigideira antiaderente, aqueça a manteiga e o açúcar, junte as maçãs e cozinhe-as por 10 minutos em fogo baixo até ficarem macias. Aumente o fogo para caramelizarem e deixe esfriar.

Com uma espátula reta, disponha os quartos de maçã caramelizada sobre a ganache ainda macia. Leve a torta à geladeira e retire-a cerca de 30 minutos antes de servi-la. Se desejar, salpique-a com nibs de cacau ou chocolate granulado.

DICA DO CHEF: se você não encontrar o chocolate já com os nibs de cacau, use 150 g de chocolate meio-amargo e 50 g de nibs de cacau. Na hora de preparar a ganache, misture os nibs por último, para evitar que derretam.

Torta de creme de chocolate
com frutas secas caramelizadas

RENDE **8 PORÇÕES**
DIFICULDADE ★ ★ ★
PREPARO: 1h
REFRIGERAÇÃO: 40 min
COZIMENTO: 1h10

Para a massa doce (sucrée)
- 120 g de manteiga sem sal em temperatura ambiente
- 75 g de açúcar de confeiteiro
- uma pitada de sal
- 25 g de farinha de amêndoa
- 1 ovo
- 200 g de farinha de trigo peneirada

Para o creme de chocolate
- 200 ml de leite
- 30 g de cacau em pó
- 20 g de chocolate
- 200 ml de crème fraîche
- 4 gemas
- 120 g de açúcar

Para a cobertura de chocolate
- 60 ml de crème fraîche
- 10 g de açúcar
- 10 g de mel de sabor neutro
- 60 g de chocolate ralado
- 10 g de manteiga sem sal

Para as frutas secas caramelizadas
- 10 ml de água
- 35 g de açúcar
- 35 g de avelãs descascadas sem pele
- 35 g de amêndoas sem casca nem pele
- 5 g de manteiga sem sal

Prepare a massa doce (sucrée): em uma tigela, misture a manteiga, o açúcar de confeiteiro, o sal e a farinha de amêndoa. Incorpore o ovo e em seguida a farinha de trigo. Forme uma bola com a massa e achate-a levemente. Envolva-a em filme de PVC e leve à geladeira por 30 minutos.

Preaqueça o forno a 180 °C. Unte uma fôrma de torta de 22 cm de diâmetro. Enfarinhe a mesa de trabalho. Abra a massa, forme um disco de 27 cm de diâmetro e cerca de 3 mm de espessura e forre a fôrma com ele. Leve à geladeira por 10 minutos.

Cubra a massa com uma folha de papel-manteiga ligeiramente maior do que a fôrma e espalhe sobre ela uma camada de feijões crus para fazer peso. Asse por cerca de 10 minutos, até a massa ficar dourada. Retire-a do forno e remova o papel-manteiga e os feijões. Reduza a temperatura do forno para 160 °C e asse a torta por mais 8 minutos. Reserve-a sobre uma grelha, mas não desenforme ainda.

Prepare o creme de chocolate: em uma panela, ferva o leite com o cacau e o chocolate. Junte o crème fraîche e retire a panela do fogo. Em uma tigela, bata as gemas com o açúcar e incorpore à mistura da panela. Disponha esse creme sobre a massa da torta. Leve ao forno por 45 minutos e deixe esfriar.

Prepare a cobertura de chocolate: aqueça o crème fraîche com o açúcar e o mel. Despeje tudo sobre o chocolate ralado e misture bem até que o chocolate esteja totalmente derretido. Incorpore a manteiga.

Prepare as frutas secas caramelizadas: ferva a água com o açúcar e engrosse por 5 minutos até a temperatura alcançar 117 °C no termômetro culinário. Fora do fogo, adicione as avelãs e as amêndoas. Misture bem até as frutas ficarem açucaradas (cobertas de açúcar parecendo um pó branco). Volte a panela para o fogo baixo e deixe o açúcar derreter até caramelizar as frutas. Então, junte a manteiga. Espalhe as frutas secas sobre uma folha de papel-manteiga.

Disponha a cobertura sobre a torta, decore com as avelãs e as amêndoas caramelizadas e sirva.

Torta com confeitos coloridos de chocolate

RENDE 8 PORÇÕES
DIFICULDADE ★ ★ ★
PREPARO: 40 min
REFRIGERAÇÃO: 1h10
COZIMENTO: de 20 a 25 min

Para a massa doce (sucrée)
- 120 g de manteiga sem sal em temperatura ambiente
- 100 g de açúcar de confeiteiro
- uma pitada de sal
- 1 ovo
- 200 g de farinha de trigo peneirada

Para a ganache
- 100 g de chocolate amargo (com 55% a 70% de cacau)
- 100 ml de creme de leite fresco
- 100 g de confeitos coloridos de chocolate

◊ Ver "Como fazer uma ganache básica" na p. 12

Prepare a massa massa doce (sucrée): em uma tigela, misture a manteiga com o açúcar de confeiteiro e o sal. Incorpore o ovo e, depois, a farinha. Forme uma bola com a massa e achate-a levemente. Envolva-a em filme de PVC e leve à geladeira por 30 minutos.

Preaqueça o forno a 180 °C. Unte uma fôrma de torta de 22 cm de diâmetro. Enfarinhe a mesa de trabalho. Abra a massa, forme um disco de 27 cm de diâmetro e cerca de 3 mm de espessura e forre a fôrma com ele. Leve à geladeira por 10 minutos.

Cubra a massa com uma folha de papel-manteiga ligeiramente maior do que a fôrma e espalhe sobre ela uma camada de feijões crus para fazer peso. Asse por cerca de 10 minutos, até a massa ficar ligeiramente dourada. Retire-a do forno e remova o papel-manteiga e os feijões. Reduza a temperatura para 160 °C e asse a torta por mais 10 a 15 minutos, até ficar dourada. Reserve-a sobre uma grelha, mas não desenforme ainda.

Prepare a ganache: pique grosseiramente o chocolate e coloque-o em uma tigela. Aqueça o creme de leite até ferver, despeje-o sobre o chocolate e misture bem. Deixe a ganache descansar para ficar bem maleável. Então, espalhe-a sobre a massa da torta e alise bem a superfície. Disponha os confeitos por cima e leve à geladeira por 30 minutos antes de servir.

Minitortas de chocolate amargo com caramelo de nozes

RENDE **8** PORÇÕES
DIFICULDADE ★ ★ ★
PREPARO: 1h15
COZIMENTO: de 25 a 30 min
REFRIGERAÇÃO: 1h40

Para a massa doce (sucrée) de chocolate
- 175 g de manteiga sem sal em temperatura ambiente
- 125 g de açúcar de confeiteiro
- uma pitada de sal
- 1 ovo
- 250 g de farinha de trigo peneirada
- 20 g de cacau em pó peneirado

Para o caramelo de nozes
- 200 g de nozes sem casca
- 200 g de açúcar
- 50 g de mel de sabor neutro
- 30 g de manteiga sem sal
- 170 ml de creme de leite fresco

◊ Ver "Como forrar fôrma de minitorta" na p. 91

Prepare a massa doce (sucrée) de chocolate: em uma tigela, misture a manteiga com o açúcar de confeiteiro e o sal. Incorpore à mistura o ovo, a farinha e o cacau peneirados. Forme uma bola com a massa e achate-a levemente. Envolva-a em filme de PVC e leve à geladeira por 30 minutos.

Preaqueça o forno a 180 °C. Unte oito fôrmas de minitorta de 8 cm de diâmetro. Enfarinhe a mesa de trabalho. Abra a massa com uma espessura de cerca de 3 mm. Com um cortador de 10 cm de diâmetro, recorte oito discos de massa. Forre as fôrmas com a massa e espete os fundos com um garfo. Leve à geladeira por 10 minutos.

Asse-as por cerca de 20 minutos, retire-as do forno e reserve sobre uma grelha, mas não desenforme ainda.

Prepare o caramelo de nozes: mantenha o forno na mesma temperatura. Pique grosseiramente as nozes e toste-as no forno por 5 a 10 minutos. Em uma panela, aqueça o açúcar com o mel até o açúcar se dissolver completamente. Aumente o fogo e deixe engrossar por cerca de 10 minutos até obter um caramelo dourado (a temperatura deve alcançar 170 °C no termômetro culinário). Retire a panela do fogo e junte a manteiga.

Volte o caramelo ao fogo e, com cuidado e lentamente, despeje o creme de leite sobre ele para interromper o cozimento do açúcar. Então, passe o caramelo por uma peneira e deixe-o esfriar. Incorpore as nozes tostadas e espere amornar.

Com uma colher, distribua o caramelo nas massas das minitortas. Leve à geladeira por 1 hora antes de servi-las.

DICA DO CHEF: se quiser incrementar o sabor do caramelo cremoso, acrescente pistaches frescos às nozes picadas.

Minitortas de chocolate
com nougatine

RENDE 12 A 14 PORÇÕES
DIFICULDADE ★ ★ ★
PREPARO: 1h30
REFRIGERAÇÃO: 1h
COZIMENTO: 20 min

Para a massa doce (sucrée) de amêndoa
- 120 g de manteiga sem sal em temperatura ambiente
- 75 g de açúcar de confeiteiro
- uma pitada de sal
- 25 g farinha de amêndoa
- 1 ovo
- 200 g de farinha de trigo peneirada

Para a nougatine
- 40 g de amêndoas laminadas
- 75 g de açúcar
- 30 g de mel de sabor neutro

Para o creme inglês de chocolate
- 300 ml de creme de leite fresco
- 3 ovos
- 60 g de açúcar
- 120 g de chocolate amargo (com 70% de cacau) picado

◊ Ver "Como forrar fôrma de minitorta" na p. 91

Prepare a massa doce (sucrée) de amêndoa: em uma tigela, misture a manteiga com o açúcar de confeiteiro, o sal e a farinha de amêndoa. Então, incorpore o ovo e a farinha de trigo. Forme uma bola com a massa e achate-a levemente. Envolva-a em filme de PVC e leve à geladeira por 30 minutos.

Preaqueça o forno a 180 °C. Unte doze a quatorze fôrmas de minitorta de 8 cm de diâmetro. Enfarinhe a mesa de trabalho. Abra a massa em uma espessura de cerca de 3 mm. Com um cortador de 10 cm de diâmetro, recorte doze a quatorze discos de massa. Forre as fôrmas com a massa e espete os fundos com um garfo. Leve à geladeira por 10 minutos.

Asse-as por cerca de 20 minutos, até que estejam douradas. Reserve-as sobre uma grelha, mas não desenforme ainda. Reduza a temperatura do forno para 150 °C.

Prepare a nougatine: coloque as amêndoas em uma assadeira forrada com papel-manteiga e leve ao forno por 5 minutos para dourarem levemente. Em uma panela, aqueça o açúcar e o mel até o açúcar se dissolver completamente. Aumente o fogo e engrosse por 10 minutos até obter um caramelo dourado (a temperatura deve alcançar 170 °C no termômetro culinário). Adicione as amêndoas e misture delicadamente. Disponha essa nougatine em uma assadeira forrada com papel-manteiga e cubra com outra folha de papel-manteiga. Pressione-a com um rolo até ficar com uma espessura de 2 mm. Deixe esfriar e passe-a em um mixer ou processador para triturá-la.

Prepare o creme inglês de chocolate: aqueça o creme de leite até ferver. Em uma tigela, bata os ovos com o açúcar até a mistura ficar esbranquiçada e espessa. Despeje um pouco do creme de leite quente nessa mistura, mexa vigorosamente, adicione o restante do creme e ponha tudo na panela. Cozinhe, mexendo sem parar com uma colher de pau, até o creme engrossar e aderir ao dorso da colher. Retire do fogo, despeje a mistura sobre o chocolate picado em uma tigela e misture bem.

Disponha um pouco de nougatine nas fôrmas até alcançar ¾ da borda. Recheie as minitortas com o creme de chocolate e leve à geladeira por 30 minutos para o creme ficar consistente. Salpique-as com o restante da nougatine.

Minitortas de marrom-glacê

RENDE 8 PORÇÕES
DIFICULDADE ★ ★ ★
PREPARO: 5 min + 1h
REFRIGERAÇÃO: 40 min
COZIMENTO: 20 min

- 16 castanhas portuguesas em calda ou glaçadas

Para a massa amanteigada (sablée) de chocolate
- 80 g de manteiga sem sal em temperatura ambiente
- 115 g de farinha de trigo peneirada
- 10 g de cacau em pó peneirado
- uma pitada de sal
- 80 g de açúcar de confeiteiro
- 1 ovo

Para a ganache de marrom-glacê
- 130 g de chocolate meio-amargo
- 100 g de castanha portuguesa cozida descascada
- 50 ml de creme de leite fresco

Para a decoração (opcional)
- 100 g de chocolate meio-amargo
- 50 g de açúcar

◊ Ver "Como forrar fôrma de minitorta" na p. 91
◊ Ver "Como fazer um cone para decorar sobremesas" na p. 329

Na véspera, escorra as castanhas da calda e corte-as em pedaços.

No dia do preparo, faça a massa amanteigada (sablée) de chocolate: coloque em uma tigela a manteiga, a farinha e o cacau peneirados, o sal e o açúcar de confeiteiro e misture com a ponta dos dedos até ficar parecendo uma farofa. Incorpore o ovo e, então, forme uma bola com a massa. Achate-a levemente e leve à geladeira por 30 minutos.

Preaqueça o forno a 180 °C. Unte oito fôrmas de minitorta de 8 cm de diâmetro. Enfarinhe a mesa de trabalho. Abra a massa com uma espessura de cerca de 3 mm. Com um cortador de 10 cm de diâmetro, recorte oito discos de massa. Forre as fôrmas com a massa e espete os fundos com um garfo. Leve à geladeira por 10 minutos.

Asse-as por cerca de 20 minutos e reserve-as sobre uma grelha, mas não desenforme ainda.

Prepare a ganache de marrom-glacê: pique grosseiramente o chocolate e coloque-o em uma tigela. Leve as castanhas portuguesas a um processador e bata até obter um purê (adoce, se quiser). Em uma panela, aqueça o creme de leite com o purê de castanha até ferver, despeje a mistura sobre o chocolate e misture bem. Disponha essa ganache sobre as massas das minitortas e, sobre ela, espalhe os pedaços de castanha em calda ou glaçada. Deixe as minitortas esfriarem um pouco antes de servi-las.

Você também pode decorar as minitortas com desenhos de chocolate meio-amargo passados no açúcar. Para temperar o chocolate, siga estritamente as etapas seguintes para obter uma boa cristalização: pique grosseiramente o chocolate e derreta-o em banho-maria até a temperatura alcançar 45 °C no termômetro culinário. Deixe o chocolate esfriar até atingir 27 °C e, depois, reaqueça-o até 30 °C. Faça um cone com uma folha de papel-manteiga e encha-o desse chocolate temperado. Corte a ponta do cone e, em um prato cheio de açúcar, desenhe a decoração que quiser. Deixe o chocolate endurecer no açúcar e disponha-o delicadamente sobre uma tortinha. Repita a operação com as outras unidades.

Minitortas musse de chocolate

RENDE 12 PORÇÕES
DIFICULDADE ★ ★ ★
PREPARO: 1h15
REFRIGERAÇÃO: 40 min
COZIMENTO: 30 min

Para a massa doce (sucrée)
- 120 g de manteiga sem sal em temperatura ambiente
- 100 g de açúcar de confeiteiro
- uma pitada de sal
- 1 ovo
- 200 g de farinha de trigo peneirada

Para o creme de confeiteiro com chocolate
- 20 g de cacau em pó
- 50 ml de água
- 200 ml de leite
- 2 gemas
- 60 g de açúcar
- 20 g de farinha de trigo
- 1 gema
- 3 claras

◊ Ver "Como forrar fôrma de minitorta" na p. 91

Prepare a massa doce (sucrée): misture a manteiga com o açúcar de confeiteiro e o sal. Incorpore o ovo e depois a farinha de trigo. Forme uma bola com a massa, achate-a levemente, envolva-a em filme de PVC e leve à geladeira por 30 minutos.

Preaqueça o forno a 180 °C. Unte doze fôrmas de minitorta de 8 cm de diâmetro. Enfarinhe a mesa de trabalho. Abra a massa com uma espessura de cerca de 3 mm. Com um cortador de 10 cm de diâmetro, recorte doze discos de massa. Forre as fôrmas com a massa e espete os fundos com um garfo. Leve à geladeira por 10 minutos.

Asse-as por cerca de 15 minutos, até ficarem levemente douradas. Reserve.

Prepare o creme de confeiteiro com chocolate: em uma panela, dissolva o cacau na água. Junte o leite e aqueça até ferver. Retire do fogo. Em uma tigela, bata as 2 gemas com o açúcar até a mistura ficar esbranquiçada e espessa. Incorpore a farinha. Adicione metade do leite quente e misture bem. Incorpore o restante do leite e coloque tudo na panela. Cozinhe lentamente, mexendo, sem parar, com um batedor, até o creme engrossar. Deixe ferver por 1 minuto, continuando a mexer, e retire do fogo.

Depois que amornar, incorpore a outra gema. Despeje o creme em uma tigela e cubra a superfície com filme de PVC de modo que o filme encoste na superfície, assim não formará uma nata por cima.

Preaqueça o forno a 180 °C. Bata as claras em neve firme. Incorpore-as delicadamente ao creme de confeiteiro. Distribua essa preparação nas fôrmas até ¾ da borda e leve ao forno por 15 minutos, até os suflês ficarem bem crescidos.

DICA DO CHEF: estas minitortas combinam muito bem com creme inglês com pistache. Se quiser experimentá-lo, prepare o creme inglês como indicado na p. 208, suprimindo a fava de baunilha e incorporando 20 g de pasta de pistache depois de colocar a preparação na panela.

Minitortas suflês de chocolate e avelã

RENDE 10 PORÇÕES
DIFICULDADE ★ ★ ★
PREPARO: 1h15
REFRIGERAÇÃO: 40 min
COZIMENTO: cerca de 30 min

Para a massa doce (sucrée) de avelã
- 100 g de manteiga sem sal em temperatura ambiente
- 40 g de açúcar de confeiteiro
- uma pitada de sal
- ½ colher (chá) de açúcar de baunilha (3 g)
- 1 ovo
- 200 g de farinha de trigo peneirada
- 40 g de farinha de avelã peneirada

Para o creme de confeiteiro com chocolate
- 25 g de cacau em pó
- 50 ml de água
- 200 ml de leite
- 3 gemas
- 15 g de açúcar
- 20 g de farinha de trigo
- 1 colher (sopa) de licor de avelã
- 3 claras
- 50 g de açúcar

Para a decoração
- açúcar de confeiteiro

Prepare a massa doce (sucrée) de avelã: misture a manteiga com o açúcar de confeiteiro, o sal e o açúcar de baunilha. Incorpore o ovo, a farinha de trigo e a farinha de avelã peneiradas. Forme uma bola com a massa e achate-a levemente. Envolva-a em filme de PVC e leve à geladeira por 30 minutos.

Preaqueça o forno a 180 °C. Unte dez fôrmas de minitorta de 8 cm de diâmetro. Enfarinhe a mesa de trabalho. Abra a massa com uma espessura de cerca de 3 mm. Com um cortador de 10 cm de diâmetro, recorte dez discos de massa. Forre as fôrmas com a massa e espete os fundos com um garfo. Leve à geladeira por 10 minutos.

Asse-as por cerca de 15 minutos, até ficarem levemente douradas. Reserve.

Prepare o creme de confeiteiro com chocolate: em uma panela, dissolva o cacau na água. Junte o leite e aqueça até ferver. Retire do fogo. Em uma tigela, bata as gemas com o açúcar até a mistura ficar esbranquiçada e espessa. Incorpore a farinha. Adicione metade do leite quente e misture bem. Incorpore o restante do leite e coloque tudo na panela. Cozinhe lentamente, mexendo sem parar com um batedor, até o creme engrossar. Ferva por 1 minuto, continuando a mexer. Despeje o creme em uma tigela e cubra a superfície com filme de PVC, de modo que o filme encoste na superfície, assim não formará uma nata por cima. Espere esfriar e acrescente o licor de avelã, misturando bem.

Preaqueça o forno a 180 °C. Bata as claras até ficarem ligeiramente espumantes. Aos poucos, junte ⅓ do açúcar e continue a bater até a mistura ficar lisa e brilhante. Então, acrescente delicadamente o restante do açúcar e bata até formar um merengue bem firme. Incorpore-o suavemente ao creme de confeiteiro. Distribua a mistura nas massas das minitortas, preenchendo-as com ⅔ do volume. Leve ao forno por cerca de 15 minutos, até os suflês estarem bem crescidos. Polvilhe as tortinhas com açúcar de confeiteiro e sirva em seguida.

Delícias de musses, delícias de cremes

Como fazer merengue de chocolate

Adapte esta versão de merengue de chocolate conforme os ingredientes da receita escolhida (ver, por exemplo, a p. 172).

① Em uma tigela, bata 4 claras até ficarem espumantes. Junte, aos poucos, do açúcar, ou seja, 40 g, e continue a bater até obter uma consistência lisa e brilhante.

② Adicione, pouco a pouco, os restantes do açúcar, ou seja, 80 g. Bata até que o merengue esteja bem firme e formando picos na ponta do batedor.

③ Incorpore, delicadamente, 100 g de açúcar de confeiteiro e 20 g de cacau em pó, previamente peneirados. Misture com uma espátula de madeira, partindo do centro da tigela e subindo para a borda. Quando o merengue estiver macio e brilhante, pare de misturar.

Como preparar fôrmas de suflê

Prepare o suflê conforme a receita escolhida (ver, por exemplo, as pp. 194 a 202). A técnica aqui sugerida serve tanto para suflês individuais como para um suflê grande.

① Usando um pincel, unte os ramequins com manteiga. Espalhe um pouco de açúcar em cada um, cobrindo de maneira uniforme o fundo e as laterais. Depois, vire os ramequins sobre uma tigela para eliminar o excesso de açúcar.

② Distribua a preparação entre os ramequins, preenchendo-os até a borda, e alise a superfície com uma espátula flexível.

③ Passe o polegar na borda dos ramequins para liberar um espaço de 5 mm entre a preparação e a borda; isso facilitará o crescimento dos suflês. Leve ao forno segundo as indicações da receita escolhida.

Charlote de chocolate

RENDE 10 A 12 PORÇÕES
DIFICULDADE ★ ★ ★
PREPARO: 1h30
COZIMENTO: 8 min
REFRIGERAÇÃO: 1h

Para a massa tipo biscoito champanhe
- 4 ovos
- 120 g de açúcar
- 120 g de farinha de trigo peneirada
- açúcar de confeiteiro para peneirar

Para a bavaroise de chocolate
- 3 folhas de gelatina (6 g)
- 170 ml de leite
- 500 ml de creme de leite fresco
- 60 g de açúcar
- 6 gemas
- 200 g de chocolate picado

Para a decoração (opcional)
- 150 g de raspas de chocolate (ver p. 397)

Preaqueça o forno a 180 °C. Unte com manteiga e açúcar um aro de confeitaria de 22 cm de diâmetro. Forre uma assadeira com papel-manteiga e trace com um lápis um círculo de 22 cm de diâmetro.

Prepare a massa tipo biscoito champanhe: separe as gemas das claras. Bata as gemas com metade do açúcar até a mistura ficar esbranquiçada e cremosa. Bata as claras com a outra metade do açúcar até que estejam bem firmes. Incorpore a elas, delicadamente, a mistura de gemas e açúcar e, depois, adicione a farinha peneirada. Coloque essa massa em um saco de confeitar com bico liso. Faça um disco de massa dentro do círculo traçado no papel-manteiga, formando uma espiral a partir do centro e deixando um espaço de 1 cm entre a massa e o círculo desenhado. Com o restante da massa, faça, na mesma assadeira, ao lado do círculo, bastonetes com a mesma altura do aro, um ao lado do outro, formando uma faixa. Polvilhe-os duas vezes com açúcar de confeiteiro. Leve ao forno por 8 minutos, até a massa ficar dourada.

Prepare a bavaroise de chocolate: coloque a gelatina de molho em água fria. Ferva o leite em uma panela com 170 ml de creme de leite e metade do açúcar. Bata as gemas com o restante do açúcar até ficarem cremosas. Incorpore ¼ da mistura de leite e creme de leite e mexa vigorosamente. Junte mais ¼, continue a mexer e despeje tudo na panela. Leve ao fogo baixo, mexendo, sem parar, até o creme aderir à espátula.

Retire logo do fogo. Escorra as folhas de gelatina e incorpore-as ao creme. Passe o creme por uma peneira e coloque-o em uma tigela com o chocolate picado. Misture vigorosamente. Disponha a tigela em um recipiente com gelo. Enquanto isso, bata o creme de leite restante até o ponto de chantili. Assim que o creme de chocolate começar a engrossar, ao esfriar, incorpore o creme de leite batido.

Corte a faixa de bastonetes na altura exata do aro descontada a altura do disco de massa. Coloque o disco de massa no fundo do aro e acomode a faixa nas laterais, com a parte abaulada para fora e a parte arredondada para cima. Disponha a bavaroise até ¾ da borda. Leve à geladeira por 1 hora. Então, retire o aro e decore a bavaroise com as raspas de chocolate.

Crème brûlée de chocolate

RENDE 6 PORÇÕES
DIFICULDADE ★ ★ ★
PREPARO: 10 min
COZIMENTO: 25 min
REFRIGERAÇÃO: 1 h

- 4 gemas
- 50 g de açúcar
- 125 ml de leite
- 125 ml de creme de leite fresco
- 100 g de chocolate meio-amargo picado

Para a decoração
- açúcar cristal

Preaqueça o forno a 95 °C.

Em uma tigela grande, bata as gemas com 40 g de açúcar. A mistura deve ficar clara e cremosa.

Em uma panela, aqueça o leite com o creme de leite e o açúcar restante até ferver. Junte o chocolate picado e mexa. Quando a mistura estiver homogênea, despeje-a, delicadamente, na tigela com a preparação de gemas e açúcar. Mexa bem. Disponha esse creme em seis fôrmas de crème brûlée, preenchendo ¾ do volume.

Leve ao forno por 25 minutos, até os cremes encorparem. Retire-os do forno, deixe esfriar e mantenha-os na geladeira por 1 hora.

Polvilhe-os levemente com açúcar. Acenda o grill do forno e, quando estiver bem quente, coloque os cremes sob o grill para caramelizá-los ligeiramente. Deixe esfriar antes de servir.

DICAS DO CHEF: para caramelizar ou gratinar corretamente os cremes, eles devem estar o mais perto possível da chama do grill. Ou, se seu fogão não tiver a função grill, você pode usar um maçarico culinário.

Crème brûlée
de chocolate branco

RENDE 6 PORÇÕES
DIFICULDADE ★ ★ ★
PREPARO: 30 min + 5 min
COZIMENTO: 1h
REFRIGERAÇÃO: 1 noite

- 400 ml de creme de leite fresco
- 1 fava de baunilha
- 130 g de chocolate branco
- 6 gemas
- 80 g de açúcar mascavo

Na véspera, coloque o creme de leite em uma panela com a fava de baunilha e suas sementes (abra a fava no sentido do comprimento e raspe as sementes com uma faca) e aqueça-o até ferver. Retire do fogo e deixe o creme em infusão por cerca de 1 hora.

Pique o chocolate e derreta-o em banho-maria. Retire-o do fogo, junte as gemas e misture bem. Então, incorpore o creme de leite com baunilha a essa mistura. Coloque tudo em outra panela e cozinhe em fogo baixo, mexendo, sem parar, com uma espátula de madeira, até o creme engrossar e aderir à espátula (não deixe que ele ferva).

Passe o creme por uma peneira e distribua-o entre seis ramequins de 8 cm de diâmetro e 4 cm de altura. Depois que esfriarem, coloque-os na geladeira durante 1 noite.

No dia em que for servir, polvilhe os cremes com açúcar mascavo. Acenda o grill do forno e, quando estiver bem quente, coloque os cremes sob o grill para caramelizá-los ligeiramente. Sirva em seguida.

DICAS DO CHEF: para caramelizar ou gratinar corretamente os cremes, eles devem estar o mais perto possível da chama do grill. Ou, se seu fogão não tiver a função grill, você pode usar um maçarico culinário.

Creme de chocolate e chantili com pimenta e folhinhas de caramelo

RENDE 12 A 15 PORÇÕES
DIFICULDADE ★ ★ ★
PREPARO: 1 h
REFRIGERAÇÃO: 30 min

Para o creme inglês de chocolate
- 220 g de chocolate meio-amargo
- 2 folhas de gelatina (4 g)
- 5 gemas
- 60 g de açúcar
- 250 ml de leite
- 250 ml de creme de leite fresco
- 1 fava de baunilha

Para as folhinhas de caramelo
- 250 g de açúcar
- 150 g de mel de sabor neutro

Para o chantili com pimenta
- 200 ml de creme de leite fresco
- uma pitada de pimenta-do-reino moída
- 20 g de açúcar de confeiteiro

Prepare o creme inglês de chocolate: pique o chocolate e coloque-o em uma tigela. Amoleça as folhas de gelatina em água fria. Em outra tigela, bata as gemas com o açúcar até a mistura ficar esbranquiçada e consistente. Em uma panela, ferva o leite com o creme de leite, a fava de baunilha e suas sementes (abra a fava no sentido do comprimento e raspe as sementes com uma faca). Despeje ⅓ dessa preparação sobre a mistura de gemas e açúcar, batendo energicamente. Incorpore o restante do leite, coloque tudo na panela e cozinhe em fogo baixo, mexendo, sem parar, com uma espátula até o creme ficar espesso e cobrir a espátula (não deixe que ele ferva).

Retire a panela do fogo e remova a fava de baunilha. Escorra as folhas de gelatina para eliminar toda a água e incorpore-as ao creme inglês. Despeje tudo sobre o chocolate na tigela e misture, delicadamente, com a espátula. Distribua esse creme achocolatado em doze a quinze taças altas e leve à geladeira por 30 minutos.

Prepare as folhinhas de caramelo: em uma panela, aqueça o açúcar e o mel até o açúcar dissolver bem. Aumente o fogo e cozinhe por 10 minutos até obter um caramelo dourado. Com uma espátula de madeira, disponha uma camada fina de caramelo em uma assadeira untada ou um tapete de silicone. Depois que endurecer, quebre-o em pedaços grandes.

Prepare o chantili com pimenta: bata o creme de leite com a pimenta-do-reino. Assim que ele encorpar, junte o açúcar de confeiteiro e continue a bater até o chantili ficar firme e grudar no batedor. Insira-o em um saco de confeitar com bico liso. Distribua o chantili entre as taças de creme de chocolate e decore-as com uma folhinha de caramelo.

DICA DO CHEF: além da pimenta-do-reino, há outras variedades que podem dar um sabor quente e picante ao seu chantili e combinam muito bem com chocolate, entre elas a pimenta de Sarawak, a pimenta de Sichuan ou a pimenta-de-java. Moa a pimenta na hora para intensificar seu sabor.

Creme Irish coffee

RENDE 4 PORÇÕES
DIFICULDADE ★ ★ ★
PREPARO: 25 min
REFRIGERAÇÃO: 30 min

Para a ganache
- 200 g de chocolate amargo (com 55% a 70% de cacau)
- 200 ml de creme de leite fresco
- 2 colheres (sopa) de açúcar
- 2 colheres (sopa) de uísque

Para o creme de café
- 200 ml de creme de leite fresco
- 45 g de açúcar de confeiteiro peneirado
- 1 colher (sopa) de essência de café

Para a decoração
- cacau em pó

Prepare a ganache: pique o chocolate e coloque-o em uma tigela. Aqueça o creme de leite com o açúcar até ferver e despeje-o imediatamente sobre o chocolate. Misture bem até obter uma consistência cremosa e adicione o uísque. Leve a ganache à geladeira por 15 minutos. Distribua-a entre quatro taças de vidro com capacidade para 150 ml e leve à geladeira até o momento de usar.

Prepare o creme de café: bata o creme de leite com o açúcar de confeiteiro até o ponto de chantili, então, incorpore a essência de café. Insira esse creme em um saco de confeitar com bico canelado. Retire as taças da geladeira e cubra a ganache com o creme de café. Polvilhe com cacau e sirva.

DICA DO CHEF: se quiser, substitua a essência de café por 1 colher (sopa) de café solúvel diluído em 1 colher (chá) de água fervente.

Creme aerado à moda antiga

RENDE 4 PORÇÕES
DIFICULDADE ★ ★ ★
PREPARO: de 15 a 20 min
COZIMENTO: 7 ou 8 min

- 100 g de chocolate amargo (com 55% a 70% de cacau)
- 60 g de manteiga sem sal
- 30 g de cacau em pó peneirado
- 2 gemas
- 3 claras
- 50 g de açúcar
- açúcar de confeiteiro para polvilhar

Preaqueça o forno a 200 °C. Unte e polvilhe com açúcar quatro travessinhas refratárias de 14 cm de diâmetro (ou com capacidade para 160 ml).

Pique o chocolate e derreta-o em banho-maria. Junte a manteiga, misture e incorpore o cacau. Retire do banho-maria, deixe amornar e adicione as gemas, mexendo bem. Reserve.

Em uma tigela, bata as claras até ficarem levemente espumantes. Acrescente, aos poucos, ⅓ do açúcar, continuando a bater até obter um merengue homogêneo e brilhante. Então, incorpore, delicadamente, o restante do açúcar e bata até a consistência ficar bem firme.

Delicadamente, incorpore esse merengue, em três levas, à mistura de chocolate e gemas. Distribua essa preparação entre as travessinhas e leve ao forno por 7 ou 8 minutos. Retire do forno, polvilhe com açúcar de confeiteiro e sirva imediatamente.

DICA DO CHEF: é mais fácil bater as claras em neve se estiverem em temperatura ambiente.

Terrina bicolor de musse

RENDE **10 A 12 PORÇÕES**
DIFICULDADE ★ ★ ★
PREPARO: 1h30
COZIMENTO: 8 min
REFRIGERAÇÃO: 2h (ou 1h no congelador)

Para a génoise de chocolate
- 20 g de manteiga sem sal
- 4 ovos
- 125 g de açúcar
- 90 g de farinha de trigo peneirada
- 30 g de cacau em pó peneirado

Para a musse de chocolate ao leite
- 100 g de chocolate ao leite
- 200 ml de creme de leite fresco
- 2 gemas
- 30 ml de água
- 20 g ou 1½ colher (sopa) de açúcar

Para a musse de chocolate meio-amargo
- 150 g de chocolate meio-amargo
- 300 ml de creme de leite fresco
- 2 gemas
- 40 ml de água
- 30 g ou 2 colheres (sopa) de açúcar

Preaqueça o forno a 200 °C. Forre com papel-manteiga uma fôrma com bordas altas de 30 × 38 cm.

Prepare a génoise de chocolate: derreta a manteiga em uma panela. Aqueça os ovos e o açúcar em banho-maria por 5 a 8 minutos, mexendo com um batedor, ainda em banho-maria, até a mistura ficar esbranquiçada e em ponto de fita: ela deve escorrer do batedor sem se romper, formando uma fita. Retire-a do banho-maria e bata na batedeira em velocidade máxima até esfriar. Delicadamente, junte a farinha e o cacau em três levas e, depois, incorpore, rápido, mas delicadamente, a manteiga aquecida.

Disponha a preparação na fôrma, alise a superfície com uma espátula e leve ao forno por 8 minutos, até a génoise ficar macia ao toque e descolando do papel. Deslize-a, com o papel, sobre uma grelha. Cubra-a com outra grelha e vire-a. Retire a grelha de cima e deixe esfriar. Então, remova o papel-manteiga e corte a génoise em tiras no sentido do comprimento. Disponha-as no fundo e nas laterais de uma terrina de 25 × 10 cm, colocando contra as paredes da terrina o lado que não ficou em contato com o papel-manteiga. Reserve uma tira do mesmo tamanho que a terrina para a montagem final.

Prepare a musse de chocolate ao leite: pique o chocolate e derreta-o em banho-maria. Bata o creme de leite até ficar em ponto de chantili. Coloque-o na geladeira. Em uma tigela, bata as gemas até ficarem esbranquiçadas. Em uma panela, aqueça a água com o açúcar e engrosse por 2 minutos. Despeje essa calda delicadamente sobre as gemas, batendo sem parar até a mistura engrossar e esfriar. Com uma espátula flexível, incorpore nessa mistura, pouco a pouco, o chocolate e o creme batido.

Prepare a musse de chocolate meio-amargo: repita o procedimento anterior, substituindo o chocolate ao leite pelo meio-amargo.

Despeje a musse de chocolate ao leite na fôrma forrada com o bolo. Alise a superfície com o dorso de uma colher e sobreponha a musse de chocolate amargo. Disponha por cima a fatia de bolo reservada. Leve a terrina à geladeira por, no mínimo, 2 horas (ou 1 hora no congelador). Sirva essa sobremesa fria.

Entremets de café e chocolate

RENDE 6 A 8 PORÇÕES
DIFICULDADE ★ ★ ★
PREPARO: 1h
COZIMENTO: 15 min
REFRIGERAÇÃO: 2h

Para o pão de ló de chocolate amargo
- 50 g de chocolate amargo com 70% de cacau
- 50 g de manteiga sem sal em temperatura ambiente
- 2 gemas
- 2 claras
- 20 g de açúcar
- 25 g de farinha de trigo peneirada

Para a calda de café
- 50 ml de água
- 40 g de açúcar
- 1 colher (chá) de café solúvel (5 g)

Para a musse de café
- 85 g de chocolate amargo com 55% de cacau
- 175 ml de creme de leite fresco
- 3 gemas
- 40 g de açúcar
- 1 colher (sopa) de essência de café

Para a glaçagem
- 65 g de chocolate meio-amargo
- 75 ml de creme de leite fresco
- 15 g de mel de sabor neutro

Para a decoração (opcional)
- drágeas de café cobertas com chocolate

Preaqueça o forno a 180 °C. Forre uma assadeira com uma folha de papel-manteiga. Unte um aro quadrado de 18 × 18 cm e disponha-o sobre a assadeira.

Prepare o pão de ló de chocolate amargo: pique o chocolate e derreta-o em banho-maria. Retire do fogo e incorpore a manteiga e as gemas. Bata as claras com o açúcar até ficarem firmes, depois, incorpore-as, delicadamente, à mistura de chocolate. Adicione a farinha e misture. Despeje essa massa no aro quadrado e leve ao forno por 15 minutos. Deixe o bolo esfriar no aro.

Prepare a calda de café: em uma panela, aqueça a água com o açúcar e o café até ferver. Deixe esfriar.

Prepare a musse de café: pique o chocolate em pedacinhos e derreta-o em banho-maria; deixe amornar. Bata o creme de leite até ele aderir à ponta do batedor e depois leve-o à geladeira.

Em uma tigela, bata as gemas com o açúcar até a mistura ficar esbranquiçada e consistente. Junte a essência de café. Em seguida, com uma espátula flexível, incorpore, aos poucos, a essa preparação o chocolate e o creme batido.

Regue o bolo com a calda de café. Disponha por cima a musse de café, preenchendo o aro até a borda, e alise a superfície com uma espátula. Leve à geladeira por 1 hora.

Prepare a glaçagem: pique o chocolate em uma tigela e reserve-o. Em uma panela, aqueça o creme de leite e o mel até ferver e despeje-o sobre o chocolate, misturando bem.

Retire a sobremesa da geladeira e, com a espátula, espalhe a glaçagem sobre ela. Leve de volta à geladeira por cerca de 1 hora para a cobertura endurecer e, então, retire o aro. Se quiser, decore com drágeas de café cobertas com chocolate.

DICA DO CHEF: para preparar a essência de café, coe um café usando 80 g de pó de café em 150 ml de água quente. Se necessário, acrescente ½ colher (chá) de café solúvel (3 g).

Entremets de chocolate e yuzu

RENDE **6 A 8** PORÇÕES
DIFICULDADE ★ ★ ★
PREPARO: 1h30
COZIMENTO: 30 min
REPOUSO: 30 min
REFRIGERAÇÃO: 3h
CONGELAMENTO: 5h

Para a massa de macarons
- 85 g de farinha de amêndoa peneirada
- 140 g de açúcar de confeiteiro peneirado
- 2 claras
- 20 g de açúcar

Para o crème brûlée de yuzu
- 1 folha de gelatina (2 g)
- 1 gema
- 20 g de açúcar
- 80 ml de creme de leite fresco
- 60 g de yuzu cristalizado picado

Para a musse de chocolate
- 75 g de chocolate meio-amargo
- 2 gemas
- 25 g de açúcar
- 150 ml de creme de leite fresco

Para a glaçagem
- 2½ folhas de gelatina (5 g)
- 50 ml de água
- 40 ml de creme de leite fresco
- 100 g de açúcar
- 60 g de glucose
- 10 g de manteiga de cacau
- 50 g de cacau em pó

Preaqueça o forno a 180 °C. Forre com papel-manteiga duas assadeiras de 30 × 38 cm.

Prepare a massa de macarons conforme as indicações da p. 286, mas sem o cacau.

Em uma assadeira, disponha dois discos de 14 cm em forma de espiral. Asse-os por 18 minutos. Na outra assadeira, disponha quinze bolinhas de 2 cm de diâmetro. Deixe-as descansar em temperatura ambiente por 20 a 30 minutos, depois, leve ao forno por 10 a 15 minutos. Na metade do cozimento, reduza o forno para 120-130 °C. Retire os macarons e, quando a parte abaulada estiver consistente, coloque-os na geladeira.

Prepare o crème brûlée de yuzu: amoleça a gelatina em água fria. Prepare um creme inglês conforme as instruções da p. 208. Esprema a gelatina e incorpore-a ao creme junto com o yuzu picado. Deixe esfriar e leve à geladeira. Depois de frio, misture bem o creme e insira-o em um saco de confeitar com bico liso.

Prepare a musse de chocolate: pique o chocolate e derreta-o em banho-maria. Em uma tigela, bata as gemas com o açúcar até a mistura ficar esbranquiçada e consistente. Bata o creme de leite até o ponto de chantili. Incorpore ⅓ dele à mistura anterior, batendo energicamente, depois, junte o restante, delicadamente.

Forre uma assadeira com uma folha de papel-manteiga. Disponha sobre ela um aro de 16 cm de diâmetro e revista as laterais com a musse de chocolate. Coloque um disco de macaron no fundo do aro e cubra-o com uma camada de musse. Espalhe por cima o crème brûlée de yuzu e sobreponha o segundo disco de macaron. Cubra-o com outra camada de musse e alise a superfície com uma espátula. Leve ao congelador por, no mínimo, 5 horas.

Prepare a glaçagem: hidrate as folhas de gelatina em água fria. Em uma panela, coloque a água, o creme de leite, o açúcar, a glucose e a manteiga de cacau e leve ao fogo até levantar fervura. Esprema a gelatina para eliminar o máximo de água. Fora do fogo, incorpore-a à mistura da panela, juntamente com o cacau, mexendo com um batedor. Passe a glaçagem para uma tigela e cubra-a com filme de PVC, faça com que o filme encoste na superfície da cobertura, para evitar que se forme uma nata por cima dela. Deixe-a amornar a uma temperatura de 30 °C a 32 °C.

Desenforme e confeite-a conforme indicado na p. 14. Disponha os macarons em volta e leve à geladeira por 3 horas antes de servir.

Entremets Mogador

RENDE 10 PORÇÕES
DIFICULDADE ★ ★ ★
PREPARO: 1h
COZIMENTO: 35 min

Para o bolo de chocolate com framboesa
- 100 g de chocolate meio-amargo
- 100 g de manteiga sem sal
- 4 gemas
- 4 claras
- 40 g de açúcar
- 50 g de farinha de trigo peneirada
- 100 g de framboesas congeladas

Para a calda de framboesa
- 50 ml de água
- 50 g de açúcar
- 2 colheres (sopa) de aguardente de framboesa

Para a musse de chocolate amargo
- 75 g de chocolate amargo com 55% de cacau
- 200 ml de creme de leite fresco
- 3 gemas
- 25 ml de água
- 50 g de açúcar

Para a decoração
- 100 g de geleia de framboesa
- 125 g de framboesas
- 100 g de raspas de chocolate (ver p. 397)

Preaqueça o forno a 165 °C. Forre uma assadeira com papel-manteiga. Unte um aro de confeitaria de 22 cm de diâmetro e coloque-o sobre a assadeira.

Prepare o bolo de chocolate com framboesa: derreta o chocolate em banho-maria. Retire-o do fogo e incorpore a manteiga e as gemas. À parte, bata as claras até ficarem espumantes. Aos poucos, junte ⅓ do açúcar e continue a bater até ficarem lisas e brilhantes. Em seguida, adicione, delicadamente, o restante do açúcar e bata até formar um merengue bem consistente. Incorpore-o em três levas à mistura de chocolate e acrescente a farinha peneirada. Disponha a massa no aro, coloque as framboesas por cima e leve ao forno por 35 minutos. Deixe o bolo esfriar no aro.

Prepare a calda de framboesa: em uma panela, ferva a água com o açúcar somente até o açúcar derreter, não deixe formar caramelo. Espere a calda esfriar e adicione a aguardente de framboesa.

Prepare a musse de chocolate amargo: pique o chocolate e derreta-o em banho-maria. Bata o creme de leite até atingir o ponto de chantili e leve-o à geladeira. Em outra tigela, bata as gemas até ficarem mais claras. Em uma panela, ferva a água com o açúcar e deixe no fogo por 2 minutos. Despeje essa calda, delicadamente, sobre as gemas e bata, sem parar, até a mistura ficar consistente e esfriar. Com uma espátula flexível, incorpore, aos poucos, o chocolate derretido e o chantili. Insira essa musse em um saco de confeitar com bico liso e reserve-a.

Disponha o bolo no prato de servir e retire o aro. Regue com a calda de framboesa e cubra com a geleia. Com o saco de confeitar, faça sobre o bolo pequenas bolas de musse bem unidas, formando uma pirâmide. Coloque as framboesas sobre a musse, intercalando-as, enfeite com as lascas de chocolate e sirva.

Entremets de semolina
com morangos

RENDE 8 A 10 PORÇÕES
DIFICULDADE ★ ★ ★
PREPARO: 30 min
INFUSÃO: 30 min
COZIMENTO: 20 min
REFRIGERAÇÃO: 1 noite

- 600 ml de leite
- 1 fava de baunilha
- 50 g de semolina
- 50 g de açúcar
- 225 g de chocolate meio-amargo cortado em pedaços
- 4 colheres (sopa) de rum
- 225 g de mascarpone

Para a decoração
- morangos
- mascarpone

Na véspera, em uma panela, ferva o leite com a fava de baunilha e suas sementes (abra a fava no sentido do comprimento e raspe as sementes com a ponta de uma faca). Retire do fogo, tampe e deixe em infusão por 30 minutos.

Retire a fava de baunilha e ferva novamente. Depois, fora do fogo, incorpore a semolina aos poucos, mexendo bem. Junte o açúcar e leve tudo ao fogo baixo por 20 minutos, mexendo, sem parar, para que a semolina não grude no fundo. Retire a panela do fogo, junte o chocolate e misture bem até que ele derreta. Então, incorpore o rum e o mascarpone.

Passe em água fria uma fôrma de bolo inglês de 25 cm de comprimento e 8 cm de altura. Disponha nela a mistura de semolina. Cubra a superfície com filme de PVC e leve à geladeira por 1 noite.

No dia, desenforme a sobremesa e sirva-a com morangos e mascarpone.

DICA DO CHEF: se quiser, acrescente uvas-passas ao preparo.

Flã de chocolate
com caramelo de goiaba

RENDE 8 PORÇÕES
DIFICULDADE ★ ★ ★
PREPARO: 30 min
COZIMENTO: 30 min
REFRIGERAÇÃO: 2h

Para o caramelo de goiaba
- 100 ml de água
- 200 g de açúcar
- 160 g de polpa de goiaba

Para o flã de chocolate
- 120 g de chocolate meio-amargo
- 5 ovos
- 400 ml de leite
- 150 g de doce de leite
- 100 ml de leite condensado
- ½ colher (chá) de essência de baunilha
- uma pitada de canela em pó

Preaqueça o forno a 150 °C.

Prepare o caramelo de goiaba: em uma panela, aqueça a água com o açúcar até ele se dissolver completamente. Aumente o fogo e cozinhe por cerca de 10 minutos, até obter um caramelo dourado (a temperatura deve atingir 165 °C no termômetro culinário). Então, adicione a polpa de goiaba para interromper o cozimento do caramelo. Ferva tudo por 3 minutos e distribua o caramelo entre oito tigelinhas.

Prepare o flã de chocolate: pique o chocolate em pedacinhos e coloque-o em uma tigela grande. Em outra tigela, misture ligeiramente os ovos com um batedor. Em uma panela, coloque o leite, o doce de leite e o leite condensado. Aqueça a mistura até borbulhar e despeje-a sobre o chocolate, mexendo até obter uma consistência homogênea. Coloque tudo sobre os ovos, misture bem e, então, incorpore a essência de baunilha e a canela. Passe esse creme por uma peneira e disponha-o sobre o caramelo nas tigelinhas.

Coloque as tigelinhas em uma assadeira alta, encha-a pela metade com água fervente e leve ao forno em banho-maria por 30 minutos, até os flãs ficarem consistentes. Retire-os do banho-maria, deixe esfriar e leve à geladeira por 2 horas.

Fondant Sévigné
com creme de pralin

RENDE 10 PORÇÕES
DIFICULDADE ★ ★ ★
PREPARO: 1h
REFRIGERAÇÃO: 4h a 5h

Para o fondant de chocolate
- 270 g de chocolate meio-amargo
- 165 g de manteiga sem sal em temperatura ambiente
- 4 gemas
- 4 claras
- 60 g de açúcar

Para o creme inglês com pralin
- 100 g de pralin
- 3 gemas
- 70 g de açúcar
- 250 ml de leite

◊ Ver "Como fazer creme inglês" na p. 208

◊ Ver "Como fazer pasta de pralinê" na p. 325

Forre com papel-manteiga uma fôrma de bolo inglês de 25 × 10 cm.

Prepare o fondant de chocolate: pique o chocolate e derreta-o em banho-maria. Retire do fogo, junte a manteiga, as gemas e misture bem. Em uma tigela, bata as claras até ficarem espumantes. Aos poucos, adicione ⅓ do açúcar e continue a bater até ficarem lisas e brilhantes. Então, junte, delicadamente, o restante do açúcar e bata até formar um merengue consistente. Com uma espátula flexível, incorpore-o, delicadamente, à mistura de chocolate, em três levas. Disponha na fôrma e leve à geladeira por 4 a 5 horas.

Prepare o creme inglês com pralin: triture o pralin no mixer em consistência bem fina, reserve. Em uma tigela, bata as gemas com o açúcar até a mistura ficar esbranquiçada e consistente.

Em uma panela, ferva o leite e despeje ⅓ dele sobre a mistura de gemas, mexendo vigorosamente. Adicione o leite restante, coloque tudo na panela e cozinhe em fogo baixo, mexendo constantemente com uma espátula de madeira até o creme ficar espesso e aderir à espátula (cuidado para não deixar o creme ferver).

Passe o creme inglês por uma peneira e incorpore o pralin. Deixe esfriar e leve à geladeira.

Mergulhe a fôrma do fondant em água bem quente para desenformá-lo no prato de servir. Sirva acompanhado do creme inglês com pralin.

DICA DO CHEF: você pode preparar fondants individuais, substituindo a fôrma de bolo inglês por forminhas individuais.

Fondue de chocolate

RENDE 4 PORÇÕES
DIFICULDADE ★ ★ ★
PREPARO: 20 min

- 300 ml de creme de leite fresco
- 50 ml de leite
- 1 fava de baunilha
- 500 g de chocolate meio-amargo picado
- 1 banana
- 3 kiwis
- 3 ou 4 fatias de abacaxi fresco ou em calda
- 250 g de morangos

Coloque o creme de leite e o leite em uma panela pequena. Junte a fava de baunilha e suas sementes (abra a fava no sentido do comprimento e raspe as sementes com a ponta de uma faca). Aqueça lentamente. Quando o leite começar a ferver, retire-o do fogo, remova a fava de baunilha, adicione o chocolate e misture. Mantenha o chocolate quente colocando essa panela pequena dentro de uma panela grande com água bem quente.

Corte as frutas em fatias grossas ou em pedaços, mas deixe os morangos inteiros.

Prepare um espeto de frutas para cada pessoa e sirva com uma tigelinha de fondue individual, ou, se preferir, coloque, no meio da mesa, uma tigela grande com o fondue de chocolate no réchaud e uma taça com as frutas e deixe cada convidado preparar seu espeto.

DICA DO CHEF: varie as frutas conforme a estação.

Bolo rosácea

RENDE 8 PORÇÕES
DIFICULDADE ★ ★ ★
PREPARO: 1h
COZIMENTO: 20 min

Para a massa tipo biscoito champanhe de chocolate
- 3 gemas
- 75 g de açúcar
- 3 claras
- 70 g de farinha de trigo peneirada
- 15 g de cacau em pó peneirado

Para a calda
- 50 ml de água
- 50 g de açúcar

Para o chantili de chocolate
- 125 g de chocolate meio-amargo
- 300 ml de creme de leite fresco gelado

Para a decoração
- 50 g de amêndoa laminada
- cacau em pó

Preaqueça o forno a 165 °C. Forre duas assadeiras com papel-manteiga. Desenhe sobre o papel um círculo de 16 cm de diâmetro, outro de 14 cm e um terceiro de 12 cm.

Prepare a massa tipo biscoito champanhe de chocolate: em uma tigela, bata as gemas com metade do açúcar até a mistura ficar esbranquiçada e com uma consistência espumante. À parte, bata as claras com a outra metade do açúcar até ficarem bem firmes. Então, incorpore às claras em neve, delicadamente, a mistura de gemas e açúcar. Em seguida, adicione a farinha e o cacau peneirados e misture bem. Disponha essa preparação em um saco de confeitar com bico liso e molde discos de massa nos círculos traçados no papel-manteiga, formando espirais a partir do centro. Leve ao forno por 15 minutos e reserve-os até o momento de usar.

Prepare a calda: em uma panela, ferva a água com o açúcar somente até dissolver o açúcar, não deixe formar caramelo. Espere esfriar.

Prepare o chantili de chocolate: pique o chocolate e derreta-o em banho-maria. Bata o creme de leite até o ponto de chantili, então, adicione o chocolate e bata vigorosamente até a mistura ficar homogênea. Coloque esse creme em um saco de confeitar com bico liso e reserve.

Mantenha a temperatura do forno. Espalhe as amêndoas laminadas em uma assadeira forrada com papel-manteiga e doure-as ligeiramente no forno por 5 minutos.

Disponha o disco maior de massa sobre o prato de servir e regue-o com um pouco da calda. Com o saco de confeitar, cubra-o inteiramente com bolinhas bem unidas de creme batido de chocolate. Coloque por cima o disco de massa de diâmetro médio e repita a operação. Em seguida, disponha o disco menor e repita a operação. Por fim, aplique em volta do bolo bolas bem unidas de creme de chocolate, formando uma pirâmide. Polvilhe tudo com cacau e enfeite com as amêndoas.

Marquise de chocolate

RENDE 12 PORÇÕES
DIFICULDADE ★ ★ ★
PREPARO: 1h
CONGELAMENTO: 30 min
REFRIGERAÇÃO: 1h20

Para a massa
- 150 g de chocolate meio-amargo
- 200 g de pasta de pralinê
- 120 g de biscoitos crêpe dentelle ou biju doce em pedaços

Para a musse de chocolate
- 275 g de chocolate meio-amargo
- 550 ml de creme de leite fresco

Para a glaçagem de chocolate meio-amargo
- 150 g de chocolate meio-amargo
- 150 ml de creme de leite fresco
- 75 g de mel de sabor neutro
- 20 g de manteiga sem sal

◊ Ver "Como colocar cobertura sobre um bolo" na p. 14

◊ Ver "Como fazer pasta de pralinê" na p. 325

Prepare a massa: pique o chocolate e derreta-o em banho-maria. Adicione a pasta de pralinê, misture com uma espátula flexível e, então, acrescente os biscoitos picados. Em uma folha de papel-manteiga, desenhe dois círculos de 20 cm de diâmetro e espalhe a preparação em cada um deles, com uma espessura de 0,5 cm. Leve os discos ao congelador por, no mínimo, 30 minutos.

Prepare a musse de chocolate: pique o chocolate e derreta-o em banho-maria. Bata o creme de leite até o ponto de chantili. Incorpore o chocolate, batendo vigorosamente até a mistura ficar homogênea. Insira a musse em um saco de confeitar de bico liso e reserve.

Coloque um aro de confeitaria de 22 cm de diâmetro em um prato. Disponha um disco de massa no fundo do aro e, com o saco de confeitar, espalhe sobre ele uma camada de musse de chocolate com 1 cm de espessura. Coloque por cima o outro disco de massa, pressione-o levemente e cubra-o com outra camada de musse até alcançar a borda do aro. Alise a superfície com a espátula e leve o bolo à geladeira por 1 hora.

Prepare a glaçagem de chocolate amargo: pique o chocolate em pedacinhos e coloque-o em uma tigela grande. Em uma panela, aqueça o creme de leite com o mel até levantar fervura, despeje-o sobre o chocolate e misture bem. Incorpore a manteiga e reserve a preparação em temperatura ambiente.

Retire a marquise da geladeira. Aqueça as bordas do aro com um pano de prato embebido em água quente e desenforme a sobremesa. Leve de volta à geladeira por mais 10 minutos. Coloque a marquise sobre uma grelha e confeite-a com o glacê de chocolate. Quando o bolo estiver completamente recoberto, alise a superfície com uma espátula flexível. Depois que a cobertura parar de escorrer, disponha a sobremesa no prato de servir e leve-a à geladeira por cerca de 10 minutos para o chocolate ficar consistente. Disponha uma fatia de marquise em cada pratinho e sirva.

DICA DO CHEF: se desejar, substitua a pasta de pralinê por creme de chocolate com avelã.

Merengue de chocolate

RENDE 10 PORÇÕES
DIFICULDADE ★ ★ ★
PREPARO: 30 min
COZIMENTO: 1 h
REPOUSO: 1 h

Para o merengue de chocolate
- 4 claras
- 120 g de açúcar
- 100 g de açúcar de confeiteiro peneirado
- 20 g de cacau em pó peneirado

Para o chantili de chocolate
- 100 g de chocolate amargo (com 66% de cacau) picado
- 200 ml de creme de leite fresco gelado
- 20 g de açúcar de confeiteiro

Para a decoração
- 200 g de framboesas

Preaqueça o forno a 100 °C. Forre uma assadeira com papel-manteiga. Desenhe dez círculos de 8 cm de diâmetro no papel.

Prepare o merengue de chocolate: bata as claras até ficarem homogêneas, junte o açúcar e continue a bater até obter um merengue bem firme. Incorpore, delicadamente, o açúcar de confeiteiro e o cacau. Insira essa preparação em um saco de confeitar com bico canelado. Molde, na assadeira, os dez discos de 8 cm de diâmetro, formando uma espiral a partir do centro, depois, faça mais uma camada na última volta de cada disco para criar uma lateral mais alta. Leve ao forno por 1 hora até os merengues ficarem crocantes. Coloque-os sobre uma grelha e deixe esfriar em temperatura ambiente por 1 hora.

Prepare o chantili de chocolate: pique o chocolate, derreta-o em banho-maria e reserve. Bata o creme de leite até ele começar a aumentar de tamanho. Junte o açúcar de confeiteiro e bata novamente até o ponto de chantili. Então incorpore ao chantili o chocolate derretido e bata vigorosamente.

Espalhe um pouco desse creme na base de cada ninho de merengue. Decore com as framboesas.

DICA DO CHEF: estes merengues podem ser preparados algumas semanas antes e conservados em lugar seco.

Musse de chocolate

RENDE 8 PORÇÕES
DIFICULDADE ★ ★ ★
PREPARO: 30 min
REFRIGERAÇÃO: no mínimo 3h

- 125 g de chocolate amargo com 55% de cacau
- 50 g de manteiga sem sal
- 150 ml de creme de leite fresco
- 2 gemas
- 3 claras
- 45 g de açúcar

Pique o chocolate, derreta-o com a manteiga em banho-maria e deixe amornar.

Em uma tigela grande, bata o creme de leite até ele aderir à ponta do batedor. Incorpore as gemas e leve à geladeira.

Bata as claras até ficarem espumantes. Junte, aos poucos, ⅓ do açúcar, continuando a bater até as claras ficarem lisas e brilhantes. Então, adicione, delicadamente, o restante do açúcar e bata até obter um merengue bem firme.

Incorpore o merengue, em três levas, ao creme batido. Então, junte o chocolate e bata vigorosamente. Leve a musse à geladeira por, pelo menos, 3 horas antes de servir.

DICA DO CHEF: para que a musse fique mais leve, retire os ovos da geladeira bem antes de iniciar o preparo.

Musse de chocolate branco

RENDE 10 PORÇÕES
DIFICULDADE ★ ★ ★
PREPARO: 20 min
REFRIGERAÇÃO: no mínimo 3h

Para a musse
- 300 g de chocolate branco
- 600 ml de creme de leite fresco

Para a decoração
- 150 g de raspas de chocolate meio-amargo (ver p. 397)

Prepare a musse: pique o chocolate em pedacinhos e derreta-o em banho-maria.

Em uma tigela, bata o creme de leite até ele ficar consistente e aderir à ponta do batedor.

Coloque 100 ml do creme batido em um recipiente e leve o restante à geladeira. Despeje o chocolate derretido sobre os 100 ml de creme de leite batido, misturando energicamente com o batedor. Depois, com uma espátula, incorpore, delicadamente, o restante do creme batido. Distribua a musse de chocolate branco entre dez taças, preenchendo-as até a metade. Leve à geladeira por, pelo menos, 3 horas.

Retire as musses da geladeira, no mínimo, 30 minutos antes de servir, para que não fiquem geladas demais, e cubra-as com as raspas de chocolate meio-amargo.

DICA DO CHEF: para facilitar seu trabalho na hora de bater o creme de leite, coloque-o na geladeira 15 minutos antes na própria tigela em que vai batê-lo.

Musse de chocolate
com infusão de chá preto e creme de café

RENDE 4 PORÇÕES
DIFICULDADE ★ ★ ★
PREPARO: 50 min
REFRIGERAÇÃO: no mínimo 3h

Para a musse de chocolate com infusão de chá preto
- 50 ml de água
- 1 sachê de chá preto
- 200 g de chocolate meio-amargo
- 25 g de manteiga sem sal
- 75 g de açúcar
- 60 g de avelã torrada e moída (opcional)
- 3 gemas
- 3 claras

Para o creme inglês de café
- 3 gemas
- 70 g de açúcar
- 250 ml de leite
- 1 colher (chá) de café solúvel (5 g)

Para o chantili
- 200 ml de creme de leite fresco gelado
- 1 ou 2 gotas de essência de baunilha
- 20 g de açúcar de confeiteiro

Para a decoração
- folhas de hortelã fresca

Prepare a musse de chocolate com infusão de chá preto: em uma panela, aqueça a água e o chá até levantar fervura. Retire do fogo, deixe em infusão por 10 minutos e remova o sachê. Pique o chocolate e derreta-o em banho-maria com a manteiga e metade do açúcar, sem misturar. Adicione as avelãs, se desejar, e o chá. Retire a preparação do banho-maria, incorpore as gemas e deixe amornar. À parte, bata as claras com o restante do açúcar até ficarem bem firmes. Com uma espátula flexível, incorpore-as, delicadamente, à mistura, em três levas. Distribua a musse entre quatro tigelinhas e leve à geladeira por, pelo menos, 3 horas.

Prepare o creme inglês de café: em uma tigela, bata as gemas com o açúcar até a mistura ficar esbranquiçada e consistente. Em uma panela, aqueça o leite com o café até ferver. Despeje ⅓ dele sobre a mistura de gemas e açúcar e mexa vigorosamente. Coloque tudo na panela e cozinhe em fogo baixo, mexendo, sem parar, com uma espátula de madeira até o creme ficar consistente e aderir à espátula (cuidado para não deixar o creme ferver). Passe-o por uma peneira sobre uma tigela, deixe esfriar e leve-o à geladeira.

Prepare o chantili: bata o creme com a essência de baunilha até obter uma consistência leve. Junte o açúcar de confeiteiro e bata até o creme ficar consistente e aderir ao batedor (ponto de chantili). Coloque o chantili em um saco de confeitar com bico liso e decore a superfície das musses com ele.

Enfeite com uma folhinha de hortelã. Sirva o creme inglês de café à parte, em uma tigelinha.

Musse de chocolate
com avelãs e uísque

RENDE 8 A 10 PORÇÕES
DIFICULDADE ★ ★ ★
PREPARO: 30 min
COZIMENTO: 10 min
REFRIGERAÇÃO: no mínimo 3h

- 200 g de avelã sem casca e sem pele e picada
- 450 g de chocolate amargo com 55% de cacau
- 30 g de manteiga sem sal
- 200 g de açúcar
- 6 gemas
- 85 ml de uísque
- 6 claras

Para a decoração
- 100 g de raspas de chocolate (ver p. 397)

Preaqueça o forno a 180 °C.

Espalhe as avelãs em uma assadeira forrada com papel-manteiga e toste-as no forno por 10 minutos.

Pique o chocolate e derreta-o em banho-maria com a manteiga e metade do açúcar, sem misturar. Retire do fogo, incorpore as gemas, 60 g de avelã e o uísque.

Bata as claras até ficarem levemente espumantes. Adicione, aos poucos, ⅓ do açúcar restante, continuando a bater até as claras ficarem lisas e brilhantes. Então, acrescente, delicadamente, o restante do açúcar e bata até obter um merengue bem consistente. Com uma espátula de silicone, incorpore-o, delicadamente, em três levas, à mistura de chocolate e avelã.

Distribua a musse entre oito a dez taças de sobremesa e leve à geladeira por, no mínimo, 3 horas, até ficar consistente.

Antes de servir, decore as musses com as avelãs restantes e as raspas de chocolate.

Musse de chocolate com pralinê

RENDE 10 PORÇÕES
DIFICULDADE ★ ★ ★
PREPARO: 1h
REFRIGERAÇÃO: no mínimo 3h

Para a pasta de pralinê de amêndoa e avelã
- 30 ml de água
- 150 g de açúcar
- 75 g de amêndoa sem pele
- 75 g de avelã sem pele

Para a musse de chocolate amargo
- 300 g de chocolate amargo com 55% de cacau
- 350 ml de creme de leite fresco
- 6 gemas
- 6 claras
- 80 g de açúcar

◊ Ver "Como fazer pasta de pralinê" na p. 325

Prepare o pralinê de amêndoa e avelã: em uma panela, ferva a água com o açúcar. Adicione as amêndoas e as avelãs e misture tudo com uma espátula de madeira. Retire a panela do fogo e continue a mexer até as amêndoas e as avelãs ficarem açucaradas (cobertas de açúcar parecendo um pó branco). Recoloque a panela no fogo e, sempre mexendo, cozinhe até o açúcar derreter e, depois, caramelizar. Espalhe as amêndoas e avelãs caramelizadas em uma folha de papel-manteiga e deixe esfriar. Em seguida, coloque-as no processador e bata até obter uma farofa fina (chamada de pralin). Continue a bater, desligando algumas vezes para mexer, até obter uma pasta mole (chamada de pralinê). Coloque essa pasta em uma tigela e reserve.

Prepare a musse de chocolate amargo: pique o chocolate e derreta-o em banho-maria. Deixe-o amornar.

Bata o creme de leite até ficar consistente e aderir ao batedor. Então, incorpore as gemas e leve à geladeira.

À parte, bata as claras até ficarem ligeiramente espumantes. Junte, aos poucos, ⅓ do açúcar e continue a bater até obter um merengue liso e brilhante. Adicione, delicadamente, o restante do açúcar e bata até o merengue ficar bem consistente. Com uma espátula de silicone, incorpore esse merengue, em três levas, à preparação de creme e gemas. Acrescente o chocolate derretido e bata vigorosamente.

Usando a espátula, incorpore a pasta de pralinê à musse de chocolate. Leve à geladeira por, pelo menos, 3 horas antes de servir.

Musse de chocolate
com cascas de laranja cristalizadas

RENDE **6 PORÇÕES**
DIFICULDADE ★ ★ ★
PREPARO: 45 min
COZIMENTO: 15 min
REFRIGERAÇÃO: no mínimo 3h

Para as cascas de laranja cristalizadas
- cascas de 2 laranjas
- 100 ml de água
- 100 g de açúcar

Para a musse de chocolate
- 150 g de chocolate meio-amargo
- 200 ml de creme de leite fresco
- 3 gemas
- 3 claras
- 50 g de açúcar

Prepare as cascas de laranja cristalizadas: corte as cascas de laranja em tiras finas. Em uma panela, ferva a água com o açúcar, junte as cascas e deixe no fogo baixo por 15 minutos para ficarem cristalizadas. Escorra-as e reserve-as.

Prepare a musse de chocolate: pique o chocolate, derreta-o em banho-maria e deixe-o amornar. Bata o creme de leite até ficar consistente e aderir ao batedor. Incorpore as gemas e leve à geladeira. À parte, bata as claras até ficarem espumantes. Junte, aos poucos, ⅓ do açúcar e continue a bater até ficarem lisas e brilhantes. Delicadamente, adicione o açúcar restante e bata até obter um merengue bem consistente. Incorpore-o, aos poucos, à mistura de creme e gemas. Então, acrescente o chocolate derretido e bata energicamente.

Reserve um pouco das cascas de laranja para a decoração e incorpore o restante à musse de chocolate. Leve à geladeira por, pelo menos, 3 horas. Antes de servir, decore a sobremesa com as cascas de laranja reservadas.

Musse de chocolate aerada

RENDE 10 PORÇÕES
DIFICULDADE ★ ★ ★
PREPARO: 10 min
REFRIGERAÇÃO: 45 min
CONGELAMENTO: 3h

- 190 g de chocolate meio-amargo
- 1 gema
- 40 g de açúcar
- 250 ml de leite
- 50 ml de creme de leite fresco
- 15 g de leite em pó
- 30 g de mel

Para a decoração
- 100 g de raspas de chocolate meio-amargo (ver p. 397)
- açúcar de confeiteiro (opcional)

Pique o chocolate e coloque-o em uma tigela. Em outra tigela, bata a gema com o açúcar até a mistura ficar esbranquiçada e consistente.

Em uma panela, aqueça o leite, o creme de leite, o leite em pó e o mel até ferver. Despeje ⅓ dessa preparação sobre a mistura de gema e açúcar e bata vigorosamente. Coloque tudo na panela e cozinhe em fogo baixo, mexendo, sem parar, até o creme aderir à espátula (cuidado para não deixar ferver). Despeje o creme sobre o chocolate e misture, delicadamente, com a espátula.

Coloque o creme em um sifão de chantili, insira duas cápsulas de gás e agite vigorosamente o aparelho, de maneira que o gás se misture à preparação e a torne aerada. Leve à geladeira por 45 minutos.

Quando a musse estiver bem gelada, acione o sifão de cabeça para baixo e distribua a musse em forminhas de 5 cm de diâmetro e 4 cm de altura. Decore com as raspas de chocolate e leve ao congelador por, no mínimo, 3 horas antes de servir. Se desejar, polvilhe as musses com açúcar de confeiteiro no momento de degustá-las.

Pasta de chocolate
para passar no pão

RENDE **8** PORÇÕES
DIFICULDADE ★ ★ ★
PREPARO: 40 min

- 80 g de chocolate meio-amargo
- 20 g de mel de sabor neutro
- 160 ml de creme de leite fresco

Para a pasta de pralinê de avelã e amêndoa
- 60 ml de água
- 200 g de açúcar
- 150 g de avelã sem pele
- 50 g de amêndoa sem pele
- 30 ml de óleo de avelã

◊ Ver "Como fazer pasta de pralinê" na p. 325

Pique o chocolate em pedaços pequenos e coloque em uma tigela grande com o mel. Aqueça o creme de leite até ferver e despeje-o sobre o chocolate, misturando bem. Reserve.

Prepare a pasta de pralinê de avelã e amêndoa: em uma panela, ferva a água com o açúcar. Adicione as avelãs e as amêndoas e misture com uma espátula de madeira. Retire do fogo e continue a mexer até as frutas secas ficarem açucaradas (cobertas de açúcar parecendo um pó branco). Recoloque a panela no fogo e, sempre mexendo, cozinhe até o açúcar derreter e caramelizar. Espalhe as amêndoas e as avelãs caramelizadas sobre uma folha de papel-manteiga e deixe esfriar. Então, coloque-as no processador e bata até obter uma farofa fina (chamada de pralin). Continue a bater, desligando algumas vezes para mexer, até obter uma pasta mole (chamada de pasta de pralinê). Coloque essa pasta em uma tigela e reserve.

Adicione um pouco de pasta de pralinê à preparação de chocolate. Misture com uma espátula e incorpore o restante da pasta de pralinê. Acrescente o óleo de avelã e misture, levando a espátula do centro para a borda da tigela, para deixar o creme bem homogêneo. Passe-o no processador e mantenha-o em um recipiente de vidro em temperatura ambiente.

DICAS DO CHEF: você pode substituir o chocolate meio-amargo por chocolate ao leite ou utilizar óleo de noz em vez do de avelã. Este creme se conserva bem por 2 ou 3 semanas em temperatura ambiente.

Tigelinhas de creme de chocolate

RENDE 6 PORÇÕES
DIFICULDADE ★ ★ ★
PREPARO: 15 min
COZIMENTO: 25 a 30 min

- 150 g de chocolate meio-amargo
- 200 ml de leite
- 300 ml de creme de leite fresco
- 4 gemas
- 60 g de açúcar

Preaqueça o forno a 170 °C.

Pique o chocolate. Em uma panela, aqueça o leite com o creme de leite e o chocolate até ferver. Retire do fogo. À parte, bata as gemas e o açúcar até a mistura ficar esbranquiçada e consistente. Incorpore-a à preparação de chocolate e passe tudo por uma peneira. Com uma colher, remova a espuma que se forma na superfície do creme peneirado.

Distribua o creme entre seis ramequins de 100 ml cada um, preenchendo-os até a borda. Disponha-os em uma assadeira de borda alta, adicione água fervente até a metade da altura dos ramequins e leve ao forno por 30 minutos, até que a superfície dos cremes esteja macia ao toque, mas sem grudar no dedo. (Se precisar, cozinhe mais um pouco.) Retire os ramequins do banho-maria e deixe-os esfriar. Sirva a sobremesa bem fria ou gelada.

DICAS DO CHEF: estas tigelinhas de creme de chocolate podem ser conservadas na geladeira por 2 ou 3 dias. Decore-as com chantili e raspas de chocolate.

Trio de cremes

RENDE 4 PORÇÕES
DIFICULDADE ★ ★ ★
PREPARO: 10 min
COZIMENTO: de 20 a 25 min

- 1 colher (chá) de café solúvel (5 g)
- 2 colheres (sopa) de cacau em pó
- 750 ml de leite
- 150 g de açúcar
- 1 fava de baunilha
- 3 ovos
- 2 gemas

Preaqueça o forno a 170 °C. Prepare três tigelas grandes: coloque o café solúvel em uma, o cacau na segunda e a terceira deixe vazia.

Aqueça o leite com metade do açúcar e a fava de baunilha com suas sementes (abra a fava no sentido do comprimento e raspe as sementes com a ponta de uma faca). Quando levantar fervura, retire do fogo.

Em um recipiente, bata os ovos com as gemas e o açúcar restante. Junte o leite quente e continue a bater. Passe a mistura por uma peneira e distribua-a de maneira igual entre as três tigelas preparadas (cerca de 350 g por tigela). Bata a mistura de café e a de cacau para incorporar bem os diferentes sabores.

Preencha quatro ramequins (de 7 cm de diâmetro por 3 cm de altura) com o creme de café, mais quatro com a preparação de chocolate e os últimos quatro com o creme de baunilha. Com uma colher, retire as bolhas e a espuma que se formam na superfície. Disponha os ramequins em uma assadeira de borda alta e adicione água fervente até alcançar a metade da altura dos ramequins. Leve ao forno por 20 a 25 minutos, até que, ao enfiar um palito no meio dos cremes, ele saia seco. Deixe esfriar e leve à geladeira. Sirva esta sobremesa bem gelada.

DICA DO CHEF: coloque folhas de papel absorvente no fundo da assadeira do banho-maria: isso impede que a água borbulhe, evitando a formação de bolhas nos cremes.

Suflê de chocolate

RENDE **8** PORÇÕES
DIFICULDADE ★ ★ ★
PREPARO: 30 min
COZIMENTO: 45 min

Para o creme de confeiteiro de chocolate
- 115 g de chocolate meio-amargo
- 500 ml de leite
- 1 fava de baunilha
- 4 gemas
- 80 g de açúcar
- 60 g de farinha de trigo
- 6 claras
- 30 g de açúcar

Para a decoração
- cacau em pó

◊ Ver "Como preparar fôrmas de suflê" na p. 139

Prepare o creme de confeiteiro de chocolate: pique o chocolate e derreta-o em banho-maria. Em uma panela, aqueça lentamente o leite com a fava de baunilha e suas sementes (abra a fava no sentido do comprimento e raspe as sementes com a ponta de uma faca). Quando ferver, retire-o do fogo.

Em uma tigela, bata as gemas com o açúcar até a mistura ficar esbranquiçada e consistente; então, incorpore a farinha. Retire a fava de baunilha do leite, despeje metade dele sobre a mistura de gemas e açúcar e mexa bem. Incorpore o restante do leite e volte tudo para a panela. Cozinhe em fogo baixo, mexendo, sem parar, com um batedor manual, até o creme engrossar. Deixe ferver por 1 minuto, continuando a mexer com uma espátula.

Despeje esse creme sobre o chocolate e misture bem. Cubra a superfície do creme com filme de PVC, faça com que o filme encoste na superfície da cobertura, para evitar que se forme uma nata por cima dela e reserve-o.

Preaqueça o forno a 180 °C. Unte e forre com açúcar uma fôrma de suflê de 23 cm de diâmetro.

Bata as claras, em uma tigela, até ficarem espumantes. Junte, aos poucos, ⅓ do açúcar e continue a bater até as claras ficarem aveludadas e brilhantes. Então, adicione, delicadamente, o restante do açúcar e bata até obter um merengue bem firme.

Com uma espátula e, delicadamente, incorpore o merengue, em três levas, ao creme de confeiteiro. Disponha essa mistura na fôrma, preenchendo-a até a borda, e alise a superfície com a espátula. Usando uma luva de plástico descartável, passe o polegar na borda do ramequim para liberar um espaço de 5 mm entre a preparação e a borda (isso ajudará o suflê a crescer melhor). Asse por cerca de 45 minutos, até o suflê ficar bem inflado. Retire-o do forno, polvilhe com cacau e sirva imediatamente.

Suflê quente de chocolate amargo

RENDE 6 PORÇÕES
DIFICULDADE ★ ★ ★
PREPARO: 30 min
COZIMENTO: 15 min

Para a massa do suflê
- 30 g de chocolate amargo (com 55% a 70% de cacau)
- 120 ml de água
- 30 g de cacau em pó
- 1 gema
- 20 g de amido de milho
- 6 claras
- 90 g de açúcar

Para a decoração
- açúcar de confeiteiro

◊ Ver "Como preparar fôrmas de suflê" na p. 139

Preaqueça o forno a 180 °C. Unte e polvilhe com açúcar seis ramequins de 8 cm de diâmetro.

Prepare a massa do suflê: pique o chocolate em pedaços pequenos e coloque em uma tigela. Em uma panela, coloque a água e o cacau e aqueça até ferver. Despeje a mistura sobre o chocolate e misture bem. Deixe amornar e incorpore a gema e o amido de milho.

Bata as claras até ficarem espumantes. Junte, aos poucos, ⅓ do açúcar e continue a bater até as claras ficarem aveludadas e brilhantes. Então, adicione, delicadamente, o restante do açúcar e bata até obter um merengue bem firme.

Com uma espátula de silicone, incorpore o merengue à massa do suflê, em três levas. Distribua essa preparação entre os seis ramequins já untados, preenchendo-os até a borda, e alise a superfície com a espátula. Usando uma luva de plástico descartável, passe o polegar na borda dos ramequins para liberar um espaço de 5 mm entre a preparação e a borda (isso ajudará os suflês a crescerem melhor).

Leve ao forno por cerca de 15 minutos, até estarem bem crescidos. Assim que retirar do forno, polvilhe-os com açúcar de confeiteiro e sirva imediatamente.

Suflês quentes de chocolate e café

RENDE **6** PORÇÕES
DIFICULDADE ★ ★ ★
PREPARO: 1h
CONGELAMENTO: 2h
COZIMENTO: 15 min

Para os discos de ganache de café
- 75 g de chocolate meio-amargo
- 75 ml de creme de leite fresco
- ½ colher (chá) de café solúvel (2 g)

Para a base do suflê
- 60 g de chocolate meio-amargo
- 240 ml de água
- 60 g de cacau em pó
- 2 gemas
- 4 claras
- 50 g de açúcar

Para a decoração
- açúcar de confeiteiro

◊ Ver "Como preparar fôrmas de suflê" na p. 139

Prepare os discos de ganache de café: forre uma assadeira com papel-manteiga. Pique grosseiramente o chocolate e coloque-o em uma tigela. Em uma panela, aqueça o creme de leite com o café até ferver, então, despeje essa preparação sobre o chocolate e misture bem. Com uma colher, forme, sobre a assadeira, 24 discos pequenos (um pouco menores que 8 cm) com essa ganache e leve ao congelador por, no mínimo, 2 horas.

Preaqueça o forno a 180 °C. Unte e forre com açúcar seis ramequins de 8 cm de diâmetro.

Prepare a base do suflê: pique o chocolate e coloque-o em uma tigela. Junte a água e o cacau em uma panela, misture e aqueça até ferver. Despeje essa calda sobre o chocolate e misture bem. Deixe esfriar e incorpore as gemas à preparação.

Bata as claras até ficarem espumantes. Junte, aos poucos, ⅓ do açúcar e continue a bater até as claras ficarem lisas e brilhantes. Então, acrescente, delicadamente, o restante do açúcar e bata até obter um merengue bem firme.

Com uma espátula, incorpore o merengue, delicadamente, em três levas, à massa do suflê. Distribua uma parte dessa mistura entre os seis ramequins, preenchendo-os até metade da altura. Coloque em cada ramequim quatro discos de ganache e disponha o restante da massa até a borda. Alise a superfície com a espátula. Usando uma luva de plástico descartável, passe o polegar na borda dos ramequins para liberar um espaço de 5 mm entre a preparação e a borda (isso ajudará os suflês a crescerem melhor).

Leve ao forno por cerca de 15 minutos, até estarem bem crescidos. Assim que retirar do forno, polvilhe-os com açúcar de confeiteiro e sirva imediatamente.

Suflês de chocolate branco

RENDE 12 PORÇÕES
DIFICULDADE ★ ★ ★
PREPARO: 30 min
COZIMENTO: 20 min

Para o creme de confeiteiro com chocolate branco
- 125 g de chocolate branco
- 300 ml de leite
- 4 gemas
- 80 g de açúcar
- 20 g de farinha de trigo
- 10 claras
- 80 g de açúcar

Para a decoração
- açúcar de confeiteiro

◊ Ver "Como preparar fôrmas de suflê" na p. 139

Preaqueça o forno a 180 °C. Unte e forre com açúcar doze ramequins de 8 cm de diâmetro.

Prepare o creme de confeiteiro com chocolate branco: pique o chocolate e coloque-o em uma tigela. Ferva o leite em uma panela e retire-o do fogo.

Bata as gemas com o açúcar até a mistura ficar esbranquiçada e consistente. Incorpore a farinha. Despeje metade do leite quente sobre essa mistura e mexa bem. Acrescente o leite restante e coloque tudo na panela. Cozinhe em fogo baixo, mexendo, sem parar, com um batedor até o creme ficar consistente. Deixe ferver por 1 minuto, ainda mexendo.

Então, retire a panela do fogo, despeje a preparação sobre o chocolate na tigela e misture bem. Cubra a superfície do creme com filme de PVC, faça com que o filme encoste na superfície da cobertura, para evitar que se forme uma nata por cima dela, e reserve até o momento de usar.

À parte, bata as claras até ficarem espumantes. Junte, aos poucos, ⅓ do açúcar e continue a bater até elas ficarem lisas e brilhantes. Então, adicione, delicadamente, o restante do açúcar e bata até obter um merengue bem firme.

Com uma espátula, incorpore-o, delicadamente, em três levas, ao creme de confeiteiro. Distribua essa preparação entre os doze ramequins, preenchendo-os até metade da altura. Usando uma luva de plástico descartável, passe o polegar na borda dos ramequins para liberar um espaço de 5 mm entre a preparação e a borda (isso ajudará os suflês a crescerem melhor). Leve ao forno por cerca de 20 minutos, até estarem bem crescidos. Retire do forno, polvilhe-os com açúcar de confeiteiro e sirva imediatamente.

Chocolate total

RENDE 6 PORÇÕES
DIFICULDADE ★ ★ ★
PREPARO: 45 min
COZIMENTO: 15 min
PREPARO NA SORVETEIRA: 20 min
CONGELAMENTO: 10 min

Para o sorvete de chocolate
- 200 g de chocolate meio-amargo
- 250 ml de água
- 250 ml de leite
- 170 g de açúcar
- 25 g de cacau em pó

Para os suflês cremosos de chocolate
- 100 g de chocolate meio-amargo
- 60 g de manteiga sem sal
- 4 gemas
- 4 claras
- 50 g de açúcar

Para a decoração
- açúcar de confeiteiro

◊ Ver "Como preparar fôrmas de suflê" na p. 139

Prepare o sorvete de chocolate: pique o chocolate em pedaços pequenos e coloque-o em uma tigela. Em uma panela, aqueça a água, o leite, o açúcar e o cacau até ferver. Despeje tudo sobre o chocolate e misture bem. Passe esse creme por uma peneira e deixe esfriar. Coloque-o em uma sorveteira até ficar consistente. Então, leve-o ao congelador até o momento de usar.

Preaqueça o forno a 180 °C. Unte e forre com açúcar seis ramequins de 8 cm de diâmetro.

Prepare os suflês cremosos de chocolate: pique o chocolate em pedaços pequenos e derreta-o com a manteiga em banho-maria. Retire a mistura do fogo e incorpore as gemas. Deixe esfriar. Bata as claras até ficarem espumantes. Aos poucos, junte ⅓ do açúcar e continue a bater até as claras ficarem lisas e brilhantes. Então, adicione, delicadamente, o restante do açúcar e bata até obter um merengue bem firme. Com uma espátula, incorpore-o, delicadamente, em três levas, à preparação de chocolate.

Distribua essa preparação entre os ramequins, preenchendo-os até a borda. Alise a superfície com a espátula. Usando uma luva de plástico descartável, passe o polegar na borda dos ramequins para liberar um espaço de 5 mm entre a preparação e a borda (isso ajudará os suflês a crescerem melhor). Leve ao forno por cerca de 15 minutos, até estarem bem crescidos.

Retire do forno, polvilhe-os com açúcar de confeiteiro e sirva imediatamente, acompanhados de uma bola de sorvete de chocolate.

Verrine de chocolate e matcha

RENDE 10 PORÇÕES
DIFICULDADE ★ ★ ★
PREPARO: 40 min
COZIMENTO: 10 a 15 min
REFRIGERAÇÃO: 1h40

Para o crumble
- 60 g de açúcar
- 40 g de açúcar mascavo escuro
- 100 g de farinha de avelã
- 100 g de farinha de trigo
- ½ colher (chá) de sal
- 100 g de manteiga sem sal em temperatura ambiente

Para o creme de matcha
- 1 folha de gelatina (2 g)
- 4 gemas
- 55 g de açúcar
- 25 ml de creme de leite fresco
- 2 colheres (chá) de matcha em pó (10 g)

Para a musse de chocolate
- 225 g de chocolate meio-amargo
- 6 ovos
- 45 g de manteiga sem sal em temperatura ambiente
- 90 g de açúcar

Para a decoração
- açúcar de confeiteiro

◊ Ver "Como fazer creme inglês" na p. 208

Preaqueça o forno a 160 °C. Forre uma assadeira de 30 × 38 cm com uma folha de papel-manteiga.

Prepare o crumble: em uma tigela grande, misture todos os ingredientes até obter uma massa parecendo uma farofa. Espalhe-a sobre a assadeira em uma espessura de cerca de 6 mm e leve à geladeira por 10 minutos. Esfarele a massa em pedaços não muito pequenos e asse-a no forno por 10 a 15 minutos.

Prepare o creme de matcha: hidrate a gelatina em um recipiente com água fria. Bata as gemas com o açúcar, em uma tigela, até ficarem esbranquiçadas e consistentes. Em uma panela, aqueça o creme de leite com o matcha até ferver. Despeje ⅓ da preparação sobre a mistura de gemas e açúcar e bata vigorosamente. Volte tudo para a panela e cozinhe em fogo baixo, mexendo, sem parar, com uma espátula, até o creme engrossar e aderir à espátula (cuidado para não deixar o creme ferver).

Disponha o creme de matcha em uma tigela. Esprema a gelatina e incorpore-a ao creme de matcha. Misture bem e coloque o creme em um saco de confeitar com bico liso. Distribua o creme entre dez copos de 100 ml até ⅓ da altura e leve à geladeira por 30 minutos.

Prepare a musse de chocolate: pique o chocolate e derreta-o em banho-maria. Separe as claras das gemas. Incorpore a manteiga ao chocolate, junte as gemas e misture bem.

À parte, bata as claras, em uma tigela, até ficarem levemente espumantes. Junte o açúcar aos poucos e continue a bater até ficarem lisas e brilhantes. Adicione o restante do açúcar e bata até obter um merengue bem firme. Com uma espátula de silicone, incorpore ⅓ do merengue à preparação de chocolate, depois, junte o restante e misture bem. Coloque a musse em um saco de confeitar com bico liso. Distribua-a entre os copos até ⅔ da altura.

Polvilhe o crumble com açúcar de confeiteiro e disponha um pouco dele em cada copinho. Leve à geladeira por 1 hora antes de servir.

Delícias geladas para comer e beber

Como fazer creme inglês

Adapte esta versão de creme inglês aos ingredientes indicados na receita escolhida (ver, por exemplo, os cremes gelados nas pp. 218 ou 232).

① Em uma tigela, bata 5 gemas com 125 g de açúcar até a mistura ficar esbranquiçada e consistente.

② Aqueça 500 ml de leite, uma fava de baunilha e as sementes (abra a fava pelo comprimento e raspe as sementes com a ponta de uma faca). Retire do fogo. Despeje um pouco do leite quente sobre as gemas, batendo bem.

③ Coloque a mistura na panela e cozinhe em fogo baixo, mexendo, sem parar, com uma colher de pau, até obter um creme espesso que cubra o dorso da colher (cuidado para não deixar o creme ferver). Passe o dedo sobre o dorso da colher: se a marca deixada pelo dedo for visível, o creme estará pronto. Retire-o do fogo e passe por uma peneira colocada sobre uma tigela. Coloque a tigela em um recipiente cheio de gelo para interromper o cozimento e deixe esfriar ali, mexendo de vez em quando.

Como fazer massa choux

Adapte esta versão de massa choux aos ingredientes indicados na receita escolhida (ver, por exemplo, as pp. 234, 264 ou 310).

① Em uma panela, derreta 50 g de manteiga sem sal com 120 ml de água, colher (chá) de sal (1 g) e colher (chá) de açúcar (2 g). Deixe levantar fervura e retire do fogo. Incorpore 75 g de farinha peneirada. Misture até obter uma bola de massa lisa. Leve-a ao fogo mexendo até que se descole das laterais e se enrole formando uma bola em volta da colher, sem deixar sobras na panela.

② Coloque a massa em uma tigela e deixe-a esfriar por 5 minutos. Incorpore 3 ovos, um de cada vez, batendo bem com uma colher. Bata mais 1 ovo em uma tigela separada e adicione metade à massa. A massa deve ficar lisa e brilhante.

③ Nesse ponto, verifique se a massa está pronta para ser utilizada: pegue um pouco com uma colher e levante-a. Se a massa cair formando um "V", estará pronta. Caso contrário, acrescente mais um pouco do ovo batido restante e refaça o teste.

Como moldar quenelles

Faça a preparação que vai ser usada em forma de quenelle conforme a receita escolhida (ver, por exemplo, as pp. 220, 222 ou 236).

① Mergulhe duas colheres em um copo de água quente. Deixe à mão a preparação escolhida e, se for o caso, as barquetes para colocar as quenelles.

② Com as duas colheres, molde a quenelle passando um pouco da preparação de uma colher para a outra. Repita a operação várias vezes até obter uma quenelle bem lisa e oval.

③ Se for o caso, coloque a quenelle em uma barquete fazendo-a deslizar de uma das colheres.

Como fazer discos de merengue ou de massa

Prepare o merengue, a massa para bolo ou a dacquoise conforme a receita escolhida (ver, por exemplo, as pp. 34 ou 156).

① Usando um aro de confeitaria, risque, com um lápis, o diâmetro do disco que deseja sobre uma folha de papel-manteiga.

② Leve a folha de papel-manteiga a uma assadeira.. Encaixe o bico na ponta do saco de confeitar, encaixe bem o saco no bico para evitar que a preparação vaze. Segure a parte alta do saco e encha-o com a preparação usando uma espátula.

③ Remova o ar apertando a parte alta do saco, até que a preparação comece a sair pelo bico, então, faça um disco no interior do círculo traçado no papel, formando uma espiral a partir do centro. Asse seguindo as indicações da receita escolhida.

Bolo gelado de chocolate amargo

RENDE 12 PORÇÕES
DIFICULDADE ★ ★ ★
PREPARO: 1h15
COZIMENTO: 12 min
CONGELAMENTO: 3h

Para o bolo de chocolate amargo
- 100 g de chocolate amargo com 70% de cacau
- 100 g de manteiga sem sal em temperatura ambiente
- 4 gemas
- 4 claras
- 40 g de açúcar
- 50 g de farinha de trigo

Para a calda de chocolate
- 70 ml de água
- 75 g de açúcar
- 10 g de cacau em pó

Para o parfait de chocolate amargo
- 100 g de chocolate meio-amargo
- 300 ml de creme de leite fresco
- 5 gemas
- 40 ml de água
- 45 g de açúcar

Para o chantili de chocolate
- 100 g de chocolate meio-amargo
- 200 ml de creme de leite fresco gelado
- 20 g de açúcar de confeiteiro

Para as lascas de chocolate
- 250 g de chocolate meio-amargo

Preaqueça o forno a 180 °C. Forre uma fôrma retangular com papel-manteiga.

Prepare o bolo de chocolate amargo: pique o chocolate e derreta-o em banho-maria. Retire-o do banho-maria. Acrescente a manteiga e, em seguida, as gemas. Bata as claras em neve com o açúcar e incorpore-as, delicadamente, à mistura de chocolate. Junte a farinha e misture bem. Espalhe a massa na fôrma em uma espessura de 1 cm e asse por 12 minutos.

Prepare a calda de chocolate: em uma panela, aqueça a água e o açúcar até levantar fervura. Acrescente o cacau, mexa e deixe esfriar.

Prepare o parfait de chocolate amargo: pique o chocolate e derreta-o em banho-maria. Bata o creme até ficar consistente e aderir ao batedor; leve à geladeira. Bata as gemas. Coloque a água e o açúcar em uma panela e aqueça até levantar fervura; cozinhe por 2 minutos. Despeje a calda sobre as gemas e bata sem parar, até a mistura ficar consistente e esfriar. Com uma espátula macia, incorpore, aos poucos, o chocolate ao creme batido.

Despeje o parfait em uma fôrma retangular de fundo removível com 35 cm de comprimento, preenchendo ⅓ dela. Recorte o bolo em duas tiras, uma de 3 × 35 cm e outra de 5 × 35 cm. Coloque a primeira tira sobre o parfait, na fôrma. Embeba-a com a calda de chocolate, depois, coloque o restante do parfait sobre ela. Embeba a segunda tira de pão de ló e coloque-a com o lado embebido sobre o parfait. Leve ao congelador por, no mínimo, 3 horas.

Prepare o chantili de chocolate: pique o chocolate e derreta-o em banho-maria. Bata o creme de leite e, quando estiver espesso, acrescente o açúcar de confeiteiro, sem parar de bater, até o ponto de chantili. Incorpore o chocolate, coloque em um saco de confeitar com bico canelado e leve à geladeira.

Prepare as lascas de chocolate: tempere o chocolate meio-amargo (ver as pp. 320 a 324). Espalhe-o sobre uma assadeira forrada com papel-manteiga e leve-o à geladeira. Quando ele endurecer, deixe que volte à temperatura ambiente, depois, quebre-o em pedaços grandes.

Desenforme o bolo depois de mergulhar a fôrma em água bem quente. Decore com rosáceas de chantili e as lascas de chocolate.

Chocolate belga

RENDE **8** PORÇÕES
DIFICULDADE ★ ★ ★
PREPARO: 45 min
PREPARO NA SORVETEIRA: 30 min

Para o creme gelado de chocolate
- 120 g de chocolate amargo (com 55% a 70% de cacau)
- 30 g de pasta de cacau
- 6 gemas
- 100 g de açúcar
- 500 ml de leite

Para a calda de chocolate
- 250 g de chocolate meio-amargo
- 150 ml de leite
- 120 ml de creme de leite fresco

Para o chantili
- 400 ml de creme de leite fresco gelado
- 40 g de açúcar de confeiteiro

Para a decoração
- raspas de chocolate (ver p. 397)

Prepare o creme gelado de chocolate: pique o chocolate e a pasta de cacau em pedaços pequenos e coloque-os em uma tigela grande. Em outra tigela, bata as gemas com o açúcar até a mistura ficar esbranquiçada e consistente. Em uma panela, aqueça o leite até levantar fervura, depois, acrescente ⅓ dele às gemas com açúcar, batendo bem. Leve a mistura de volta à panela e deixe em fogo baixo, mexendo constantemente com uma colher de madeira, até o creme ficar consistente e aderir à colher (cuidado para não deixar o creme ferver). Despeje o creme sobre o chocolate e a pasta de cacau e mexa bem. Passe a mistura por uma peneira sobre uma tigela. Coloque a tigela em um recipiente grande cheio de gelo e deixe o creme esfriar. Depois, bata-o em uma sorveteira durante 30 minutos e leve ao congelador até a hora de servir.

Prepare a calda de chocolate: pique o chocolate meio-amargo e coloque-o em uma tigela. Em uma panela, leve o leite e o creme de leite ao fogo até levantar fervura, depois, despeje a mistura sobre o chocolate, mexendo com uma espátula flexível.

Prepare o chantili: bata o creme de leite. Quando ele começar a ficar espesso, acrescente o açúcar de confeiteiro e continue a bater até o ponto de chantili. Passe-o para um saco de confeitar com bico canelado.

Em oito copos altos, distribua três bolas do creme gelado de chocolate em cada um e, por cima, faça uma rosácea grande de chantili. Trace um fio com a calda de chocolate e decore com as raspas de chocolate.

DICA DO CHEF: se não dispuser de pasta de cacau, substitua-a por chocolate com alta porcentagem de cacau, como 72%, por exemplo.

Creme gelado
com calda quente de chocolate

RENDE 8 PORÇÕES
DIFICULDADE ★ ★ ★
PREPARO: 30 min
PREPARO NA SORVETEIRA: 30 min

Para o creme gelado de chocolate
- 120 g de chocolate amargo (com 55% a 70% de cacau)
- 30 g de pasta de cacau
- 6 gemas
- 100 g de açúcar
- 500 ml de leite

Para a calda de chocolate
- 250 g de chocolate meio-amargo
- 150 ml de leite
- 120 ml de creme de leite fresco

◊ Ver "Como fazer creme inglês" na p. 208

Prepare o creme gelado de chocolate: pique o chocolate e a pasta de cacau em pedaços pequenos e coloque-os em uma tigela grande. Em outra tigela, bata as gemas com metade do açúcar até a mistura ficar esbranquiçada e consistente. Em uma panela, aqueça o leite com o restante do açúcar até levantar fervura. Depois, acrescente ⅓ dele às gemas com açúcar, batendo bem. Despeje essa mistura de volta na panela e deixe em fogo baixo, mexendo constantemente com uma colher de madeira, até o creme ficar consistente e aderir à colher (cuidado para não deixar o creme ferver).

Despeje o creme sobre o chocolate e a pasta de cacau e mexa bem. Passe a mistura por uma peneira sobre uma tigela. Coloque a tigela em um recipiente grande cheio de gelo e deixe o creme esfriar. Depois, bata-o em uma sorveteira durante 30 minutos e leve ao congelador até a hora de servir.

Coloque oito tigelinhas de sobremesa na geladeira.

Prepare a calda de chocolate: pique o chocolate meio-amargo e coloque-o em uma tigela. Em uma panela, leve o leite e o creme de leite ao fogo até levantar fervura, depois, despeje a mistura sobre o chocolate, mexendo com uma espátula flexível.

Em cada uma das oito tigelinhas, disponha três bolas de creme gelado de chocolate e regue-as com a calda de chocolate quente.

DICA DO CHEF: se não dispuser de pasta de cacau, substitua-a por chocolate com alta porcentagem de cacau, como 72%, por exemplo.

Creme gelado de chocolate
com zabaione quente de café

RENDE 4 PORÇÕES
DIFICULDADE ★ ★ ★
PREPARO: 1h30
COZIMENTO: 8 min
PREPARO NA SORVETEIRA: 30 min

Para o creme gelado de chocolate
- 120 g de chocolate amargo (com 55% a 70% de cacau)
- 30 g de pasta de cacau
- 6 gemas
- 100 g de açúcar
- 500 ml de leite

Para o pão de ló
- 3 claras
- 75 g de açúcar
- 3 gemas
- 75 g de farinha de trigo

Para a calda de café
- 50 ml de água
- 50 g de açúcar
- 2 colheres (sopa) de rum
- 1 colher (sopa) de licor de café

Para o zabaione de café
- 4 gemas
- 100 g de açúcar
- 8 g de café solúvel
- 100 ml de água
- 1 colher (chá) de licor de café
- 100 ml de chantili (ver p. 214)
- cacau em pó para decorar

Prepare o creme gelado de chocolate: pique o chocolate e a pasta de cacau em pedaços pequenos e coloque-os em uma tigela grande. Em outra tigela, bata as gemas com metade do açúcar até a mistura ficar esbranquiçada e consistente. Em uma panela, aqueça o leite com o restante do açúcar até levantar fervura, depois, acrescente ⅓ dele às gemas com açúcar, batendo bem. Despeje essa mistura de volta na panela e deixe em fogo baixo, mexendo, constantemente, com uma colher de madeira, até o creme ficar consistente e aderir à colher (cuidado para não deixar o creme ferver). Despeje o creme sobre o chocolate e a pasta de cacau e mexa bem. Passe a mistura por uma peneira sobre uma tigela. Coloque a tigela em um recipiente grande cheio de gelo e deixe o creme esfriar. Depois, bata-o em uma sorveteira durante 30 minutos e leve ao congelador até a hora de servir.

Prepare o pão de ló: preaqueça o forno a 180 °C. Forre uma assadeira com papel-manteiga. Trace quatro círculos de 8 cm de diâmetro no papel. Bata as claras até ficarem levemente espumantes. Acrescente, aos poucos, ⅓ do açúcar, sem parar de bater. Em seguida, junte o açúcar restante e bata até as claras ficarem bem firmes. Incorpore as gemas, depois, a farinha. Passe essa massa para o saco de confeitar com bico liso e forme, na assadeira, quatro espirais de massa no interior dos círculos traçados. Asse por 8 minutos e reserve.

Prepare a calda de café: aqueça a água com o açúcar até levantar fervura. Deixe esfriar e adicione o rum e o licor de café.

Prepare o zabaione de café: bata as gemas e o açúcar em banho-maria até a mistura ficar esbranquiçada e espumante. Acrescente o café solúvel dissolvido na água e continue a bater até a mistura ficar esbranquiçada e em ponto de fita: ela deve escorrer do batedor sem se romper, formando uma fita. Adicione o licor de café.

Em cada prato de servir, ponha um aro de confeitaria de 10 cm de diâmetro. Coloque dentro dele um disco do pão de ló embebido na calda de café e complete-o com o creme gelado. Retire o aro, decore com o chantili, acrescente o zabaione quente, polvilhe com cacau e sirva.

DICA DO CHEF: se não dispuser de pasta de cacau, substitua-a por chocolate com alta porcentagem de cacau, como 72%, por exemplo.

Duo quente-frio de baunilha
com biscoitos crocantes

RENDE 8 PORÇÕES
DIFICULDADE ★ ★ ★
PREPARO: 1h30
REFRIGERAÇÃO: 1 noite
PREPARO NA SORVETEIRA: 30 min
COZIMENTO: 20 min

Para a massa dos biscoitos
- 100 g de açúcar refinado
- 25 g de açúcar mascavo claro
- 200 g de farinha de trigo
- 100 g de manteiga sem sal
- uma pitada de sal
- ½ colher (chá) de fermento químico em pó (3 g)
- duas pitadas de noz-moscada em pó (1 g)
- ½ colher (chá) de canela em pó (2 g)
- 20 ml de leite
- 1 ovo

Para o sorvete de baunilha
- 5 gemas
- 125 g de açúcar
- 500 ml de leite
- 1 fava de baunilha
- 50 ml de creme de leite fresco

Para o chocolate quente
- 250 g de chocolate meio-amargo
- 50 g de pasta de pralinê (ver p. 325)
- 500 ml de leite
- 200 ml de creme de leite fresco

◊ Ver "Como moldar quenelles" na p. 210

Na véspera, prepare a massa dos biscoitos: misture, em uma tigela, o açúcar refinado, o açúcar mascavo, a farinha e a manteiga até obter uma farofa. Incorpore o sal, o fermento, a noz-moscada e a canela. Adicione o leite e o ovo e mexa até a massa ficar homogênea, mas sem trabalhá-la demais. Envolva-a em filme de PVC e deixe na geladeira durante a noite.

No dia, prepare o sorvete de baunilha: bata as gemas com a metade do açúcar, até a mistura ficar esbranquiçada e consistente. Em uma panela, coloque o leite com o restante do açúcar e a fava de baunilha com suas sementes (abra a fava no sentido do comprimento e raspe as sementes com a ponta de uma faca). Aqueça até levantar fervura. Despeje ⅓ do leite sobre a mistura de gemas e açúcar, batendo bem, depois, coloque tudo na panela e deixe em fogo baixo, mexendo sem parar com uma colher de madeira, até o creme ficar consistente e aderir à colher (cuidado para não deixar o creme ferver). Incorpore o creme de leite fresco. Passe essa preparação por uma peneira sobre uma tigela. Coloque a tigela em um recipiente cheio de gelo e deixe a preparação esfriar. Depois, bata na sorveteira por 30 minutos e leve ao congelador até a hora de servir.

Preaqueça o forno a 175 °C. Forre uma assadeira com papel-manteiga. Abra a massa dos biscoitos crocantes com um rolo e recorte-a em tiras de 2 × 10 cm. Coloque os biscoitos na assadeira. Asse por 20 minutos e deixe esfriar sobre uma grelha.

Prepare o chocolate quente: pique grosseiramente o chocolate e coloque com a pasta de pralinê em uma tigela. Em uma panela, aqueça o leite e o creme de leite até levantar fervura. Despeje sobre o chocolate e a pasta de pralinê. Bata bem, depois, passe a mistura por uma peneira.

Separe oito pratos fundos e despeje uma concha de chocolate quente em cada um. Com duas colheres, molde quenelles de sorvete de baunilha e disponha duas em cada prato. Coloque dois biscoitos crocantes na borda e sirva imediatamente.

Sopa de morango com quenelles geladas de chocolate branco

RENDE **8** PORÇÕES
DIFICULDADE ★ ★ ★
PREPARO: 30 min
INFUSÃO: 30 min
REFRIGERAÇÃO: 6h30

Para o creme de chocolate branco
- 150 g de chocolate branco
- 150 ml de suco de maracujá feito na hora coado
- 250 ml de leite de coco
- 1 fava de baunilha

Para a sopa de morango
- 2 talos de citronela
- 700 g de morangos

Para a decoração
- favas de baunilha

◊ Ver "Como moldar quenelles" na p. 210

Prepare o creme de chocolate branco: pique o chocolate e coloque-o em uma tigela. Em uma panela, misture o suco de maracujá e o leite de coco. Acrescente a fava de baunilha e suas sementes (abra a fava no sentido do comprimento e raspe as sementes do seu interior com a ponta de uma faca). Aqueça até levantar fervura. Retire a panela do fogo e deixe em infusão por 30 minutos. Remova a fava de baunilha, lave-a e reserve para a decoração. Despeje o líquido sobre o chocolate picado e misture bem. Depois que a preparação esfriar, deixe-a na geladeira por 6 horas.

Prepare a sopa de morango: pique grosseiramente a citronela e 200 g de morangos e, com um mixer, processe-os até obter um suco. Passe por uma peneira sobre uma tigela. Lave os morangos restantes, retire os cabos e corte-os em quartos. Adicione o suco de morango com citronela e leve a mistura para gelar por cerca de 30 minutos, até a sopa ficar bem fria.

Distribua a sopa de morango entre oito tigelinhas de sobremesa. Com duas colheres, molde quenelles com o creme de chocolate branco e coloque quatro delas em cada tigelinha. Decore com pedaços da fava de baunilha.

Sorvete de chocolate branco e anis
com nozes-pecãs caramelizadas

RENDE 8 PORÇÕES
DIFICULDADE ★ ★ ★
PREPARO: 35 min
PREPARO NA SORVETEIRA: 30 min
CONGELAMENTO: 4h

Para as nozes-pecãs caramelizadas
- 50 g de açúcar
- 160 g de nozes-pecãs
- 15 g de manteiga sem sal

Para o sorvete de chocolate branco e anis
- 150 g de chocolate branco
- 6 gemas
- 100 g de açúcar
- 500 ml de leite
- ½ colher (chá) de licor de anis

◊ Ver "Como moldar quenelles" na p. 210

Prepare as nozes-pecãs caramelizadas: aqueça o açúcar em uma panela. Quando ele começar a derreter, acrescente as nozes-pecãs e deixe no fogo por 1 a 2 minutos, mexendo com uma colher de pau. Adicione a manteiga e reserve.

Prepare o sorvete de chocolate branco e anis: pique bem o chocolate e coloque-o em uma tigela grande. Em outra tigela, bata as gemas com metade do açúcar até a mistura ficar esbranquiçada e consistente. Em uma panela, aqueça o leite com o açúcar restante até levantar fervura, depois, despeje ⅓ dele sobre a mistura de gemas com açúcar, batendo bem. Leve tudo de volta à panela, em fogo baixo, mexendo sem parar com uma colher de pau, até o creme ficar consistente e aderir à colher (cuidado para não deixar o creme ferver).

Despeje o creme sobre o chocolate e misture bem. Passe o creme por uma peneira sobre uma tigela. Coloque a tigela em um recipiente cheio de gelo e deixe o creme esfriar, mexendo de vez em quando. Adicione o licor de anis e bata o creme na sorveteira por 30 minutos. Incorpore metade das nozes-pecãs caramelizadas e leve ao congelador até a hora de usar.

Na hora de servir, usando duas colheres de sopa, molde as quenelles de sorvete de chocolate branco e disponha três delas em cada um dos oito pratos fundos. Decore com as nozes-pecãs caramelizadas restantes.

Granité de chocolate

RENDE 4 PORÇÕES
DIFICULDADE ★ ★ ★
PREPARO: 10 min
CONGELAMENTO: 2h

- 50 g de chocolate meio-amargo
- 200 ml de água
- 40 g de açúcar

Pique o chocolate e coloque-o em uma tigela. Em uma panela, aqueça a água com o açúcar até ele dissolver completamente, mas não deixe formar caramelo. Despeje a calda sobre o chocolate e mexa bem.

Coloque a preparação em um prato grande em uma espessura de 1 cm no máximo e leve ao congelador por, no mínimo, 2 horas. De vez em quando, mexa a mistura com um garfo e, quando ela estiver semigelada, esmague um pouco os cristais que se formaram.

Depois de 2 horas, distribua o granité em quatro taças grandes ou quatro copos altos e sirva imediatamente.

Torrone gelado de chocolate

RENDE 6 PORÇÕES
DIFICULDADE ★ ★ ★
PREPARO: 45 min
COZIMENTO: 5 min
CONGELAMENTO: 1 h

Para o crocante
- 70 g de amêndoa laminada
- 95 g de açúcar

Para o merengue francês
- 2 claras
- 125 g de açúcar
- 85 g de chocolate amargo com 66% de cacau
- 250 ml de creme de leite fresco
- 75 g de frutas cristalizadas picadas
- 1 colher (sopa) de kirsch
- 200 ml de chantili
- cereja amarena para decorar

Preaqueça o forno a 150 °C. Forre uma assadeira com papel-manteiga.

Prepare o crocante: disponha as amêndoas na assadeira e deixe-as no forno por 5 minutos para dourar ligeiramente; reserve. Em uma panela, aqueça o açúcar por cerca de 10 minutos até obter um caramelo dourado (a temperatura deve atingir 170 °C no termômetro culinário). Acrescente as amêndoas e misture delicadamente. Espalhe o caramelo na assadeira forrada com papel-manteiga e cubra-o com outra folha de papel-manteiga. Passe o rolo por cima até o caramelo ficar com uma espessura de 2 mm. Deixe esfriar, enrole-o em um pano de prato limpo e seco e triture-o com o rolo.

Prepare o merengue francês: bata as claras até ficarem levemente espumantes. Adicione, pouco a pouco, ⅓ do açúcar, continuando a bater até elas ficarem lisas e brilhantes. Acrescente cuidadosamente o açúcar restante e bata até obter um merengue bem consistente, formando picos na ponta do batedor. Deixe na geladeira até a hora de servir.

Pique o chocolate e derreta-o em banho-maria. Bata o creme de leite até ficar consistente e aderir ao batedor. Então, acrescente o chocolate derretido. Incorpore esse creme ao merengue em três levas. Junte o crocante de amêndoa triturado, as frutas cristalizadas e o kirsch. Transfira essa massa para um refratário com 22 cm de comprimento e 5 cm de altura e leve ao congelador por, no mínimo, 1 hora.

Desenforme o gelado depois de mergulhar o refratário em água bem quente. Corte-o em pedaços e distribua-os entre seis pratos de sobremesa. Com o saco de confeitar, forme, sobre cada pedaço, uma rosácea de chantili e finalize com uma amarena no topo. Sirva imediatamente.

DICAS DO CHEF: se não dispuser de cereja amarena para a decoração, substitua-a por cereja em calda. Você também pode servir o gelado com um coulis de morango.

Parfait gelado de chocolate
com creme de laranja e manjericão

RENDE 6 PORÇÕES
DIFICULDADE: ★ ★ ★
PREPARO: 1h15
CONGELAMENTO: 2h

Para o parfait gelado de chocolate meio-amargo
- 100 g de chocolate meio-amargo
- 300 ml de creme de leite fresco
- 5 gemas
- 50 ml de água
- 45 g de açúcar

Para o creme de laranja com manjericão
- 1 maço de manjericão
- 4 gemas
- 90 g de açúcar
- 350 ml de suco de laranja

Para os acompanhamentos
- 2 laranjas
- 1 grapefruit

Para a decoração
- folhas de manjericão

Prepare o parfait gelado de chocolate meio-amargo: pique o chocolate e derreta-o em banho-maria. Em uma tigela, bata o creme de leite fresco até ficar consistente e aderir à ponta do batedor; leve-o à geladeira. Em outra tigela, bata as gemas até ficarem bem claras. Em uma panela, aqueça a água com o açúcar até levantar fervura e deixe no fogo por mais 2 minutos. Despeje, delicadamente, essa calda sobre as gemas, batendo sem parar até a mistura ficar consistente e esfriar. Com uma espátula flexível, incorpore, pouco a pouco, o chocolate derretido, depois, o creme batido. Passe a mistura para um recipiente de louça de 18 x 7 cm e deixe no congelador por, no mínimo, 2 horas.

Prepare o creme de laranja com manjericão: lave e seque o manjericão. Em uma tigela, bata as gemas e o açúcar até a mistura ficar esbranquiçada e consistente. Em uma panela, aqueça o suco de laranja com o manjericão até levantar fervura; despeje ⅓ do suco sobre a mistura de gemas e açúcar, mexendo bem. Leve tudo de volta à panela e mantenha em fogo baixo, mexendo, sem parar, com uma colher de pau, até o creme ficar consistente e aderir à colher (cuidado para não deixar o creme ferver). Passe-o por uma peneira, deixe esfriar e leve-o à geladeira.

Prepare os acompanhamentos: com uma faca afiada, descasque as laranjas e o grapefruit: retire a casca e a pele branca acompanhando a curvatura das frutas. Separe as frutas em quartos com incisões precisas entre a polpa e a membrana branca.

Retire o parfait gelado do congelador e desenforme-o depois de envolvê-lo em um guardanapo quente. Corte-o em fatias. Disponha, no fundo de seis tigelinhas de sobremesa, um pouco do creme de laranja, em seguida, uma fatia de parfait e alguns quartos das frutas frescas. Decore com folhas de manjericão.

Peras Bela Helena

RENDE **6** PORÇÕES
DIFICULDADE ★ ★ ★
PREPARO: 1h
REFRIGERAÇÃO: 2h
PREPARO NA SORVETEIRA: 30 min

Para as peras cozidas em calda
- 6 peras pequenas
- ½ limão
- 700 ml de água
- 250 g de açúcar
- ½ fava de baunilha

Para o sorvete de baunilha
- 5 gemas
- 125 g de açúcar
- 500 ml de leite
- 1 fava de baunilha
- 50 ml de creme de leite fresco

Para a calda de chocolate
- 135 g de chocolate
- 15 g de manteiga sem sal
- 150 ml de creme de leite de lata ou de caixinha

◊ Ver "Como fazer creme inglês" na p. 208

Prepare as peras cozidas em calda: descasque as peras, corte-as ao meio e retire o miolo. Esfregue a metade do limão nelas para não escurecerem. Em uma panela, aqueça a água com o açúcar e a ½ fava de baunilha com suas sementes (abra a fava no sentido do comprimento e raspe as sementes com a ponta de uma faca). Acrescente as peras e deixe-as em fogo baixo por 20 minutos até ficarem macias. Coloque as peras com a calda em uma tigela e deixe na geladeira por 2 horas.

Prepare o sorvete de baunilha: em uma tigela, bata as gemas com a metade do açúcar até a mistura ficar esbranquiçada e consistente. Em uma panela, aqueça o leite com o açúcar restante e a fava de baunilha com suas sementes (abra a fava no sentido do comprimento e raspe as sementes com a ponta de uma faca). Despeje ⅓ sobre a mistura de gemas e açúcar, mexendo bem. Leve tudo de volta à panela e deixe em fogo baixo, mexendo, sem parar, com uma colher de pau, até o creme ficar consistente e aderir à colher (cuidado para não deixar o creme ferver). Incorpore o creme de leite fresco ao creme de baunilha e passe essa preparação por uma peneira sobre uma tigela. Coloque a tigela em um recipiente cheio de gelo e deixe o creme esfriar. Depois, bata-o na sorveteira por 30 minutos e leve ao congelador até a hora de servir.

Prepare a calda de chocolate: pique bem o chocolate e derreta-o com a manteiga e o creme de leite em banho-maria.

Distribua, entre seis taças, uma bola de sorvete e duas metades da pera em calda, depois, regue com a calda de chocolate quente. Sirva imediatamente.

Profiteroles com sorvete
e calda quente de chocolate

RENDE 6 PORÇÕES
DIFICULDADE ★ ★ ★
PREPARO: 45 min
COZIMENTO: 25 min

Para a massa choux
- 50 g de manteiga sem sal
- 125 ml de água
- ½ colher (chá) de sal (1 g)
- ½ colher (chá) de açúcar (2 g)
- 75 g de farinha de trigo peneirada
- 2 ovos + 1 ovo batido para dourar

Para a calda de chocolate
- 100 g de chocolate meio-amargo
- 60 ml de leite
- 50 g de manteiga sem sal

Para decorar
- meio litro de sorvete de baunilha (ver p. 220)

◊ Ver "Como fazer massa choux" na p. 209

Preaqueça o forno a 180 °C. Unte uma assadeira.

Prepare a massa choux: em uma panela, derreta a manteiga com a água, o sal e o açúcar e deixe levantar fervura. Retire do fogo e acrescente a farinha peneirada de uma só vez. Mexa com uma colher de pau até obter uma massa lisa. Leve-a de volta ao fogo, para a massa secar, e mexa até descolar das laterais e se enrolar formando uma bola em volta da colher. Transfira a massa para uma tigela e deixe esfriar por 5 minutos.

Incorpore 1 ovo, mexendo bem com a colher. Bata o outro ovo em uma tigela separada. Incorpore metade dele à massa até ficar lisa e brilhante. Verifique se a massa está pronta para ser usada: pegue um pouco dela com a colher e levante. Se cair formando um "V", estará pronta. Caso contrário, adicione mais um pouco do ovo batido restante e refaça o teste.

Usando uma colher ou um saco de confeitar com bico liso, disponha bolas de 2 ou 3 cm de diâmetro sobre a assadeira. Pincele-as com o ovo batido e leve ao forno por 15 minutos sem abrir a porta. Reduza a temperatura para 165 °C e asse por mais 10 minutos, até as carolinas dourarem. Dê pancadinhas nelas para verificar se estão assadas: se soarem ocas, estarão prontas. Leve-as para esfriar sobre uma grelha.

Prepare a calda de chocolate: pique bem o chocolate. Aqueça o leite até levantar fervura e, fora do fogo, acrescente o chocolate. Misture bem, junte a manteiga e reserve essa calda em local quente.

Divida as carolinas ao meio, recheie-as com uma bola do sorvete de baunilha, feche-as e regue com a calda quente de chocolate. Sirva imediatamente.

Sorbet de chocolate
com coulis de frutas vermelhas

RENDE **8** PORÇÕES
DIFICULDADE ★ ★ ★
PREPARO: 30 min
PREPARO NA SORVETEIRA: 20 min
REFRIGERAÇÃO: 10 min

Para o sorbet de chocolate
- 200 g de chocolate meio-amargo
- 80 g de cacau em pó
- 500 ml de água
- 120 g de açúcar

Para o coulis de frutas vermelhas
- 200 g de framboesas (ou outra fruta vermelha)
- gotas de limão
- 30 g de açúcar de confeiteiro

Para a decoração (opcional)
- framboesas frescas

◊ Ver "Como moldar quenelles" na p. 210

Prepare o sorbet de chocolate: pique bem o chocolate e coloque-o em uma tigela. Em uma panela, dissolva o cacau em ¼ da água. Acrescente, em seguida, a água restante e o açúcar, aqueça até levantar fervura e despeje sobre o chocolate picado, mexendo bem. Passe essa mistura por uma peneira e deixe esfriar. Depois, bata-a na sorveteira por 20 minutos e leve ao congelador até a hora de servir.

Prepare o coulis de frutas vermelhas: bata as frutas no processador com algumas gotas de limão. Acrescente açúcar de confeiteiro a gosto. Passe o coulis por uma peneira e deixe gelar por 10 minutos.

Distribua o coulis de frutas vermelhas entre oito tigelinhas. Usando duas colheres de sopa, molde quenelles de sorbet de chocolate e disponha uma em cada tigelinha. Decore com framboesas frescas.

DICA DO CHEF: frutas vermelhas congeladas funcionam muito bem para o preparo do coulis.

Suflês gelados com merengue

RENDE 4 PORÇÕES
DIFICULDADE ★ ★ ☆
PREPARO: 30 min
CONGELAMENTO: 6h
REFRIGERAÇÃO: 15 min

Para o creme de chocolate
- 300 g de chocolate meio-amargo
- 7 gemas
- 225 g de açúcar
- 250 ml de leite
- 400 ml de creme de leite fresco

Para o merengue francês
- 4 claras
- 80 g de açúcar

Para a decoração
- açúcar de confeiteiro

Envolva quatro fôrmas para suflê de 8 cm de diâmetro em tiras de papel-manteiga (use duas folhas de papel sobrepostas para ficar mais firme) cerca de 3 cm mais altas do que as fôrmas (para elevar as fôrmas), fixando-as com fita adesiva.

Prepare o creme de chocolate: pique bem o chocolate e derreta-o em banho-maria. Em uma tigela, bata as gemas com o açúcar até a mistura ficar esbranquiçada e consistente. Em uma panela, aqueça o leite até levantar fervura; despeje ⅓ dele sobre as gemas com açúcar, mexendo bem. Coloque tudo na panela e deixe em fogo baixo, mexendo, sem parar, com uma colher de pau, até o creme ficar consistente e aderir à colher (cuidado para não deixar o creme ferver). Passe o creme por uma peneira sobre uma tigela e incorpore a ele o chocolate derretido; deixe esfriar. Bata o creme de leite fresco até ficar consistente e aderir ao batedor; incorpore-o delicadamente ao creme de chocolate.

Distribua o creme entre as quatro fôrmas até o limite do papel-manteiga, deixando um espaço de 0,5 cm para o merengue. Leve ao congelador por, no mínimo, 6 horas.

Prepare o merengue francês: bata as claras até ficarem levemente espumantes. Adicione, pouco a pouco, ⅓ do açúcar, continuando a bater até as claras ficarem lisas e brilhantes. Acrescente, delicadamente, o açúcar restante e bata até o merengue ficar bem consistente, formando picos na ponta do batedor.

Retire os suflês gelados do congelador e cubra-os com uma camada de merengue de 0,5 cm de espessura. Por cima, faça ondinhas com uma faca serrilhada mergulhada em água quente. Leve os suflês à geladeira por 15 minutos para que o merengue endureça.

Preaqueça o grill do forno na temperatura máxima.

Coloque os suflês sob o grill por alguns instantes até o merengue dourar. Retire as tiras de papel-manteiga e polvilhe com o açúcar de confeiteiro. Sirva imediatamente.

DICA DO CHEF: se seu fogão não tiver a função grill, você pode usar um maçarico culinário para dourar o merengue; nesse caso, retire o papel-manteiga antes de dourar o merengue.

Musse tricolor

RENDE **8** PORÇÕES
DIFICULDADE ★ ★ ★
PREPARO: 45 min
CONGELAMENTO: 3h

Para a musse de chocolate branco
- 50 g de chocolate branco
- 1 folha de gelatina (2 g)
- 150 ml de creme de leite fresco
- 20 g de açúcar
- 20 ml de água

Para a musse de chocolate ao leite
- 50 g de chocolate ao leite
- 1 folha de gelatina (2 g)
- 150 ml de creme de leite fresco
- 20 g de açúcar
- 20 ml de água

Para a musse de chocolate meio-amargo
- 150 ml de creme de leite fresco
- 60 g de chocolate meio-amargo

Prepare a musse de chocolate branco: pique o chocolate branco e derreta-o em banho-maria. Mergulhe a folha de gelatina em um pouco de água para que amoleça. Bata o creme de leite fresco até ficar consistente e aderir à ponta do batedor. Leve à geladeira.

Em uma panela, dissolva o açúcar na água, em fogo baixo, até levantar fervura. Retire do fogo e acrescente a gelatina. Despeje tudo sobre o chocolate derretido e misture bem com o batedor. Incorpore delicadamente o creme de leite batido. Transfira a musse para um refratário de 25 × 10 cm e nivele a superfície com uma espátula flexível. Leve ao congelador.

Prepare a musse de chocolate ao leite: repita o procedimento anterior, substituindo o chocolate branco pelo chocolate ao leite. Retire o refratário do congelador e disponha a musse de chocolate ao leite sobre a musse de chocolate branco. Nivele a superfície com a espátula e leve de volta ao congelador.

Prepare a musse de chocolate meio-amargo: bata o creme de leite até ficar consistente e aderir à ponta do batedor, depois, leve-o à geladeira. Pique o chocolate meio-amargo e derreta-o em banho-maria. Incorpore-o delicadamente ao creme batido com uma espátula flexível.

Retire o refratário do congelador, disponha nele a musse de chocolate meio-amargo e nivele a superfície com a espátula. Leve ao congelador por, no mínimo, 3 horas.

Retire do congelador, corte em fatias e sirva. Você pode também desenformar a sobremesa inteira em uma travessa rasa, depois de mergulhar o refratário em água bem quente.

Trufas geladas

RENDE 12 UNIDADES
DIFICULDADE ★ ★ ★
PREPARO: 30 min
CONGELAMENTO: 1h30

- 250 ml de sorvete de chocolate (ver p. 202)

Para revestir
- 250 g de chocolate meio-amargo
- 250 ml de creme de leite fresco
- 2½ colheres (sopa) de açúcar (45 g)
- cacau em pó peneirado

Forre uma assadeira com papel-manteiga e leve-a ao congelador.

Faça doze bolas pequenas do sorvete com uma colher de sopa. Disponha-as na assadeira congelada e leve ao congelador por, no mínimo, 1 hora.

Prepare a mistura para revestir: pique o chocolate meio-amargo e coloque-o em uma tigela. Em uma panela, aqueça o creme de leite com o açúcar até o açúcar derreter completamente e despeje sobre o chocolate. Deixe-o derreter, depois, misture bem e mexa por 10 minutos até a ganache esfriar.

Coloque o cacau peneirado em um prato fundo. Quando as bolas de sorvete estiverem bem endurecidas, mergulhe-as na ganache e passe-as no cacau. Leve ao congelador por, no mínimo, 30 minutos, antes de servir.

DICAS DO CHEF: você pode conservar as trufas geladas, sem passá-las no cacau, durante 15 dias em um recipiente hermeticamente fechado no congelador e passá-las apenas na hora de servir. Atenção: quando for revestir, a ganache deve estar suficientemente fria para não derreter o sorvete, mas não fria demais, para evitar que fique muito consistente.

Verrines de chocolate
com compota de damasco e crumble de flor de sal

RENDE 10 PORÇÕES
DIFICULDADE ★ ★ ★
PREPARO: 45 min
CONGELAMENTO: 30 min
COZIMENTO: 20 min

Para o creme de chocolate meio-amargo
- 80 g de chocolate meio-amargo
- 200 ml de creme de leite fresco
- 3 gemas
- 20 g de açúcar

Para o crumble de flor de sal
- 50 g de manteiga sem sal
- 50 g de açúcar
- 50 g de farinha de trigo
- uma pitada de fermento químico em pó
- 50 g de farinha de amêndoa
- flor de sal

Para a compota de damasco
- 20 g de manteiga sem sal
- 40 g de açúcar
- 12 damascos em calda
- 1 ou 2 gotas de essência de baunilha

Para a decoração
- açúcar de confeiteiro

Prepare o creme de chocolate meio-amargo: pique o chocolate e coloque-o em uma tigela. Em uma panela, aqueça o creme de leite até levantar fervura. Em outra tigela, bata as gemas e o açúcar até a mistura ficar esbranquiçada e consistente. Despeje ⅓ do creme de leite quente sobre essa mistura, mexendo bem; coloque tudo na panela e deixe em fogo baixo, mexendo sempre com uma colher de pau, até o creme ficar consistente e aderir à colher (cuidado para não deixar o creme ferver). Passe o creme por uma peneira sobre a tigela com chocolate e misture bem.

Distribua o creme de chocolate entre dez copos, com uma espessura de cerca de 2 cm, e leve ao congelador por, no mínimo, 30 minutos.

Preaqueça o forno a 165 °C. Forre uma assadeira com papel-manteiga.

Prepare o crumble de flor de sal: em uma tigela grande, misture todos os ingredientes do crumble até obter uma farofa. Passe a mistura para a assadeira e leve ao forno por 20 minutos. Deixe amornar, quebre o crumble em pedaços pequenos e reserve.

Prepare a compota de damasco: em uma panela, aqueça a manteiga e o açúcar em fogo baixo. Acrescente os damascos com 100 ml de sua calda e a essência de baunilha. Cozinhe até obter uma compota aveludada. Deixe esfriar.

Retire os copos do congelador e disponha sobre cada um deles uma camada da compota de damasco fria com cerca de 2 cm de espessura. Distribua os pedaços de crumble por cima e polvilhe com açúcar de confeiteiro. Sirva imediatamente.

DICA DO CHEF: o damasco em calda pode ser substituído por pêssego em calda.

Chocolate quente

RENDE 6 PORÇÕES
DIFICULDADE ★ ★ ★
PREPARO: 15 min

- 1 litro de leite
- 250 ml de creme de leite fresco
- 120 g de chocolate meio-amargo
- 1 colher (chá) de canela em pó (3 g)
- 1 grão de pimenta-do-reino
- 2 colheres (sopa) de açúcar (30 g)

Em uma panela, aqueça lentamente o leite e o creme de leite até levantar fervura.

Pique o chocolate meio-amargo e adicione-o à panela com a canela, o grão de pimenta e o açúcar. Deixe a mistura no fogo por cerca de 10 minutos, mexendo de vez em quando com uma colher de pau.

Passe o chocolate quente pela peneira, depois, distribua-o entre seis canecas e sirva imediatamente.

DICAS DO CHEF: o sabor do chocolate quente fica melhor se ele ficar na geladeira por algumas horas, ou até 3 dias, e, depois, for reaquecido na hora de servir. Se quiser, decore com marshmallows.

Leite gelado com chocolate
e espuma de chantili

RENDE **6** PORÇÕES
DIFICULDADE ★ ★ ★
PREPARO: 20 min
CONGELAMENTO: 30 min

Para o leite gelado com chocolate
- 80 g de chocolate meio-amargo
- 500 ml de leite

Para a espuma de chantili
- 100 ml de creme de leite fresco gelado
- 10 g de açúcar

Prepare o leite gelado com chocolate: pique o chocolate e coloque-o em uma tigela. Em uma panela, aqueça o leite até levantar fervura, despeje-o sobre o chocolate e misture bem. Distribua o leite com chocolate entre seis taças de martíni e leve ao congelador por, no mínimo, 30 minutos.

Prepare a espuma de chantili: coloque o creme de leite e o açúcar em um sifão de chantili. Insira uma cápsula de gás e agite vigorosamente o sifão para o gás se misturar ao creme e o deixar aerado. Acione o sifão com a ponta para baixo e disponha um pouco da espuma de chantili sobre o leite gelado com chocolate. Sirva imediatamente.

Milk-shake de chocolate

RENDE 6 A 8 PORÇÕES
DIFICULDADE ★ ★ ★
PREPARO: 20 min
REFRIGERAÇÃO: 30 min

- 200 ml de leite
- 3 colheres (chá) de cacau em pó (12 g)
- 2 colheres (chá) de açúcar (8 g)
- 6 bolas de sorvete de baunilha (ver p. 220)
- 5 bolas de sorvete de chocolate (ver p. 202)
- 6 cubos de gelo

Em uma panela, aqueça metade do leite com o cacau e o açúcar até levantar fervura. Adicione, em seguida, o leite restante, mexa e retire do fogo. Deixe esfriar e leve a mistura à geladeira por 1 hora.

Processe no mixer a mistura gelada, as bolas de sorvete e os cubos de gelo por 1 ou 2 minutos na potência máxima.

Distribua o milk-shake de chocolate entre seis a oito copos e sirva imediatamente.

Sopa de chocolate,
espetinho de abacaxi em calda de anis e abacaxi crocante

RENDE 6 PORÇÕES
DIFICULDADE ★ ★ ★
PREPARO: 30 min
REFRIGERAÇÃO: 1 noite
COZIMENTO: de 4 a 5h
INFUSÃO: 30 min

Para o abacaxi em calda de anis-estrelado e o abacaxi crocante
- 1 abacaxi
- 500 ml de água
- 150 g de açúcar
- 4 anises-estrelados
- açúcar de confeiteiro

Para a sopa de chocolate
- 150 ml de leite
- 10 g de mel de sabor neutro
- ½ fava de baunilha
- 100 g de chocolate meio-amargo picado

Na véspera, prepare o abacaxi em calda de anis-estrelado: descasque o abacaxi e corte-o ao meio no sentido da largura. Pegue uma metade e corte-a em pedaços (reserve a outra metade para fazer o abacaxi crocante). Em uma panela, aqueça a água com o açúcar e os anises-estrelados até levantar fervura. Despeje a calda sobre o abacaxi picado e leve à geladeira durante uma noite.

Preaqueça o forno a 80 °C. Forre uma assadeira com papel-manteiga.

Prepare o abacaxi crocante: corte a outra metade do abacaxi em fatias bem finas. Disponha-as sobre a assadeira, polvilhe com açúcar de confeiteiro e leve ao forno para secarem por 4 a 5 horas.

No dia, prepare a sopa de chocolate: em uma panela, aqueça o leite com o mel e a ½ fava de baunilha com suas sementes (abra-a no sentido do comprimento e raspe as sementes com a ponta de uma faca) até levantar fervura. Deixe em infusão por 30 minutos fora do fogo, depois, retire a fava. Despeje o líquido sobre o chocolate picado e misture bem. Espere a sopa amornar.

Intercale os pedaços de abacaxi em calda e os de abacaxi crocante em seis espetinhos de madeira para churrasco. Distribua a sopa entre seis ramequins ou xícaras. Coloque um espetinho de abacaxi sobre cada um deles e decore com um anis-estrelado.

Pequenas delícias para compartilhar

Como rechear bombas de massa choux

Prepare as bombas de massa choux, asse-as e faça o creme para recheá-las conforme a receita escolhida (ver, por exemplo, as pp. 276 ou 298).

① Tenha à mão um bico liso bem pontudo e coloque o creme em um saco de confeitar que já esteja com um bico maior. Disponha as bombas com o lado achatado virado para cima.

② Pegue uma por uma e, com o bico bem pontudo, faça dois ou três furos no lado achatado.

③ Com o saco de confeitar, recheie cada uma das bombas através dos furos.

Como fazer casquinhas de chocolate

Adapte esta versão conforme o recipiente (cone, forminha...) indicado na receita escolhida (ver, por exemplo, a p. 272).

① Tenha à mão um pincel, uma faca pequena, uma boa quantidade de chocolate temperado (ver p. 320) e cones de papel.

② Aplique, com um pincel, uma camada fina de chocolate temperado na parte interna dos cones e deixe-os em temperatura ambiente por 30 minutos; se estiver um dia muito quente, leve à geladeira por 10 minutos, com a abertura voltada para baixo a fim de permitir que o excesso de chocolate escoe. Assim que o chocolate endurecer, aplique uma segunda camada por cima e, se necessário, uma terceira.

③ Quando o chocolate estiver bem firme, desenforme os cones desenrolando delicadamente as folhas de papel, usando uma tesoura, se achar necessário. Mantenha-os em lugar fresco até a hora de usá-los.

Língua de gato crocante

RENDE 60 UNIDADES
DIFICULDADE ★ ★ ★
PREPARO: 1 h
COZIMENTO: de 8 a 10 min

- 5 claras
- 30 g de açúcar
- 125 g de farinha de amêndoa peneirada
- 125 g de açúcar de confeiteiro peneirado
- 25 g de farinha de trigo peneirada
- 70 g de amêndoas picadas

Para decorar
- 250 g de chocolate meio-amargo

◊ Ver "Como temperar chocolate", nas pp. 320 a 324

Preaqueça o forno a 170 °C. Forre uma assadeira com papel-manteiga.

Bata as claras até ficarem levemente espumantes. Acrescente, pouco a pouco, ⅓ do açúcar e continue a bater até obter claras lisas e brilhantes. Adicione, delicadamente, o resto do açúcar e bata até formar um merengue consistente. Junte, aos poucos, a farinha de amêndoa, o açúcar de confeiteiro e a farinha de trigo e incorpore-os cuidadosamente com uma espátula flexível.

Com essa mistura, encha um saco de confeitar com bico liso de tamanho médio até a metade; em seguida, faça pequenas faixas ovaladas de massa de 6 cm de comprimento sobre a assadeira. Deixe o espaço de um dedo entre elas para que não grudem. Repita a operação com a massa restante.

Espalhe as amêndoas picadas por cima dos biscoitos e asse por 8 a 10 minutos, até dourarem ligeiramente. Retire-os do forno e deixe esfriar. Cuidadosamente, descole os biscoitos, um a um, do papel-manteiga, coloque-os sobre uma grelha e reserve-os em temperatura ambiente.

Estique uma folha de filme de PVC sobre a mesa de trabalho. Faça a temperagem seguindo estas etapas para que o chocolate fique bem liso e brilhante: pique-o grosseiramente. Derreta ⅔ do chocolate em banho-maria até atingir 45 °C no termômetro culinário. Retire do banho-maria. Adicione o chocolate restante, mexendo até atingir 27 °C. Aqueça-o novamente em banho-maria até chegar a 32 °C, mexendo continuamente. Passe para um saco de confeitar pequeno com um bico da mesma largura dos biscoitos e trace sobre o filme de PVC linhas com 5 cm de comprimento. Coloque os biscoitos por cima e leve-os à geladeira por 10 minutos para o chocolate se solidificar. Quando o chocolate estiver seco, desprenda os biscoitos do filme de PVC.

DICAS DO CHEF: as línguas de gato podem ser conservadas durante vários dias em um recipiente hermeticamente fechado. Vá fazendo os traços de chocolate e já colocando os bastões de massa por cima, para evitar que o chocolate comece a secar e não grude na massa.

Beignets de chocolate

RENDE 25 A 30 UNIDADES
DIFICULDADE ★ ★ ★
PREPARO: 40 min + 30 min
REFRIGERAÇÃO: 1h (véspera)
CONGELAMENTO: 1 noite
COZIMENTO: 45 min

Para o creme de chocolate
- 200 g de chocolate amargo (de 55% a 70 % de cacau)
- 140 ml de creme de leite fresco
- cacau em pó

Para a massa dos beignets
- 125 g de farinha de trigo peneirada
- 1 colher (sopa) de amido de milho peneirado (10 g)
- 1 colher (sopa) de óleo
- duas pitadas de sal (2 g)
- 1 ovo inteiro
- 120 ml de cerveja
- 1 clara
- 1½ colher (sopa) de açúcar (45 g)
- óleo para fritar
- farinha de trigo para empanar
- cacau em pó (opcional)

Na véspera, prepare o creme de chocolate: pique o chocolate e derreta-o em banho-maria. Em uma panela, aqueça o creme de leite até levantar fervura, depois, incorpore-o ao chocolate. Cubra esse creme achocolatado e deixe-o na geladeira até endurecer suficientemente. Coloque-o em um saco de confeitar com bico liso e forme de 25 a 30 montinhos em uma assadeira forrada com papel-manteiga. Leve à geladeira por cerca de 1 hora até ficarem bem consistentes. Com luvas de plástico, enrole cada montinho com as mãos para fazer bolinhas. Polvilhe com cacau para evitar que grudem e congele-as de um dia para o outro.

No dia de servir, prepare a massa dos beignets: em uma tigela grande, coloque a farinha de trigo e o amido de milho e faça um buraco no centro. Acrescente o óleo, o sal e o ovo inteiro, incorpore-os delicadamente aos ingredientes peneirados até obter uma massa homogênea. Quando a massa ficar lisa, acrescente a cerveja aos poucos e misture bem.

Coloque o óleo para fritar em uma frigideira e aqueça-o a 200 °C.

Bata a clara em neve, adicione o açúcar, sem parar de bater. Incorpore à massa dos beignets.

Retire duas ou três bolas de chocolate do congelador e envolva-as ligeiramente com farinha. Com uma pinça, mergulhe-as na massa dos beignets, depois, no óleo da frigideira. Frite-as durante 3 a 5 minutos até dourarem levemente e escorra-as em papel-toalha. Por fim, polvilhe com cacau. Repita a operação com as bolas de chocolate restantes.

Brownie

RENDE 10 PORÇÕES
DIFICULDADE ★ ★ ★
PREPARO: 30 min
COZIMENTO: 30 min

- 125 g de chocolate amargo (de 55% a 70% de cacau)
- 225 g de manteiga sem sal
- 4 ovos
- 125 g de açúcar mascavo
- 125 g de açúcar refinado
- 50 g de farinha de trigo peneirada
- 20 g de cacau em pó peneirado
- 100 g de nozes-pecãs picadas

Preaqueça o forno a 170 °C. Forre uma fôrma quadrada de 20 × 20 cm com papel-manteiga.

Pique o chocolate e derreta-o em banho-maria com a manteiga. Misture delicadamente com uma espátula flexível.

À parte, bata bem os ovos com os dois tipos de açúcar, até a mistura ficar consistente e espumante, depois, incorpore-a ao chocolate com manteiga. Adicione a farinha e o cacau peneirados e as nozes-pecãs. Mexa bem com a espátula.

Despeje a massa na fôrma e asse durante 30 minutos, até que, ao enfiar um palito no meio do brownie, ele saia seco. Deixe resfriar sobre uma grelha, depois, corte-o em quadrados.

Carolinas com chantili de chocolate e framboesas frescas

RENDE **8 A 10** UNIDADES
DIFICULDADE ★ ★ ☆
PREPARO: 35 min
COZIMENTO: 30 min

Para a massa choux
- 250 ml de água
- 100 g de manteiga sem sal
- 1 colher (chá) de sal (3 g)
- 1 colher (chá) de açúcar (5 g)
- 150 g de farinha de trigo peneirada
- 4 ovos + 1 batido para dourar a massa

Para o chantili de chocolate
- 125 g de chocolate meio-amargo picado
- 300 ml de creme de leite fresco gelado
- 30 g de açúcar de confeiteiro

Para a decoração
- 500 g de framboesas frescas
- açúcar de confeiteiro

◊ Ver "Como fazer massa choux" na p. 209

Preaqueça o forno a 180 °C. Unte uma assadeira com manteiga.

Prepare a massa choux: em uma panela, aqueça a água, a manteiga, o sal e o açúcar até a manteiga derreter, depois, deixe levantar fervura. Retire do fogo e adicione a farinha de trigo de uma vez só. Misture com uma colher de pau para obter uma bola de massa lisa e consistente. Leve de volta ao fogo para a massa secar, mexendo até ela se desprender das laterais e se enrolar formando uma bola em volta da colher. Transfira a massa para uma tigela e deixe esfriar 5 minutos.

Incorpore 3 ovos, um a um, batendo bem com a colher. Bata o quarto ovo em uma tigela separada. Incorpore metade desse ovo batido à massa. A massa deve ficar lisa e brilhante. Nesse ponto, verifique se a massa está pronta para ser utilizada: pegue um pouco com uma colher e levante-a. Se a massa cair formando um "V", estará pronta. Caso contrário, acrescente mais um pouco do ovo batido restante e refaça o teste.

Com uma colher ou um saco de confeitar com bico liso, faça bolas de 4 a 5 cm de diâmetro sobre a assadeira.

Pincele-as com o ovo batido para dourar a massa e asse por 15 minutos sem abrir a porta do forno. Reduza a temperatura para 165 °C, deixe a porta do forno entreaberta, e asse por mais 15 minutos até as carolinas dourarem. Dê pancadinhas nelas para verificar se estão assadas: se soarem ocas estarão prontas. Leve-as para esfriar sobre uma grelha.

Prepare o chantili de chocolate: derreta o chocolate em banho-maria. Bata o creme de leite com o açúcar de confeiteiro até o ponto de chantili, depois, mexendo bem, incorpore o chocolate. Passe a mistura para um saco de confeitar com bico canelado. Abra as carolinas em ⅔ da altura.

Com o saco de confeitar, recheie-as com o chantili de chocolate e cole as framboesas em toda a volta. Recoloque a parte de cima das carolinas e polvilhe com açúcar de confeiteiro.

Bijus de chocolate

RENDE 45 UNIDADES
DIFICULDADE ★ ★ ★
PREPARO: 30 min
REFRIGERAÇÃO: 20 min
COZIMENTO: de 6 a 8 min

- 80 g de manteiga sem sal em temperatura ambiente
- 120 g de açúcar de confeiteiro
- 4 claras (130 g)
- 90 g de farinha de trigo peneirada
- 20 g de cacau peneirado

Em uma tigela, bata a manteiga e o açúcar de confeiteiro até obter uma consistência cremosa. Acrescente as claras, pouco a pouco, misture bem, depois, incorpore a farinha de trigo e o cacau. Leve a massa à geladeira por 20 minutos.

Preaqueça o forno a 200 °C. Forre uma assadeira com papel-manteiga.

Trace vários círculos de 8 cm de diâmetro sobre o papel-manteiga da assadeira, deixando apenas poucos milímetros entre eles. Preencha os círculos com uma colherada da massa, formando discos. Asse-os por 6 a 8 minutos.

Pegue uma espátula (ou uma colher) com cabo de madeira redondo para enrolar os bijus. Retire a assadeira do forno, pegue um disco e enrole em volta do cabo da espátula, faça isso com todos eles. Deixe endurecer por alguns instantes e coloque-os sobre uma grelha para esfriarem.

Conserve-os em lugar seco.

Cookies de canela
com gotas de chocolate

RENDE 40 UNIDADES
DIFICULDADE ★ ★ ★
PREPARO: 15 min
REFRIGERAÇÃO: 1 h
COZIMENTO: 10 min

- 2 gemas
- 1 colher (chá) de essência de baunilha
- 2 colheres (sopa) de água
- 150 g de manteiga sem sal em temperatura ambiente
- 100 g de açúcar de confeiteiro
- 300 g de farinha de trigo peneirada
- ½ colher (chá) de fermento químico em pó peneirado (3 g)
- uma pitada grande de sal
- 1½ colher (chá) de canela em pó (8 g)
- 120 g de gotas de chocolate
- açúcar de confeiteiro para polvilhar (opcional)

Em uma tigela, misture as gemas, a essência de baunilha e a água. Em outra tigela, bata a manteiga e o açúcar de confeiteiro até obter uma mistura cremosa. Adicione, pouco a pouco, as gemas com a baunilha e a água; depois, incorpore a farinha de trigo e o fermento com o sal e a canela. Por último, acrescente as gotas de chocolate, misturando sem trabalhar demais a massa.

Divida a massa em duas porções e molde dois rolos de 3 cm de diâmetro. Passe os rolos no açúcar de confeiteiro. Envolva-os em filme de PVC e leve à geladeira por, no mínimo, 1 hora.

Preaqueça o forno a 160 °C. Unte uma assadeira com manteiga.

Corte os rolos de massa em fatias de 1 cm de espessura. Distribua os cookies na assadeira e polvilhe com o açúcar de confeiteiro, se desejar. Asse por cerca de 10 minutos, até ficarem dourados. Deixe esfriar sobre uma grelha.

DICA DO CHEF: para variar, você pode passar os rolos de massa em cacau em pó.

Cookies de chocolate
e laranja

RENDE 20 UNIDADES
DIFICULDADE ★ ★ ★
PREPARO: 15 min
COZIMENTO: 7 a 8 min
REFRIGERAÇÃO: 15 min

- 100 g de manteiga sem sal em temperatura ambiente
- 40 g de açúcar
- raspas de ½ laranja ralada em ralo fino
- 125 g de farinha de trigo peneirada
- ½ colher (chá) de fermento químico em pó peneirado (3 g)
- 100 g de chocolate meio-amargo

Preaqueça o forno a 190 °C. Unte uma assadeira com manteiga.

Em uma tigela, trabalhe a manteiga com uma espátula para lhe dar uma consistência cremosa (ponto de pomada). Adicione, pouco a pouco, o açúcar e as raspas de laranja batendo até obter uma mistura clara. Incorpore a farinha e o fermento. Usando duas colheres de café, molde bolinhas de massa do tamanho de nozes. Disponha-as sobre a assadeira, depois, achate-as com um garfo molhado (para que não grude na massa).

Asse por 7 ou 8 minutos, até os cookies dourarem bem. Deixe-os esfriar sobre uma grelha.

Pique o chocolate e derreta-o lentamente em banho-maria. Retire do fogo, mergulhe cada cookie somente até a metade no chocolate derretido, depois, coloque-os sobre uma assadeira forrada com papel-manteiga. Leve à geladeira por 15 minutos para o chocolate firmar.

Forminhas, taças e cones
de chocolate

RENDE 10 UNIDADES
DIFICULDADE ★ ★ ★
PREPARO: 45 min

- 500 g de chocolate meio-amargo

◊ Ver "Como temperar chocolate" nas pp. 320 a 324

◊ Ver "Como fazer casquinhas de chocolate" na p. 257

Faça a temperagem seguindo estas etapas para que o chocolate fique bem liso e brilhante: pique-o grosseiramente. Derreta ⅔ do chocolate em banho-maria até atingir 45 °C no termômetro culinário. Retire do banho-maria. Adicione o chocolate restante, mexendo até atingir 27 °C. Aqueça-o novamente em banho-maria até alcançar 32 °C, mexendo sempre.

Prepare as forminhas de chocolate: use forminhas de papel (de docinhos e petits-fours, ou de bolinhos individuais para as forminhas maiores). Se forem finas, use duas forminhas colocadas uma sobre a outra. Aplique, com um pincel, uma camada fina de chocolate temperado na parte interna das forminhas e deixe firmar por 30 minutos em temperatura ambiente; se estiver um dia muito quente, leve à geladeira por 10 minutos. Assim que o chocolate endurecer, aplique uma segunda camada e, se necessário, uma terceira. Quando o chocolate estiver bem firme, retire delicadamente as forminhas de papel e mantenha as de chocolate em lugar fresco e seco.

Prepare as taças de chocolate: lave e seque bem dez balões de plástico pequenos. Encha-os de ar até o tamanho que você deseja que as taças tenham e amarre-os. Mergulhe-os, um a um, até a metade no chocolate derretido e coloque sobre uma assadeira forrada com papel-manteiga. Leve à geladeira por 15 minutos, até o chocolate endurecer. Quando o chocolate estiver bem firme, fure os balões com uma agulha, desgrude a borracha dos balões das taças e conserve-as em lugar fresco e seco.

Prepare os cones de chocolate: utilize cones de papel. Aplique com pincel uma camada fina de chocolate derretido na parte interna dos cones e deixe solidificar por 30 minutos em temperatura ambiente, com a abertura dos cones voltada para baixo a fim de permitir que o excesso de chocolate escoe; se estiver um dia muito quente, leve à geladeira por 10 minutos. Assim que o chocolate endurecer, aplique uma segunda camada e, se necessário, uma terceira.

Quando o chocolate estiver bem firme, retire delicadamente os cones de papel e mantenha os de chocolate em lugar fresco e seco.

Use as forminhas, as taças e os cones para servir sobremesas.

Crepes de chocolate

RENDE 15 UNIDADES
DIFICULDADE ★ ★ ★
PREPARO: 10 min
REFRIGERAÇÃO: 2h
COZIMENTO: 45 min

Para a massa de chocolate
- 150 g de farinha de trigo peneirada
- 30 g de cacau peneirado
- 2 ovos
- 450 ml de leite
- 10 g de açúcar

Para a manteiga clarificada
- 125 g de manteiga sem sal

Para acompanhar
- chantili e açúcar, ou creme de chocolate com avelã

Prepare a massa de chocolate: despeje a farinha e o fermento em uma tigela e faça um buraco no centro. Coloque aí os ovos com ¼ do leite e o açúcar, incorporando-os delicadamente até obter uma massa homogênea. Acrescente, aos poucos, o leite restante e continue a mexer até a massa ficar lisa. Cubra-a e leve à geladeira por 2 horas.

Prepare a manteiga clarificada: derreta a manteiga lentamente em fogo bem baixo e sem mexer. Com a panela fora do fogo, retire a espuma branca que se formou na superfície. Passe a manteiga clarificada para uma tigela, deixando as partículas brancas (ou soro do leite) na panela.

Leve uma frigideira ao fogo. Com um papel-toalha embebido de manteiga clarificada, unte a frigideira fora do fogo. Pegue a massa com uma concha pequena, despeje na frigideira e gire-a imediatamente para distribuir a massa. Frite o primeiro lado por 1 ou 2 minutos, depois, vire o crepe com uma espátula, ou jogando-o para o alto para fazê-lo saltar, e frite por pouco tempo. Deslize o crepe para um prato e cubra-o com outro prato para mantê-lo aquecido. Repita a operação para fazer os crepes seguintes até acabar a massa.

Sirva os crepes de chocolate com um pouco de chantili e de açúcar ou creme de chocolate com avelã.

DICAS DO CHEF: os crepes podem ser preparados com algumas horas de antecedência e aquecidos rapidamente em uma frigideira quente, ligeiramente untada, no momento de servir. A manteiga clarificada, livre das partículas sólidas, queima menos facilmente do que a manteiga comum e demora mais a ficar rançosa quando conservada na geladeira.

Éclairs de chocolate triplo

RENDE 15 UNIDADES
DIFICULDADE ★ ★ ★
PREPARO: 1 h
COZIMENTO: 25 min
REFRIGERAÇÃO: 25 min

Para a massa choux
- 100 g de manteiga sem sal
- 250 ml de água
- 1 colher (chá) de sal (3 g)
- 1 colher (chá) de açúcar (5 g)
- 130 g de farinha de trigo peneirada
- 20 g de cacau peneirado
- 4 ovos + 1 ovo batido para pincelar

Para o creme de confeiteiro de chocolate
- 150 g de chocolate meio-amargo
- 500 ml de leite
- 1 fava de baunilha
- 4 gemas
- 125 g de açúcar
- 40 g de amido de milho

Para o glacê de chocolate
- 100 g de chocolate meio-amargo
- 100 g de açúcar de confeiteiro
- 40 ml de água

◊ Ver "Como rechear bombas de massa choux", na p. 256

Preaqueça o forno a 180 °C. Unte uma assadeira com manteiga.

Prepare a massa choux como indicado na p. 209, incorporando a ela o cacau juntamente com a farinha. Quando a massa estiver pronta para ser usada (depois de testá-la com a colher), coloque-a em um saco de confeitar com bico liso e faça cilindros de 3 × 10 cm sobre a assadeira. Pincele com o ovo batido e nivele-os riscando com as pontas de um garfo molhado. Asse por 15 minutos sem abrir a porta do forno. Reduza a temperatura para 165 °C e asse por mais 10 minutos, até as bombas ficarem consistentes. Dê pancadinhas nelas para verificar se estão assadas: se soarem ocas, estarão prontas.

Prepare o creme de confeiteiro de chocolate: pique bem o chocolate e coloque os pedaços em uma tigela. Em uma panela, aqueça o leite e a fava de baunilha com suas sementes (abra a fava no sentido do comprimento e raspe as sementes com a ponta de uma faca) até levantar fervura. Retire do fogo. Em uma tigela, bata as gemas com o açúcar até a mistura ficar esbranquiçada e consistente. Em seguida, incorpore a ela o amido de milho. Retire a fava de baunilha e despeje metade do leite sobre a mistura de gemas, mexendo bem. Incorpore o leite restante e leve tudo à panela. Cozinhe em fogo baixo, mexendo, sem parar, com o batedor até o creme ficar consistente. Deixe ferver 1 minuto, mexendo sem parar. Despeje o creme de confeiteiro sobre o chocolate e misture bem. Cubra a superfície do creme de confeiteiro com filme de PVC deixando que o filme encoste na superfície do creme para que não crie uma nata. Leve à geladeira por 25 minutos.

Prepare o glacê de chocolate: derreta o chocolate em banho-maria. Dissolva o açúcar de confeiteiro na água e incorpore-o ao chocolate. Aqueça a mistura até atingir 40 °C no termômetro.

Retire o creme de confeiteiro da geladeira, dê uma boa mexida nele e coloque-o em um saco de confeitar com bico liso. Faça dois ou três furinhos embaixo de cada bomba e recheie com o creme. Com uma espátula flexível, espalhe uma camada de glacê sobre as bombas e deixe solidificar.

Financiers com gotas de chocolate
e musse de chocolate ao leite

RENDE 15 UNIDADES
DIFICULDADE ★ ★ ★
PREPARO: 40 min
COZIMENTO: 10 a 15 min
REFRIGERAÇÃO: 10 min

Para os financiers de chocolate
- 170 g de manteiga sem sal
- 100 g de farinha de trigo peneirada
- 125 g de farinha de amêndoa peneirada
- 250 g de açúcar
- 7 claras
- 40 g de mel
- 90 g de gotas de chocolate

Para a musse de chocolate ao leite
- 220 g de chocolate ao leite
- 320 ml de creme de leite fresco
- ½ fava de baunilha

Para a decoração
- chocolate ao leite

◊ Ver "Como fazer um cone para decorar sobremesas" na p. 329

Preaqueça o forno a 180 °C.

Prepare os financiers de chocolate: em uma panela pequena, aqueça a manteiga até ela ficar "noisette", ou seja, até as partículas sólidas do soro grudarem no fundo da panela e escurecerem. Retire a panela do fogo, passe imediatamente a manteiga por uma peneira e deixe esfriar. Coloque a farinha de trigo e a farinha de amêndoa em uma tigela grande. Adicione o açúcar, depois, as claras e o mel e bata até obter uma consistência cremosa. Incorpore pouco a pouco a manteiga à mistura até ela começar a aumentar de volume, acrescente as gotas de chocolate. Encha ¾ de cada cavidade de uma fôrma para minimuffins de silicone com quinze cavidades de 4,5 cm de diâmetro e 3 cm de altura. Asse por 10 a 15 minutos até que, ao enfiar um palito no centro dos financiers, ele saia seco. Deixe esfriar um pouco antes de desenformá-los sobre uma grelha.

Prepare a musse de chocolate ao leite: pique o chocolate e derreta-o em banho-maria. Bata o creme de leite com a fava de baunilha e suas sementes (abra a fava no sentido do comprimento e raspe as sementes com a ponta de uma faca). Despeje cerca de ⅔ desse creme sobre o chocolate e bata bem. Incorpore o creme restante, depois, coloque tudo em um saco de confeitar com bico canelado. Faça rosáceas com a musse de chocolate sobre cada financier e leve-os à geladeira por 10 minutos.

Derreta o chocolate ao leite para a decoração em banho-maria. Deixe esfriar um pouco. Quando estiver morno, encha um cone feito com papel-manteiga com o chocolate, torça a parte de cima do cone para fechá-lo, corte sua ponta e faça listras sobre os financiers.

DICA DO CHEF: a musse e a decoração podem ser feitas igualmente com chocolate amargo ou branco.

Financiers de laranja
com gotas de chocolate

RENDE 12 UNIDADES
DIFICULDADE ★ ★ ★
PREPARO: 30 min
COZIMENTO: 10 a 15 min
REPOUSO: 1 dia

Para os financiers de laranja com gotas de chocolate
- 75 g de manteiga sem sal
- 40 g de laranja cristalizada
- 50 g de farinha de trigo
- 120 g de açúcar de confeiteiro
- 50 g de farinha de amêndoa
- 4 claras
- 30 g de gotas de chocolate

Para a ganache de chocolate meio-amargo
- 100 g de chocolate meio-amargo
- 100 ml de creme de leite fresco
- 20 g de manteiga sem sal

Preaqueça o forno a 180 °C. Com um pincel, unte com manteiga e enfarinhe uma fôrma para doze financiers (ou doze forminhas para financiers).

Prepare os financiers de laranja com gotas de chocolate: em uma panela pequena, aqueça a manteiga até ela ficar "noisette", ou seja, até as partículas sólidas do soro grudarem no fundo da panela e escurecerem. Retire a panela do fogo, passe imediatamente a manteiga por uma peneira e deixe esfriar. Corte a laranja cristalizada em cubos pequenos. Em uma panela, misture a farinha de trigo, o açúcar de confeiteiro, a farinha de amêndoa e as claras e bata até obter uma consistência cremosa.

Incorpore, pouco a pouco, a manteiga à mistura até ela começar a aumentar de volume. Incorpore as gotas de chocolate e os cubos de laranja cristalizada.

Com uma colher ou um saco de confeitar, encha ¾ de cada cavidade da fôrma. Asse por 10 a 15 minutos, até que, ao enfiar um palito no centro dos financiers, ele saia seco. Deixe esfriar um pouco antes de desenformá-los sobre uma grelha.

Prepare a ganache de chocolate meio-amargo: pique o chocolate e coloque-o em uma tigela. Em uma panela, aqueça o creme de leite até levantar fervura, depois, despeje-o sobre o chocolate e misture bem. Incorpore a manteiga. Passe a ganache para um saco de confeitar com bico fino. Decore a superfície dos financiers com a ganache de chocolate e sirva dois bolinhos por pessoa.

Florentinos com chocolate

RENDE 40 UNIDADES
DIFICULDADE ★ ★ ★
PREPARO: 45 min
COZIMENTO: 30 min
REFRIGERAÇÃO: 30 min

- 50 g de frutas cristalizadas
- 50 g de cascas de laranja cristalizadas
- 35 g de cerejas cristalizadas
- 100 g de amêndoas laminadas
- 25 g de farinha de trigo peneirada
- 100 ml de creme de leite fresco
- 85 g de açúcar
- 30 g de mel
- 300 g de chocolate meio-amargo

◊ Ver "Como temperar chocolate" nas pp. 320 a 324

Preaqueça o forno a 170 °C. Unte uma assadeira com manteiga.

Corte as frutas cristalizadas, as cascas de laranja e as cerejas cristalizadas em pedaços pequenos, depois, coloque-as em uma tigela com as amêndoas laminadas. Adicione a farinha de trigo e misture delicadamente com as mãos a fim de separar os pedaços das frutas cristalizadas.

Em uma panela, aqueça o creme de leite com o açúcar e o mel até levantar fervura, depois, misture com um batedor. Cozinhe por 2 ou 3 minutos. Despeje esse creme sobre a mistura de frutas com farinha e mexa delicadamente com uma colher de pau (pode conservar essa mistura por 2 dias na geladeira).

Com uma colher de chá, disponha bolas da massa sobre a assadeira, separando-as bem. Achate-as com o dorso da colher, de modo a formar discos de 3 cm de diâmetro. Leve-os ao forno, quando começarem a borbulhar, retire do forno e deixe esfriar por cerca de 30 minutos. Programe a temperatura do forno para 160 °C e asse novamente os discos de massa por 10 minutos. Retire-os do forno e, quando esfriarem um pouco, passe-os para uma grelha.

Faça a temperagem do chocolate seguindo estas etapas para que o chocolate fique bem liso e brilhante: pique-o grosseiramente. Derreta ⅔ do chocolate em banho-maria até atingir 45 °C no termômetro culinário. Retire do banho-maria. Adicione o chocolate restante, mexendo até atingir 27 °C. Aqueça-o novamente em banho-maria até chegar a 32 °C, mexendo sempre.

Com um pincel, espalhe uma camada do chocolate derretido sobre o lado achatado dos florentinos, dando pancadinhas sobre cada um para não ficarem com bolhas de ar. Espalhe uma segunda camada de chocolate com uma espátula, usando-a também para retirar o chocolate excedente. Deixe os florentinos esfriarem em temperatura ambiente; se estiver um dia muito quente, leve à geladeira por 10 minutos.

DICA DO CHEF: é preciso que a massa dos florentinos fique bem fina, para isso, use as costas de uma colher (se a massa ficar muito espessa, não ficará boa de comer).

Amanteigados de chocolate
e canela

RENDE 45 UNIDADES
DIFICULDADE ★ ★ ★
PREPARO: 15 min
REFRIGERAÇÃO: 45 a 60 min
COZIMENTO: 12 a 15 min

Para a massa de chocolate
- 180 g de manteiga sem sal em temperatura ambiente
- 100 g de açúcar de confeiteiro
- 1 gema
- 200 g de farinha de trigo peneirada
- 10 g de cacau peneirado

Para a massa de canela
- 140 g de manteiga sem sal em temperatura ambiente
- 75 g de açúcar de confeiteiro
- ½ colher (chá) de essência de baunilha
- ½ colher (chá) de canela em pó (3 g)
- 1 gema
- 200 g de farinha de trigo peneirada

Para a decoração
- 2 claras
- 100 g de coco ralado

Prepare a massa de chocolate: bata a manteiga com o açúcar de confeiteiro até obter uma mistura macia e clara. Acrescente a gema, a farinha e o cacau, e trabalhe a massa até ficar macia. Leve à geladeira por 15 a 20 minutos.

Prepare a massa de canela: bata a manteiga com o açúcar de confeiteiro até obter uma mistura macia e clara. Incorpore a essência de baunilha e a canela em pó. Acrescente a gema e a farinha de trigo, e trabalhe a massa até ela ficar macia. Leve à geladeira por 15 a 20 minutos.

Com a massa de canela faça um rolo de 3 cm de diâmetro. Abra a massa de chocolate em uma espessura de 1 cm. Coloque o rolo de canela sobre a massa de chocolate aberta e envolva-o com a massa de chocolate formando um rolo com a massa escura por fora e a clara no centro. Leve à geladeira por 15 a 20 minutos.

Preaqueça o forno a 160 °C. Unte uma assadeira com manteiga.

Pincele o rolo de massa com as claras, depois, passe-o sobre o coco ralado. Mergulhe uma faca em água quente e corte o rolo em fatias de 1 cm de espessura, limpe a faca e passe-a na água quente depois de cada corte. Disponha os biscoitos na assadeira e asse por 12 a 15 minutos. Deixe esfriar sobre uma grelha.

Macarons de chocolate

RENDE 30 UNIDADES
DIFICULDADE ★ ★ ★
PREPARO: 30 min
REPOUSO: 20 a 30 min
COZIMENTO: 10 a 15 min
REFRIGERAÇÃO: 1 dia

Para a massa dos macarons
- 125 g de farinha de amêndoa peneirada
- 200 g de açúcar de confeiteiro peneirado
- 30 g de cacau em pó peneirado
- 5 claras
- 75 g de açúcar

Para a ganache
- 150 g de chocolate meio-amargo
- 200 ml de creme de leite fresco
- 20 g de mel

Prepare a massa dos macarons: em uma tigela, misture a farinha de amêndoa com o açúcar de confeiteiro e o cacau e reserve. Em outra tigela, bata as claras até ficarem levemente espumantes. Adicione, pouco a pouco, ⅓ do açúcar, continuando a bater até obter claras lisas e brilhantes. Acrescente, delicadamente, o açúcar restante e bata até formar um merengue bem consistente. Com uma espátula flexível, incorpore ¼ da mistura de farinha de amêndoa ao merengue. Misture devagar, partindo do centro da tigela e subindo em direção à borda, como se dobrasse uma massa, enquanto vira a tigela com a outra mão. Incorpore, em três levas, a mistura restante da farinha de amêndoa. Pare de mexer quando a massa ficar macia e brilhante. Coloque a massa de macarons em um saco de confeitar com bico liso de 4 mm. Forme sessenta bolinhas com cerca de 2 cm de diâmetro sobre uma assadeira forrada com papel-manteiga. Deixe descansar em temperatura ambiente por 20 a 30 minutos.

Preaqueça o forno a 160 °C.

Asse as bolinhas de massa por 10 a 15 minutos. Na metade do tempo, reduza a temperatura do forno para 120-130 °C. Retire os macarons do forno e, quando a parte estufada estiver firme, leve-os à geladeira.

Prepare a ganache: pique o chocolate meio-amargo e coloque-o em uma tigela. Aqueça o creme de leite e o mel até levantar fervura. Despeje a metade do creme sobre o chocolate picado. Misture com o batedor. Acrescente o restante do creme, pouco a pouco, batendo delicadamente. Deixe esfriar.

Espalhe um pouco da ganache sobre a base da metade da quantidade de macarons. Em seguida, cole-os com a outra metade dos macarons, formando sanduíches. Leve-os à geladeira por 1 dia antes de servir, para que o centro dos macarons fique macio.

DICAS DO CHEF: você pode usar geleia de framboesa ou creme de chocolate com avelã para rechear os macarons. Eles podem ser congelados depois de assados.

Macarons de chocolate
com flor de sal

RENDE 8 UNIDADES
DIFICULDADE ★ ★ ★
PREPARO: 30 min
REPOUSO: 20 a 30 min
COZIMENTO: 18 min
REFRIGERAÇÃO: 1 dia

Para a massa dos macarons
- 180 g de farinha de amêndoa peneirada
- 270 g de açúcar de confeiteiro peneirado
- 30 g de cacau em pó peneirado
- 5 claras
- 30 g de açúcar
- flor de sal

Para a ganache
- 150 g de chocolate meio-amargo
- 2 gemas
- 100 g de açúcar
- 100 ml de creme de leite fresco
- 1 fava de baunilha

Prepare a massa dos macarons: em uma tigela, misture a farinha de amêndoa com o açúcar de confeiteiro e o cacau. Bata as claras até ficarem ligeiramente espumantes. Acrescente, pouco a pouco, ⅓ do açúcar, continuando a bater até obter claras lisas e brilhantes. Adicione, delicadamente, o açúcar restante e bata até formar um merengue bem consistente. Com uma espátula flexível, incorpore ¼ da mistura de farinha de amêndoa. Misture devagar, partindo do centro da tigela e subindo em direção à borda, como se dobrasse uma massa, enquanto vira a tigela com a outra mão. Incorpore, em três levas, a mistura restante da farinha de amêndoa. Pare de mexer quando a mistura ficar macia e brilhante. Coloque a massa de macarons em um saco de confeitar com bico liso e forme dezesseis bolas de massa com 4 ou 5 cm de diâmetro sobre uma assadeira forrada com papel-manteiga. Deixe descansar em temperatura ambiente por 20 a 30 minutos.

Preaqueça o forno a 160 °C. Salpique as bolas de massa com flor de sal e asse-as durante 18 minutos. Na metade do tempo, reduza a temperatura do forno para 120-130 °C. Retire os macarons do forno e, quando a parte estufada estiver firme, leve-os à geladeira.

Prepare a ganache: pique o chocolate e coloque-o em uma tigela. Bata as gemas com o açúcar até obter uma mistura esbranquiçada e espessa. Em uma panela, aqueça o creme de leite com a fava de baunilha e suas sementes (abra a fava no sentido do comprimento e raspe as sementes com a ponta de uma faca) até levantar fervura. Despeje ⅓ desse creme sobre a mistura de gemas, mexendo bem, depois, leve tudo à panela e cozinhe em fogo baixo, mexendo, sem parar, com uma colher de pau, até o creme ficar consistente e aderir à colher (cuidado para não deixar o creme ferver). Retire a fava de baunilha, despeje o creme sobre o chocolate e misture bem. Deixe esfriar mexendo de vez em quando.

Coloque a ganache em um saco de confeitar com bico liso e recheie a base de oito macarons. Cole a base dos outros macarons por cima do recheio, formando um sanduíche. Leve-os à geladeira por 1 dia antes de servir.

Madalenas marmorizadas
de chocolate e limão

RENDE 48 UNIDADES
DIFICULDADE ★ ★ ★
PREPARO: 30 min
REFRIGERAÇÃO: 1 noite
COZIMENTO: 10 a 12 min

Para a massa das madalenas de chocolate
- 85 g de manteiga sem sal
- 2 ovos
- 130 g de açúcar
- 35 ml de leite
- 150 g de farinha de trigo peneirada
- 30 g de cacau em pó peneirado
- 1 colher (chá) de fermento químico em pó peneirado (6 g)

Para a massa das madalenas de limão
- 85 g de manteiga sem sal
- 2 ovos
- 130 g de açúcar
- 35 ml de leite
- 180 g de farinha de trigo peneirada
- raspas da casca de 2 limões-sicilianos
- 1 colher (chá) de fermento químico em pó peneirado (6 g)

Na véspera, prepare a massa das madalenas de chocolate: em uma panela, aqueça a manteiga até ela ficar "noisette", ou seja, até as partículas sólidas do soro grudarem no fundo da panela e escurecerem. Retire a panela do fogo, passe imediatamente a manteiga por uma peneira e deixe esfriar um pouco. Em uma tigela, bata os ovos com o açúcar até a mistura ficar esbranquiçada e espessa, depois, adicione o leite. Acrescente a farinha de trigo, o cacau e o fermento e mexa. Incorpore, aos poucos, a manteiga à massa usando um batedor, até a mistura ficar ligeiramente espumante e aumentar de volume. Cubra a tigela com filme de PVC e reserve a massa na geladeira até o dia seguinte.

Prepare a massa das madalenas de limão: proceda da mesma maneira usada para fazer a massa das madalenas de chocolate, substituindo o cacau pelas raspas de limão.

No dia de servir, preaqueça o forno a 200 °C. Usando um pincel, unte com manteiga uma fôrma para madalenas e enfarinhe.

Com um saco de confeitar ou uma colher, encha cada cavidade da fôrma com as massas de chocolate e de limão mais ou menos na mesma proporção. Asse por 5 minutos, até as madalenas começarem a dourar, reduza a temperatura do forno para 180 °C e asse-as por mais 5 a 7 minutos. Retire-as do forno, desenforme imediatamente e deixe esfriar sobre uma grelha.

DICA DO CHEF: para variar, asse as massas separadamente para ter madalenas só de chocolate e outras só de limão.

Madalenas de mel
e chocolate

RENDE 24 UNIDADES
DIFICULDADE ★ ★ ★
PREPARO: 30 min
REFRIGERAÇÃO: 1 noite
COZIMENTO: 10 a 12 min

- 85 g de manteiga sem sal
- 2 ovos
- 130 g de mel
- 35 ml de leite
- 170 g de farinha de trigo peneirada
- 1 colher (chá) de fermento químico em pó peneirado (6 g)
- 200 g de chocolate meio-amargo

◊ Ver "Como temperar chocolate" nas pp. 320 a 324

Na véspera, em uma panela, aqueça a manteiga até ela ficar "noisette", ou seja, até as partículas sólidas do soro grudarem no fundo da panela e escurecerem. Retire a panela do fogo, passe imediatamente a manteiga por uma peneira e deixe esfriar ligeiramente.

Em uma tigela, bata os ovos com o mel, acrescente o leite. Acrescente a farinha e o fermento e misture. Incorpore, aos poucos, a manteiga, misturando com um batedor, até a mistura ficar levemente espumante e aumentar de volume. Cubra a tigela com filme de PVC e mantenha na geladeira até o dia seguinte.

No dia de servir, preaqueça o forno a 200 °C. Usando um pincel, unte com manteiga uma fôrma para madalenas e enfarinhe.

Com uma colher ou um saco de confeitar, encha cada cavidade com uma quantidade do tamanho de uma noz de massa. Asse as madalenas por 5 minutos, até começarem a dourar, reduza a temperatura do forno para 180 °C e deixe assar por mais 5 a 7 minutos. Retire as madalenas do forno. Desenforme-as imediatamente e deixe esfriar sobre uma grelha.

Enquanto isso, faça a temperagem do chocolate (ver pp. 320 a 324). Mergulhe o lado estriado das madalenas no chocolate temperado. Deixe o chocolate solidificar em temperatura ambiente antes de servir; se estiver um dia muito quente, leve à geladeira por 10 minutos.

DICAS DO CHEF: para untar a fôrma, utilize manteiga em temperatura ambiente trabalhada com uma espátula até ficar com consistência cremosa (ponto de pomada). É aconselhável passar duas camadas de manteiga nas fôrmas, enfarinhá-las e levá-las à geladeira por alguns minutos antes de colocar a massa. Desse modo, ficará mais fácil desenformar as madalenas depois de assadas.

Minibolinhos de chocolate
e laranja

RENDE 12 UNIDADES
DIFICULDADE ★ ★ ★
PREPARO: 45 min
REFRIGERAÇÃO: 1 noite + 1h
COZIMENTO: 25 min

Para a compota de laranja
- 1 laranja
- 50 g de açúcar refinado
- 50 g de açúcar mascavo
- 35 g de mel

Para a massa
- 50 g de chocolate
- 60 g de manteiga sem sal em temperatura ambiente
- 100 g de farinha de amêndoa
- 70 g de açúcar
- 2 ovos
- 10 g de mel
- 2 colheres (chá) de licor de laranja (tipo Cointreau)

Para a decoração
- açúcar de confeiteiro (opcional)

Na véspera, prepare a compota de laranja: descasque a laranja, separe-a em gomos. Coloque os gomos em uma panela, acrescente os dois tipos de açúcar e o mel. Cozinhe em fogo baixo por 25 minutos até obter uma compota. Deixe na geladeira por 1 noite.

No dia de servir, prepare a massa: pique o chocolate e derreta-o em banho-maria. Em uma tigela, trabalhe a manteiga em temperatura ambiente com uma espátula até obter uma consistência cremosa (ponto de pomada), depois, acrescente, pouco a pouco, o chocolate derretido.

Em uma batedeira, misture farinha de amêndoa com o açúcar. Acrescente, aos poucos, os ovos previamente batidos e bata até obter uma massa aveludada, depois, adicione o mel. Incorpore, delicadamente, a mistura de chocolate com manteiga e o licor de laranja, continuando a mexer até obter uma consistência cremosa. Leve à geladeira durante 1 hora. Passado esse tempo, coloque a massa em um saco de confeitar com bico liso.

Preaqueça o forno a 180 °C. Unte uma fôrma de silicone de minimuffins.

Deposite uma camada de massa com 1 cm de espessura nas cavidades da fôrma. Com uma colher, espalhe por cima uma camada de 0,5 cm de compota de laranja (reserve o restante para a decoração). Distribua a massa restante enchendo ⅔ de cada cavidade. Asse por 10 minutos, reduza a temperatura para 160 °C e asse por mais 15 minutos.

Depois que os bolinhos esfriarem, desenforme-os. Coloque um pouco de compota de laranja sobre eles para decorá-los. Se desejar, polvilhe ligeiramente com açúcar de confeiteiro.

Mil-folhas de chocolate
com creme de baunilha

RENDE **6** A **8** PORÇÕES
DIFICULDADE ★ ★ ★
PREPARO: 3h + 1h
REFRIGERAÇÃO: 1 noite
COZIMENTO: 45 min

Para a massa folhada
- 50 g de manteiga sem sal
- 225 g de farinha de trigo peneirada
- 25 g de cacau em pó peneirado
- 8 g de sal
- 15 g de açúcar
- 120 ml de água

Para a dobragem
- 250 g de manteiga fria

Para o creme de confeiteiro com baunilha
- 750 ml de leite
- 2 favas de baunilha
- 6 gemas
- 225 g de açúcar
- 50 g de amido de milho
- 25 g de farinha de trigo

Para a decoração
- cacau em pó

Na véspera, prepare a massa folhada: em uma panela, aqueça a manteiga até ela ficar "noisette", ou seja, até as partículas sólidas do soro grudarem no fundo da panela e escurecerem. Retire a panela do fogo, passe imediatamente a manteiga por uma peneira e deixe esfriar.

Em uma tigela grande, coloque a farinha, o cacau, o sal e o açúcar e faça um buraco no centro. Acrescente a água e a manteiga, misture. Sove a massa durante 1 minuto, depois, forme uma bola. Faça um corte em cruz na parte superior da bola para impedir que a massa se contraia, envolva-a em filme de PVC e leve à geladeira por 1 hora. Coloque a massa sobre a bancada de trabalho enfarinhada e achate-a para formar uma cruz cujo centro permaneça estufado.

Faça a dobragem: coloque a manteiga fria entre duas folhas de papel-manteiga. Com um rolo de abrir massa, achate-a dando pancadinhas por cima para obter um quadrado com 2 cm de espessura. Coloque-o sobre a massa, no centro da cruz, e dobre os quatro lados da massa por cima para envolver a manteiga. Achate ligeiramente as bordas no comprimento com o rolo. Sobre a bancada de trabalho enfarinhada, abra a massa em um retângulo de 12 × 35 cm. Dobre-a em três levando o terço superior sobre o do centro, depois, o terço inferior sobre tudo. Gire a massa 45° para a direita e achate ligeiramente as bordas no comprimento usando o rolo. Abra de novo a massa em um retângulo de 12 × 35 cm e dobre em três como antes. Envolva-a em filme de PVC e leve à geladeira por 30 minutos. Repita duas vezes a etapa anterior, depois, leve a massa à geladeira por 1 noite.

No dia de servir, preaqueça o forno a 145 °C. Unte uma assadeira com manteiga e borrife-a com gotículas de água. Abra a massa em uma espessura de 1 ou 2 mm e corte-a no tamanho da assadeira. Coloque por cima uma grelha e leve ao forno por 45 minutos. Retire a grelha e deixe a massa esfriar.

Prepare o creme de confeiteiro como indicado na p. 298, utilizando apenas os ingredientes desta receita. Cubra com filme de PVC, encostando na superfície do creme para não formar nata. Deixe esfriar. Corte três tiras da massa folhada de 10 × 38 cm e monte alternando as camadas de creme de confeiteiro e as tiras de massa folhada. Corte em seis a oito porções e polvilhe com cacau.

Minibombas de chocolate

RENDE 20 UNIDADES
DIFICULDADE ★ ★ ★
PREPARO: 1 h
COZIMENTO: 16 min
REFRIGERAÇÃO: 25 min

Para a massa choux
- 50 g de manteiga
- 125 ml de água
- ½ colher (chá) de sal (1 g)
- ½ colher (chá) de açúcar (2 g)
- 75 g de farinha de trigo peneirada
- 2 ovos + 1 batido para pincelar

Para o creme de confeiteiro com chocolate
- 75 g de chocolate meio-amargo
- 250 ml de leite
- 1 fava de baunilha
- 2 gemas
- 65 g de açúcar
- 20 g de amido de milho

Para o glacê
- 50 g de chocolate meio-amargo
- 50 g de açúcar de confeiteiro
- 10 ml de água

◊ Ver "Como rechear bombas de massa choux", na p. 256

Preaqueça o forno a 180 °C. Unte uma assadeira com manteiga.

Prepare a massa choux como indicado na p. 209. Quando a massa estiver pronta para ser usada (depois de testá-la com a colher), coloque-a em um saco de confeitar com bico liso e faça cilindros de 5 ou 6 cm sobre a assadeira. Pincele-os com o ovo batido. Asse por 8 minutos sem abrir a porta. Reduza a temperatura do forno para 165 °C e asse por mais 8 minutos, até as bombas dourarem. Dê pancadinhas nelas para verificar se estão assadas: se soarem ocas estarão prontas. Deixe esfriar sobre uma grelha.

Prepare o creme de confeiteiro com chocolate: pique bem o chocolate e coloque-o em uma tigela.

Em uma panela, aqueça o leite e a fava de baunilha com suas sementes (abra a fava no sentido do comprimento e raspe as sementes com a ponta de uma faca) até levantar fervura, depois, retire do fogo.

Em uma tigela, bata as gemas com o açúcar até obter uma mistura esbranquiçada e consistente, em seguida, incorpore o amido de milho. Retire a fava de baunilha e despeje a metade do leite sobre a mistura de gema, mexendo. Incorpore o leite restante e despeje tudo na panela.

Cozinhe em fogo baixo, mexendo, sem parar, com um batedor, até o creme ficar consistente. Deixe-o ferver por 1 minuto, continuando a mexer. Despeje o creme de confeiteiro sobre o chocolate e misture bem. Cubra a superfície do creme com filme de PVC deixando que o filme encoste na superfície do creme, para não fazer uma nata, e leve para gelar por 25 minutos.

Prepare o glacê: derreta o chocolate em banho-maria. Dissolva o açúcar de confeiteiro na água e incorpore-o ao chocolate. Aqueça a mistura até atingir 40 °C no termômetro culinário.

Coloque o creme de confeiteiro com chocolate em um saco de confeitar com bico liso. Faça um furo pequeno em cada bomba e encha-as com o creme. Com uma espátula flexível, espalhe uma camada de glacê sobre a superfície das bombas. Deixe o glacê secar antes de servir.

Muffins de maracujá
com gotas de chocolate

RENDE 5 UNIDADES
DIFICULDADE ★ ★ ★
PREPARO: 15 min
COZIMENTO: 15 min

Para a massa dos muffins
- 50 g de crème fraîche
- gotas do sumo de 1 limão
- 2 ovos
- 140 g de açúcar
- 3 maracujás
- duas pitadas de sal (2 g)
- 110 g de farinha de trigo peneirada
- ½ colher (chá) de fermento químico em pó peneirado (2 g)
- 50 g de manteiga sem sal derretida
- 50 g de gotas de chocolate

Para o glacê de maracujá
- cobertura de brilho neutra
- 1 maracujá

Preaqueça o forno a 170 °C.

Prepare a massa dos muffins: em uma tigela, misture o crème fraîche com algumas gotas de limão. Acrescente os ovos, o açúcar, a polpa dos maracujás e o sal. Misture com um batedor, depois, incorpore a farinha de trigo e o fermento. Adicione a manteiga e as gotas de chocolate e misture. Coloque em um saco de confeitar com bico liso e distribua a massa de muffins entre cinco forminhas para muffin. Asse por 15 minutos. Deixe esfriar antes de aplicar o glacê.

Prepare o glacê de maracujá: misture a cobertura de brilho com a polpa do maracujá. Pincele os muffins com o glacê e sirva imediatamente.

Sablés bretões de cacau
com creme de limão

RENDE 20 A 30 UNIDADES
DIFICULDADE ★ ★ ★
PREPARO: 15 min na véspera + 40 min
REFRIGERAÇÃO: 1 noite
COZIMENTO: 15 a 20 min

Para a massa dos sablés bretões
- 210 g de manteiga sem sal
- 180 g de açúcar
- 2 g de flor de sal
- 5 gemas
- 250 g de farinha de trigo peneirada
- 3 colheres (chá) de fermento químico em pó peneirado (17 g)
- 30 g de cacau em pó peneirado

Para o creme de limão
- 2 folhas de gelatina (4 g)
- 4 ovos
- 175 g de açúcar
- 150 ml de suco de limão-siciliano
- 300 g de manteiga sem sal em temperatura ambiente

Para a decoração
- 200 g de framboesas frescas
- 200 g de morangos frescos

Na véspera, prepare a massa dos sablés bretões: em uma tigela grande, bata a manteiga com o açúcar e a flor de sal até obter uma consistência cremosa. Acrescente as gemas, uma a uma, depois, a farinha, o fermento e o cacau e misture bem. Forme uma bola com a massa, envolva-a em filme de PVC e leve à geladeira por 1 noite.

No dia de servir, prepare o creme de limão: mergulhe as folhas de gelatina em um pouco de água fria com cubos de gelo para as folhas amolecerem. Bata os ovos. Aqueça o açúcar e o suco de limão em banho-maria, adicione os ovos batidos e bata bem, ainda em banho-maria, durante 10 a 15 minutos para a mistura ficar consistente. Esprema as folhas de gelatina a fim de extrair o máximo de água e incorpore-as à mistura fora do fogo. Despeje tudo em uma tigela e acrescente metade da manteiga. Misture bem e leve à geladeira por 15 minutos. Depois de o creme esfriar, adicione, pouco a pouco, a manteiga restante, batendo até obter uma textura aveludada e brilhante. Coloque o creme de limão em um saco de confeitar com bico liso e deixe na geladeira até a hora de usá-lo.

Preaqueça o forno a 180 °C. Forre uma assadeira com papel-manteiga. Unte com manteiga um cortador liso de 7 cm de diâmetro.

Abra a massa dos sablés em uma espessura de 5 mm. Com o cortador, faça discos com a massa e disponha-os na assadeira conforme for cortando, deixando alguns centímetros entre eles. Asse os sablés por 15 a 20 minutos, até ficarem firmes ao toque. Retire-os do forno e deixe esfriar sobre uma grelha.

Com o saco de confeitar, forme rosáceas de creme de limão sobre cada sablé. Deixe na geladeira até a hora de servir. Sirva com framboesas e morangos frescos.

DICA DO CHEF: pode substituir o suco de limão por suco de grapefruit, de lima ou de maracujá.

Sablés bretões
com chocolate e framboesa

RENDE 35 UNIDADES
DIFICULDADE ★ ★ ★
PREPARO: 1h
REFRIGERAÇÃO: 40 min
COZIMENTO: 10 min

Para a massa dos sablés bretões
- 160 g de manteiga sem sal em temperatura ambiente
- 140 g de açúcar de confeiteiro
- 3 gemas
- 210 g de farinha de trigo peneirada
- 1 colher (chá) de fermento químico em pó peneirado (5 g)

Para a musse de chocolate
- 150 g de chocolate amargo com 70% de cacau
- 270 ml de creme de leite fresco
- 75 g de açúcar
- 4 gemas

Para a decoração
- geleia de framboesa com sementes
- 250 g de framboesas frescas

Prepare a massa dos sablés bretões: em uma tigela grande, bata a manteiga com o açúcar de confeiteiro até obter uma consistência cremosa. Incorpore as gemas, uma a uma, depois, a farinha e o fermento. Forme uma bola com a massa, envolva-a em filme de PVC e leve à geladeira por 20 minutos.

Preaqueça o forno a 180 °C. Forre uma assadeira com papel-manteiga.

Enfarinhe a bancada de trabalho, abra a massa em uma espessura de 2 mm. Unte um cortador com 6 cm de diâmetro e use-o para cortar os discos de massa. Disponha-os na assadeira à medida que forem cortados, deixando alguns centímetros entre eles. Asse os sablés durante 10 minutos, até ficarem bem firmes ao toque. Retire-os do forno e deixe esfriar.

Prepare a musse de chocolate: pique o chocolate e derreta-o em banho-maria. Bata o creme de leite com o açúcar até ficar bem consistente e aderir ao batedor. Adicione ⅓ desse creme ao chocolate derretido com as gemas e bata bem. Incorpore os ⅔ restantes do creme de leite. Coloque a musse em um saco de confeitar com bico canelado e leve à geladeira por cerca de 20 minutos.

Com uma colher, espalhe um pouco da geleia de framboesa sobre cada sablé bretão. Por cima, com o saco de confeitar, forme uma rosácea de musse de chocolate e finalize com uma framboesa. Leve os sablés à geladeira até a hora de servir.

DICA DO CHEF: você pode usar geleia de morango ou outra de sua preferência.

Sablés de chocolate

RENDE 35 UNIDADES
DIFICULDADE ★ ★ ★
PREPARO: 30 min
REFRIGERAÇÃO: 20 min
COZIMENTO: 15 min

- 200 g de manteiga sem sal bem fria
- 50 g de chocolate
- 200 g de farinha de trigo
- 25 g de cacau em pó peneirado
- 80 g de açúcar mascavo
- 1 gema

Preaqueça o forno a 180 °C. Forre uma assadeira com papel-manteiga.

Corte a manteiga em cubinhos. Pique o chocolate em pedaços pequenos. Em uma tigela grande, coloque a farinha de trigo, o cacau e o açúcar mascavo. Acrescente os pedaços de manteiga e misture com a ponta dos dedos até obter uma farofa. Adicione a gema e o chocolate picado e misture bem.

Divida a massa ao meio e enrole-a para formar dois rolos de 3 cm de diâmetro. Leve para gelar por 20 minutos. Corte os rolos em fatias de 1 cm de largura, coloque na assadeira e leve ao forno por 15 minutos. Deixe esfriar na assadeira.

DICA DO CHEF: se quiser, use chocolate branco e chocolate escuro para obter sablés bicolores.

Beignets de semolina
recheados com chocolate e mascarpone

RENDE 12 UNIDADES
DIFICULDADE ★ ★ ★
PREPARO: 2h30
REFRIGERAÇÃO: 2h
INFUSÃO: 30 min
COZIMENTO: 45 min

Para o recheio de chocolate e mascarpone
- 100 g de chocolate meio-amargo
- 100 g de mascarpone

Para a massa de semolina com leite
- 300 ml de leite
- 1 fava de baunilha
- 25 g de semolina
- 25 g de açúcar
- essência de amêndoa amarga
- farinha de amêndoa

Para empanar
- 100 g de amêndoas sem pele
- 100 g de farinha de rosca
- 2 ovos batidos
- 500 ml de óleo para fritura
- açúcar

Prepare o recheio de chocolate e mascarpone: derreta o chocolate em banho-maria. Deixe amornar e incorpore o mascarpone. Leve à geladeira até ficar consistente e faça doze bolinhas com essa massa. Mantenha na geladeira por mais 1 hora.

Prepare a massa de semolina com leite: aqueça o leite com a fava de baunilha e suas sementes (abra a fava no sentido do comprimento e raspe as sementes com a ponta de uma faca) até quase levantar fervura. Retire do fogo, cubra e deixe em infusão por 30 minutos. Retire a fava de baunilha e aqueça o leite novamente até levantar fervura.

Fora do fogo, adicione a semolina, pouco a pouco, mexendo com uma colher de pau. Acrescente o açúcar e a essência de amêndoa amarga e leve de novo ao fogo até levantar fervura, mexendo sem parar. Cozinhe em fogo bem baixo por 20 minutos, mexendo com frequência para a semolina não grudar. Passe a mistura para uma assadeira funda ou um refratário e deixe esfriar.

Divida a mistura de semolina em doze porções e envolva as bolinhas de chocolate e mascarpone com elas para formar os beignets. Passe os beignets na farinha de amêndoa para que não grudem nos dedos.

Prepare a mistura para empanar: pique grosseiramente as amêndoas e misture com a farinha de rosca. Passe os beignets nos ovos batidos, depois, na mistura de farinha com as amêndoas. Deixe na geladeira por, no mínimo, 30 minutos.

Coloque o óleo na frigideira e aqueça-o até atingir 200 °C. Frite três ou quatro beignets de cada vez, durante 3 a 5 minutos, até ficarem crocantes e dourados. Escorra em papel-toalha. Passe-os em seguida no açúcar. Repita a operação com os outros beignets e sirva.

DICA DO CHEF: para facilitar o processo de envolver o recheio de chocolate e mascarpone com a massa de semolina, congele as bolinhas previamente por 2 horas.

Religieuses de chocolate e manga

RENDE 12 UNIDADES
DIFICULDADE ★ ★ ★
PREPARO: 1h30
COZIMENTO: 1h
REFRIGERAÇÃO: 30 min

Para a massa choux
- 50 g de manteiga sem sal
- 125 ml de água
- ½ colher (chá) de sal
- ½ colher (chá) de açúcar
- 75 g de farinha de trigo peneirada
- 2 ovos + 1 batido para pincelar

Para o coulis de manga gelificado
- 2½ folhas de gelatina (5 g)
- 350 g de polpa de manga
- 75 g de açúcar

Para o creme de chocolate
- 180 g de chocolate meio-amargo
- 30 g de manteiga sem sal
- 500 ml de leite
- 5 gemas
- 125 g de açúcar
- 30 g de amido de milho
- 30 g de farinha de trigo
- 180 ml de creme de leite fresco

Para a ganache
- 75 g de chocolate meio-amargo
- 75 ml de creme de leite fresco

Para o glacê
- 400 g de fondant
- 50 ml de água
- corante alimentício na cor laranja

Preaqueça o forno a 180 °C. Forre uma assadeira com papel-manteiga de 30 x 38 cm.

Prepare a massa choux como indicado na p. 209.

Com um saco de confeitar, forme doze bolas de massa com 4 cm de diâmetro e doze bolas com 1 cm de diâmetro na assadeira. Pincele-as com o ovo batido e asse por 15 minutos, não abra a porta do forno enquanto estiver assando. Reduza a temperatura do forno para 165 °C, deixando a porta do forno entreaberta, e asse por mais 15 minutos. Deixe esfriar sobre uma grelha.

Prepare o coulis de manga gelificado: mergulhe as folhas de gelatina em uma tigela da água fria. Em uma panela, aqueça a polpa de manga e o açúcar até levantar fervura. Esprema as folhas de gelatina e incorpore-as à polpa com um batedor. Deixe esfriar e coloque a mistura em um saco de confeitar com bico pequeno.

Prepare o creme de chocolate: pique bem o chocolate e coloque-o em uma tigela. Em uma panela, aqueça a manteiga e o leite. Em uma tigela, bata as gemas com o açúcar até obter uma mistura esbranquiçada e consistente, em seguida, incorpore o amido de milho e a farinha de trigo. Cozinhe em fogo baixo, mexendo, sem parar, com um batedor, até o creme ficar consistente. Deixe-o ferver por 1 minuto, continuando a mexer. Despeje o creme de confeiteiro sobre o chocolate e misture bem. Bata o creme de leite até ficar consistente e aderir ao batedor. Misture bem o creme de confeiteiro com o chocolate até ele ficar liso e acrescente-o delicadamente ao creme de leite batido. Coloque o creme em um saco de confeitar com bico pequeno.

Prepare a ganache como indicado na p. 12. Coloque a ganache em um saco de confeitar com bico canelado. Abra as carolinas grandes ao meio e recheie com o creme de chocolate usando o saco de confeitar. Depois, introduza uma pequena quantidade de coulis no meio do creme e cole as partes da carolina. Recheie as carolinas pequenas pela parte inferior, como indicado na p. 256.

Prepare o glacê: aqueça o fondant e amoleça-o com a água. Adicione o corante. Mergulhe as carolinas no fondant até cobrir a metade delas, depois, com o dedo, retire o excesso e alise. Deixe secar.

Forme uma rosácea de ganache com o saco de confeitar sobre o glacê das carolinas grandes e cole as carolinas pequenas por cima. Decore as carolinas pequenas com uma rosácea de ganache por cima do glacê.

Tagliatelle de chocolate
com salada de laranja

RENDE **4 PORÇÕES**
DIFICULDADE ★ ★ ★
PREPARO: 1 h
REFRIGERAÇÃO: 1h30
REPOUSO: 30 min
COZIMENTO: 10 min

Para a massa de tagliatelle de chocolate
- 200 g de farinha de trigo peneirada
- uma pitada de sal
- 2 ovos
- 40 g de açúcar de confeiteiro
- 40 g de cacau em pó peneirado
- 2 ou 3 colheres (sopa) de água

Para a salada de laranja
- 4 laranjas
- 2 colheres (sopa) de açúcar (50 g)
- 2 colheres (sopa) de xarope de grenadine
- 1 colher (sopa) de geleia de laranja (12 g)
- 2 colheres (sopa) de licor de laranja (tipo Cointreau)
- 1,5 litro de água
- 200 g de açúcar
- essência de baunilha a gosto

Para a decoração
- folhas de hortelã fresca

Prepare a massa do tagliatelle de chocolate: em uma tigela, coloque a farinha de trigo peneirada, o sal e faça um buraco no centro. Bata os ovos em outra tigela. Peneire o açúcar de confeiteiro com o cacau sobre os ovos batidos, misture e incorpore a água. Despeje essa mistura na tigela com a farinha e incorpore-a pouco a pouco até obter uma massa homogênea. Sove a massa até ela desgrudar dos dedos. Forme uma bola, envolva-a em filme de PVC e leve à geladeira por 1 hora e 30 minutos.

Enfarinhe a mesa de trabalho. Divida a massa em três pedaços e abra-os em uma espessura de cerca de 3 mm. Enfarinhe as massas e forme uma pilha com elas. Corte as massas acertando-as em um retângulo simétrico e enrole muito delicadamente, apertando bem. Corte em pedaços de 1 cm de largura, desenrolando-os para obter as tiras de tagliatelle. Deixe secar sobre um pano de prato enfarinhado durante 30 minutos.

Prepare a salada de laranja: coloque o suco de 2 laranjas espremidas na hora em uma panela. Acrescente o açúcar e aqueça até levantar fervura. Fora do fogo, incorpore o xarope de grenadine, a geleia de laranja e o licor de laranja. Deixe essa calda esfriar.

Com uma faca bem afiada, descasque as outras laranjas: retire a casca e a pele branca acompanhando a curvatura das frutas. Separe os gomos cortando precisamente entre a polpa e a membrana branca. Coloque-os na calda e leve à geladeira até a hora de servir.

Aqueça a água com o açúcar e um pouco de essência de baunilha até levantar fervura. Cozinhe o tagliatelle nessa água durante 10 minutos. Escorra e misture-o delicadamente à salada de laranja. Sirva em quatro pratos fundos e decore com as folhas de hortelã.

Tuiles de chocolate

RENDE 15 UNIDADES
DIFICULDADE ★ ★ ★
PREPARO: 35 min
ESFRIAMENTO: 15 a 25 min

- 250 g de chocolate meio-amargo
- 100 g de amêndoas laminadas tostadas

◊ Ver "Como temperar chocolate" nas pp. 320 a 324

Corte cinco tiras de 12 × 30 cm de celofane culinário. Tenha à mão um pincel, um rolo grande para massas e fita adesiva.

Faça a temperagem seguindo estas etapas para que o chocolate fique bem liso e brilhante: pique-o grosseiramente. Derreta ⅔ do chocolate em banho-maria até atingir 45 °C no termômetro culinário. Retire do banho-maria. Adicione o chocolate restante, mexendo até atingir 27 °C. Aqueça o chocolate novamente em banho-maria até 32 °C, mexendo sempre.

Com o pincel, forme três círculos de chocolate derretido sobre uma das tiras de papel celofane com 8 cm de diâmetro e 2 ou 3 mm de espessura. Espalhe amêndoas laminadas sobre cada círculo, depois, coloque a tira de celofane sobre o rolo para massas com a parte do chocolate virada para cima, fixe a tira com um pedaço de fita adesiva. Repita a operação com as outras quatro tiras, sobrepondo-as.

Leve à geladeira por 15 a 20 minutos, até o chocolate solidificar. Levante uma a uma as tiras de celofane e retire delicadamente as tuiles de chocolate.

Mantenha em um recipiente hermeticamente fechado, em lugar seco (com temperatura máxima de 12 °C).

DICAS DO CHEF: para maior comodidade, prepare esta receita em um dia com temperatura amena; ficará mais fácil manipular o chocolate. Pode também utilizar chocolate branco ou ao leite respeitando as temperaturas de temperagem indicadas nas pp. 320 a 324.

Tuiles de chocolate e avelã

RENDE 30 UNIDADES
DIFICULDADE ★ ★ ★
PREPARO: 30 min
REFRIGERAÇÃO: 20 min
COZIMENTO: 6 a 8 min

- 50 g de manteiga sem sal em temperatura ambiente
- 100 g de açúcar de confeiteiro
- 2 claras
- 40 g de farinha de trigo peneirada
- 10 g de cacau em pó peneirado
- 200 g de avelãs sem pele picadas

Preaqueça o forno a 180 °C. Forre uma assadeira com papel-manteiga.

Em uma tigela, bata a manteiga e o açúcar de confeiteiro até obter uma consistência cremosa. Acrescente as claras, pouco a pouco, misturando bem, por último, incorpore a farinha de trigo e o cacau. Leve a massa à geladeira por 20 minutos.

Sobre a assadeira, forme discos de massa com cerca de 6 cm de diâmetro e salpique com as avelãs picadas. Asse por 6 a 8 minutos.

Quando os discos estiverem assados, retire-os da assadeira e coloque, antes que endureçam, sobre um rolo grande para massas para curvá-los levemente, formando assim as tuiles.

DICAS DO CHEF: faça como os chefs, tenha entre seus utensílios de cozinha uma espátula de pintor triangular, limpa, útil para soltar facilmente as tuiles. E, se não tiver um rolo para massas, pode substituí-lo por uma garrafa.

Docinhos delicados

Como temperar chocolate em banho-maria

Adapte a quantidade de chocolate meio-amargo sugerida conforme a receita escolhida.

① Pique 300 g de chocolate meio-amargo (use a versão para cobertura, de preferência). Encha uma tigela grande com água gelada e reserve-a. Derreta o chocolate em banho-maria: a água deve ficar borbulhante, sem ferver, para não respingar sobre o chocolate e, assim, evitar que ele manche e perca a maleabilidade. A temperatura do chocolate deve atingir 45 °C no termômetro culinário.

② Quando a temperatura alcançar 45 °C, retire o chocolate do banho-maria e coloque a fôrma na tigela com água gelada, mexendo continuamente com uma espátula de silicone até a temperatura atingir 27 °C.

③ Retire o chocolate da água fria. Recoloque-o em banho-maria, mexendo delicadamente, várias vezes, para evitar que a tigela esquente demais e aumente rapidamente a temperatura do chocolate. Quando a temperatura atingir 32 °C (no máximo), retire o chocolate imediatamente do banho-maria. O chocolate deve estar liso e brilhante.

Como temperar chocolate com manteiga de cacau em pó

Adapte a quantidade de chocolate meio-amargo sugerida conforme a receita escolhida.

① Pique 300 g de chocolate meio-amargo (use a versão para cobertura, de preferência). Derreta o chocolate em banho-maria: a água deve ficar borbulhante, sem ferver, para não respingar sobre o chocolate e, assim, evitar que ele manche e perca a maleabilidade. A temperatura do chocolate deve atingir 45 °C no termômetro culinário.

② Quando a temperatura alcançar 45 °C, retire o chocolate do banho-maria e coloque-o na mesa de trabalho. Deixe esfriar até 35 °C, mexendo de vez em quando.

③ Assim que atingir os 35 °C, polvilhe o chocolate com a manteiga de cacau (use 1% da quantidade de chocolate; no caso desta receita, seriam 3 gramas. Misture bem e deixe-o esfriar à temperatura de 31 °C. O chocolate deve estar liso e brilhante.

Como temperar chocolate no mármore

Adapte a quantidade de chocolate meio-amargo conforme os ingredientes da receita escolhida.

① Pique 300 g de chocolate meio-amargo (use a versão para cobertura, de preferência). Derreta o chocolate em banho-maria: a água deve ficar borbulhante, sem ferver, para não respingar sobre o chocolate e, assim, evitar que ele manche e perca a maleabilidade. A temperatura do chocolate deve atingir 45 °C no termômetro culinário.

② Quando a temperatura alcançar 45 °C, retire o chocolate do banho-maria e despeje ¾ dele sobre o mármore frio.

③ Com uma espátula de inox, mexa o chocolate com um movimento de baixo para cima e da esquerda para a direita.

④ Usando uma espátula angulada e uma espátula flexível de inox ao mesmo tempo, empurre o chocolate em direção ao centro, levantando as espátulas e fazendo cair a quantidade acumulada entre elas.

⑤ Repita essa operação (etapas 3 e 4) várias vezes para o chocolate ganhar consistência.

⑥ Quando o chocolate começar a endurecer, leve-o imediatamente de volta para a tigela com o chocolate restante. Reaqueça tudo em banho-maria, mexendo diversas vezes para evitar que a tigela aqueça demais e aumente bruscamente a temperatura do chocolate. Quando ela atingir 32 °C (no máximo), retire-o imediatamente do banho-maria. O chocolate deve estar liso e brilhante.

Como verificar a temperagem do chocolate

① Despeje um pouquinho de chocolate temperado sobre um pedaço de papel-alumínio.

② Leve-o à geladeira por 7 minutos e, depois, descole-o do papel-alumínio.

③ Se o chocolate estiver liso e brilhante e se quebrar facilmente, estará pronto para ser usado.

Se for chocolate ao leite, deve ser derretido a 45 °C, resfriado a 26 °C e reaquecido a 29 °C. Se for chocolate branco, deve ser derretido a 40 °C, resfriado a 25 °C e reaquecido a 28 °C.

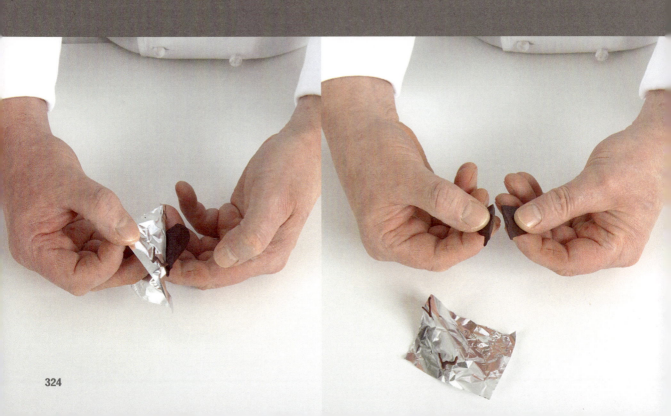

Como fazer pasta de pralinê

Prepare assim 230 g de pasta de pralinê para a receita escolhida (ver, por exemplo, a p. 370).

① Em uma panela, ferva 30 ml de água com 150 g de açúcar. Junte 75 g de amêndoas sem pele, 75 g de avelãs também sem pele e misture com uma espátula de madeira. Retire do fogo e continue a mexer até as frutas secas ficarem açucaradas (cobertas de açúcar parecendo um pó branco). Recoloque a panela no fogo e aqueça até o açúcar cristalizado se dissolver.

② Quando as frutas secas caramelizarem e começarem a estalar, espalhe-as sobre uma assadeira previamente untada com óleo. Deixe esfriar.

③ Quebre esse preparado em pedaços. Então, triture-os no processador até obter uma farofa fina (chamada pralin). Continue a bater, parando de vez em quando para mexer com uma espátula, até obter uma pasta mole (chamada pasta de pralinê).

Como moldar bombons de chocolate

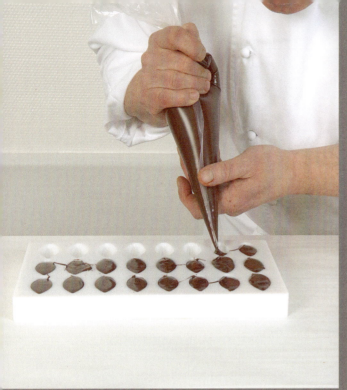

Tempere o chocolate, prepare a ganache e escolha as forminhas conforme a receita (ver, por exemplo, a p. 346). Coloque o chocolate derretido e a ganache em dois sacos de confeitar diferentes.

① Usando o saco de confeitar, forre as cavidades das forminhas com o chocolate derretido temperado.

② Dê batidinhas na fôrma sobre a mesa de trabalho para eliminar as bolhas de ar, depois, vire-a de cabeça para baixo e bata com uma espátula para que o excesso escorra sobre uma assadeira.

③ Com a fôrma ainda virada, raspe a superfície com uma espátula triangular. Apenas as laterais das forminhas devem ficar forradas com chocolate. Deixe em temperatura ambiente por 10 minutos para ganhar consistência; em um dia muito quente, leve à geladeira até que ganhe consistência.

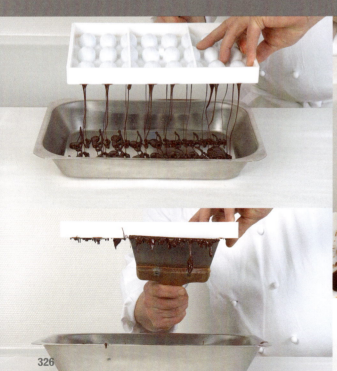

(4) Usando o saco de confeitar, preencha as cavidades com a ganache, deixando um espaço de 2 mm entre a ganache e a borda da fôrma (para poder fechar os bombons depois), tomando cuidado para não transbordar. Leve à geladeira por 20 minutos.

(5) Cubra as cavidades com uma camada de chocolate derretido para envolver a ganache e fechar os bombons.

(6) Coloque imediatamente uma folha de plástico grossa ou celofane culinário sobre a fôrma e pressione, delicadamente, as cavidades para cobri-las bem de chocolate.

(7) Raspe a superfície com uma espátula de silicone para eliminar o excesso de chocolate e leve à geladeira por mais 20 minutos até ele ficar consistente.

(8) Quando o chocolate estiver no ponto, retire delicadamente o plástico, vire a fôrma sobre a mesa de trabalho e dê batidinhas no fundo com uma espátula para desenformar os bombons.

Reserve os bombons para utilizá-los conforme as indicações da receita escolhida.

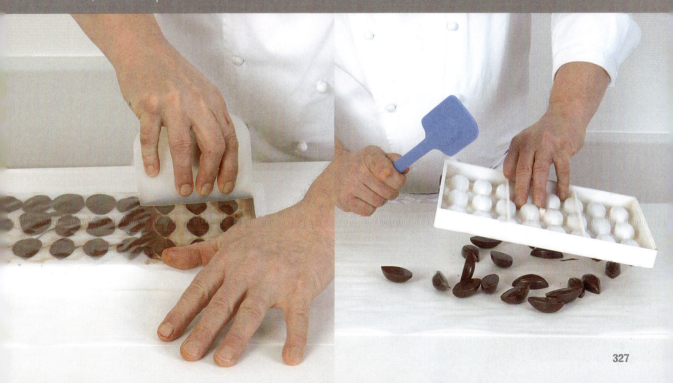

Como cobrir bombons com chocolate

Prepare a ganache, forme bolinhas e leve-as à geladeira para endurecer conforme as indicações da receita escolhida (ver, por exemplo, as pp. 342, 380 ou 384).

① Retire as bolinhas de ganache da geladeira. Deixe-as perder um pouco do gelado (o ideal é que fiquem entre 18 °C e 22 °C). Coloque cacau em pó em um recipiente largo e fundo. Tempere uma boa quantidade de chocolate (ver a p. 320). Pegue um garfo normal ou um que seja próprio para banhar bombons (com anel ou com dentes).

② Coloque o garfo sob uma bola de ganache, mergulhe-a com cuidado no chocolate, retire e deixe-a escorrer sobre a tigela. Sacuda o bombom delicadamente e limpe várias vezes o fundo do garfo sobre a borda da tigela para retirar o excesso de chocolate e obter uma cobertura lisa e uniforme.

③ Ainda com a ajuda do garfo, passe o bombom no cacau. Deixe-o em temperatura ambiente por 10 minutos até ficar consistente. Quando estiver no ponto, passe-o por uma peneira para eliminar o excesso de cacau.

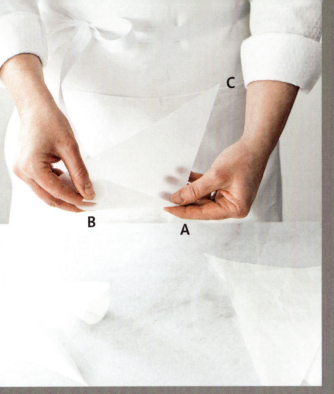

Como fazer um cone para decorar sobremesas

Adapte a quantidade de chocolate utilizada conforme a receita escolhida (ver, por exemplo, a p. 278).

① Recorte um triângulo retângulo de 20 × 30 cm em uma folha de papel-manteiga. Segure o triângulo colocando o ângulo reto no alto à esquerda. Chamaremos o ângulo reto de A, o ângulo de cima à direita de B e o ângulo de baixo de C. Enrole o ângulo B em direção ao ângulo A para fazer um cone, formando uma ponta sobre o lado maior do triângulo. Em seguida, enrole o ângulo C para cima, de maneira a obter um cone o mais pontudo possível, e dobre a ponta do ângulo C para o interior do cone para evitar que ele desenrole.

② Com uma colher, encha o cone com chocolate derretido morno.

③ Feche o cone abaixando a parte alta e role-o até que o chocolate se acumule na ponta do cone. O papel deve ficar esticado. Corte a ponta do tamanho que quiser e decore suas sobremesas.

Amêndoas de marzipã
cobertas de chocolate

RENDE 20 UNIDADES
DIFICULDADE ★ ★ ☆
PREPARO: 45 min
REPOUSO: 30 min

- 200 g de marzipã
- 20 amêndoas sem pele inteiras tostadas

Para a cobertura
- 300 g de chocolate meio-amargo

◊ Ver "Como temperar chocolate" nas pp. 320 a 324

Deixe o marzipã à temperatura ambiente para que fique maleável. Trabalhe-o um pouco com as mãos, para que ele fique macio, coloque corante em pasta amarelo até chegar a um amarelo cor de gema de ovo. Amasse bem para que a cor fique uniforme em todo o marzipã. Não se esqueça de utilizar luvas descartáveis.

Faça um rolo comprido e regular de 2 cm de diâmetro com o marzipã, depois, corte-o em vinte pedaços iguais de cerca de 10 g.

Enrole os pedaços com as mãos para formar bolinhas e, depois, molde-as para que fiquem ovais, parecendo uma amêndoa. Coloque uma amêndoa inteira sobre cada amêndoa de marzipã, no sentido longitudinal, e afunde-a ligeiramente.

Prepare a cobertura: tempere o chocolate observando estas etapas para que ele fique bem liso e brilhante: pique-o grosseiramente. Derreta ⅔ do chocolate em banho-maria até atingir 45 °C em um termômetro culinário. Então, retire-o do banho-maria. Junte o restante do chocolate e misture bem para ele esfriar até chegar a 27 °C. Volte o chocolate para o banho-maria, mexendo sempre, até a temperatura atingir 32 °C.

Forre uma assadeira com papel-manteiga. Espete as amêndoas de marzipã com um palito de dente, mergulhe-as no chocolate até ¾ de sua altura e disponha-as na assadeira. Deixe-as descansar por 30 minutos em temperatura ambiente, ou leve à geladeira por 10 minutos, para o chocolate endurecer.

Retire os palitos. Conserve as amêndoas de marzipã na geladeira (em temperatura máxima de 12 °C), em um recipiente bem fechado, e sirva-as em até 15 dias.

DICAS DO CHEF: se quiser um doce de outra cor, escolha o corante alimentício que preferir, mas utilize sempre o corante em pasta, pois o líquido vai deixar o marzipã grudento e impossível de usar.

Bombons Annabella

RENDE 30 UNIDADES
DIFICULDADE ★ ★ ★
MACERAÇÃO: 1 noite
PREPARO: 1h30

- 40 g de uvas-passas
- 20 ml de rum
- 150 g de marzipã
- açúcar de confeiteiro

Para a cobertura
- 300 g de chocolate branco

Para a decoração
- 50 g de chocolate meio-amargo

◊ Ver "Como temperar chocolate" nas pp. 320 a 324

Na véspera, coloque as uvas-passas de molho no rum.

No dia do preparo, escorra as uvas-passas e misture-as com o marzipã. Polvilhe a mesa de trabalho com açúcar de confeiteiro. Usando luvas de plástico, divida a massa em duas partes e enrole-as fazendo dois rolos compridos do mesmo tamanho. Então, corte os rolos em pedaços de cerca de 1 cm de largura (ou seja, com 10 a 15 g), forme bolinhas e coloque-as em um prato.

Prepare a cobertura: tempere o chocolate branco respeitando estas etapas para que ele fique liso e brilhante: pique-o grosseiramente. Derreta ⅔ do chocolate em banho-maria até atingir 40 °C no termômetro culinário. Retire do banho-maria. Adicione o restante do chocolate e misture bem até ele esfriar e chegar a 25 °C. Volte o chocolate ao banho-maria até a temperatura atingir 28 °C, sempre mexendo.

Faça um cone de papel-manteiga (ver as instruções na p. 329). Derreta o chocolate meio-amargo em banho-maria. Enquanto isso, recoloque as luvas e mergulhe as bolinhas de massa, uma a uma, no chocolate branco. Sacuda-as com cuidado para retirar o excesso de chocolate, disponha-as sobre uma folha de papel-manteiga e espere o chocolate ficar consistente, se necessário, leve à geladeira por 10 minutos.

Encha o cone com o chocolate meio-amargo. Feche-o abaixando a parte alta e role-o sobre uma mesa até que o chocolate se acumule na ponta do cone. Assim que o chocolate branco dos bombons começar a endurecer, corte a ponta do cone e decore os bombons com o chocolate meio-amargo, fazendo traços desiguais.

DICAS DO CHEF: se não quiser fazer o cone, mergulhe uma colher no chocolate amargo derretido e use-a para decorar os bombons. Você pode brincar com as cores e criar uma bela apresentação servindo esses bombons com as clássicas trufas de chocolate polvilhadas com cacau.

DOCINHOS DELICADOS

Caramelos cremosos de chocolate

RENDE 25 UNIDADES
DIFICULDADE ★ ★ ★
PREPARO: 30 min
REFRIGERAÇÃO: 2h

- 80 g de chocolate meio-amargo
- 250 ml de creme de leite fresco
- 250 g de açúcar
- 75 g de mel
- 25 g de manteiga sem sal

Pique o chocolate e coloque-o em uma tigela.

Em uma panela, aqueça o creme de leite até ferver e reserve-o. Coloque 50 g de açúcar em outra panela e leve ao fogo, mexendo de vez em quando com uma espátula de madeira. Quando o açúcar estiver da cor de caramelo, interrompa o cozimento adicionando o creme de leite aos poucos, sem parar de mexer. Então, junte o açúcar restante e continue a mexer até obter um caramelo macio (cuidado para não deixar queimar).

Molhe uma espátula de madeira e, com ela, incorpore o mel a essa preparação. Cozinhe o caramelo até a temperatura chegar a 114 °C no termômetro culinário. Junte um pouco do chocolate picado, misture e incorpore progressivamente o chocolate restante e a manteiga.

Coloque um aro quadrado de 18 × 18 cm sobre uma folha de papel-manteiga. Disponha nele o caramelo de chocolate e leve à geladeira por 2 horas.

Então, retire o aro, passando uma faca nas laterais, e recorte o caramelo em quadradinhos ou da forma que preferir.

DICA DO CHEF: se você não dispuser de um aro quadrado para sobremesas, use uma fôrma quadrada forrada com filme de PVC, deixando-o ultrapassar as bordas para facilitar a remoção depois.

Cerejinhas cobertas
com chocolate

RENDE 30 UNIDADES
DIFICULDADE ★ ★ ★
DESSORAMENTO: 1 noite
PREPARO: 30 min
REPOUSO: 30 min

- 300 g de cerejas em calda com os cabos

Para a cobertura
- 350 g de chocolate meio-amargo

◊ Ver "Como temperar chocolate" nas pp. 320 a 324

Na véspera, escorra e seque bem as cerejas.

No dia do preparo, faça a cobertura: tempere o chocolate meio-amargo respeitando as etapas seguintes para que ele fique bem brilhante: pique-o grosseiramente. Derreta ⅔ do chocolate em banho-maria até atingir 45 °C no termômetro culinário. Então, retire-o do banho-maria. Adicione o restante do chocolate e misture bem até esfriar e chegar a 27 °C. Volte o chocolate para o banho-maria até a temperatura atingir 32 °C, sempre mexendo.

Segurando as cerejas pelo cabo, mergulhe-as, uma a uma, no chocolate derretido. Dê uma leve sacudida para retirar o excesso de chocolate e disponha-as sobre uma folha de papel-manteiga. Deixe em temperatura ambiente por 30 minutos, ou leve à geladeira por 10 minutos, até o chocolate endurecer.

DICA DO CHEF: para que o chocolate mantenha o aspecto liso e brilhante adquirido após a temperagem, deixe as cerejas em temperatura ambiente.

Chardons de laranja

RENDE 30 UNIDADES
DIFICULDADE ★ ★ ★
PREPARO: 20 min + 1 h
REPOUSO: 1 noite

- 45 g de laranjas cristalizadas
- 200 g de marzipã
- 1 colher (sopa) de kirsch
- açúcar de confeiteiro

Para a cobertura
- 350 g de chocolate meio-amargo

◊ Ver "Como temperar chocolate" nas pp. 320 a 324

Na véspera, pique as laranjas em pedaços bem finos. Misture-os com o marzipã e o kirsch até obter uma massa homogênea. Polvilhe a mesa de trabalho com açúcar de confeiteiro. Usando luvas de plástico, corte a massa em duas partes e enrole-as, formando dois rolos compridos iguais. Corte os rolos em pedaços de cerca de 1 cm de largura (ou seja, de 15 g) e molde esses pedaços em bolinhas. Disponha-as em um prato e deixe secar durante a noite inteira.

No dia do preparo, forre uma assadeira com papel-manteiga.

Prepare a cobertura: tempere o chocolate meio-amargo respeitando estas etapas para que ele fique bem liso e brilhante: pique-o grosseiramente. Derreta ⅔ do chocolate em banho-maria até atingir 45 °C no termômetro culinário. Então, retire-o do banho-maria. Adicione o restante do chocolate e misture bem para ele esfriar e chegar a 27 °C. Volte o chocolate para o banho-maria, sempre mexendo, até a temperatura atingir 32 °C.

Usando luvas de plástico, mergulhe as bolinhas, uma a uma, no chocolate derretido. Deixe em temperatura ambiente até ele ficar firme e mergulhe-as novamente no chocolate. Sacuda as bolinhas ligeiramente para retirar o excesso de chocolate e disponha-as sobre uma grelha. Assim que o chocolate começar a endurecer, mas ainda estiver um pouco mole, role os bombons sobre a grelha, para formar pequenos picos à sua volta. Coloque as trufas na assadeira forrada. Deixe-as em temperatura ambiente por 30 minutos ou, se estiver um dia muito quente, leve à geladeira por 10 minutos, até ficarem firmes. Conserve-as em um recipiente bem fechado.

DICA DO CHEF: chardon é um tipo de trufa de origem francesa feita com frutas ou cascas de fruta, que fica com uma aparência crespinha, como as da foto.

Chardons de pistache

RENDE 40 UNIDADES
DIFICULDADE ★ ★ ★
PREPARO: 20 min + 1h
REPOUSO: 1 noite

Para os chardons de pistache
- 1 colher (sopa) de água
- 20 g de açúcar
- 5 g de mel de sabor neutro
- 35 g de pistaches sem casca e sem pele ou farinha de pistache
- 200 g de marzipã
- 20 g de manteiga sem sal em temperatura ambiente
- ½ colher (sopa) de rum
- açúcar de confeiteiro

Para a cobertura
- 400 g de chocolate meio-amargo

◊ Ver "Como temperar chocolate" nas pp. 320 a 324

Na véspera, prepare os chardons de pistache: em uma panela, misture a água, o açúcar e o mel e leve ao fogo até ferver e dissolver o açúcar, mas não deixe que forme um caramelo. Bata os pistaches no liquidificador até obter uma farinha. Junte a calda e continue a bater até obter uma massa mole. Incorpore a essa massa o marzipã, a manteiga e o rum. Polvilhe a mesa de trabalho com açúcar de confeiteiro. Usando luvas de plástico, divida a massa em duas partes e enrole-as, formando dois rolos de cerca de 30 cm de comprimento cada um. Corte-os em pedaços de cerca de 2 cm de largura e role-os entre a palma das mãos para formar bolinhas. Disponha-as em um prato e deixe-as secar durante a noite inteira.

No dia do preparo, forre uma assadeira com papel-manteiga.

Prepare a cobertura: tempere o chocolate meio-amargo seguindo estas etapas para que ele fique bem liso e brilhante: pique-o grosseiramente. Derreta ⅔ do chocolate em banho-maria até atingir 45 °C no termômetro culinário. Retire o chocolate do banho-maria. Adicione o restante do chocolate e misture bem para esfriar e chegar a 27 °C. Volte o chocolate para o banho-maria, sempre mexendo, até a temperatura atingir 32 °C.

Usando luvas de plástico, mergulhe as bolinhas, uma a uma, no chocolate derretido. Deixe em temperatura ambiente até o chocolate ficar firme e mergulhe-as novamente no chocolate derretido. Sacuda as bolinhas ligeiramente para remover o excesso de chocolate e disponha-as sobre uma grelha.

Assim que o chocolate começar a endurecer, role os bombons sobre a grelha, para formar pequenos picos à sua volta. Coloque as trufas na assadeira. Deixe-as em temperatura ambiente por 30 minutos ou, se estiver um dia muito quente, leve à geladeira por 10 minutos, até ficarem firmes. Conserve-as em um recipiente bem fechado.

Trufas de chocolate com limão

RENDE 50 UNIDADES
DIFICULDADE ★ ★ ★
PREPARO: 1h
INFUSÃO: 15 min
REFRIGERAÇÃO: 50 min

Para a ganache de limão
- 50 ml de água
- 2 sachês de chá de limão
- suco de 2 limões-sicilianos
- 240 g de chocolate ao leite
- 80 g de chocolate meio-amargo
- 2 gemas
- 100 g de açúcar
- 50 ml de creme de leite fresco

Para a cobertura
- 400 g de chocolate meio-amargo
- açúcar de confeiteiro
- raspas da casca de 3 limões

◊ Ver "Como cobrir bombons com chocolate" na p. 328

◊ Ver "Como temperar chocolate" nas pp. 320 a 324

Prepare a ganache de limão: ferva a água, junte os sachês e deixe em infusão por 15 minutos. Coe o chá para obter de 25 a 30 ml (o equivalente a 2 colheres de sopa). Junte o suco do limão e reserve. Pique os dois tipos de chocolates em pedacinhos e coloque-os em uma tigela. À parte, bata as gemas com metade do açúcar.

Em uma panela, aqueça o creme de leite, o chá de limão e o açúcar restante até ferver e despeje tudo sobre a mistura de gemas e açúcar, mexendo bem.

Volte tudo para a panela e aqueça em fogo baixo, mexendo sem parar com uma espátula de madeira até o creme ficar consistente e aderir à espátula (cuidado para não deixar o creme ferver). Despeje-o sobre o chocolate e misture delicadamente com o batedor manual até obter uma consistência homogênea. Leve essa ganache à geladeira por 30 minutos para endurecer.

Usando uma colher ou um saco de confeitar com bico liso, molde pequenas bolas e leve à geladeira.

Prepare a cobertura: tempere o chocolate meio-amargo seguindo estas etapas para que ele fique bem liso e brilhante: pique-o grosseiramente. Derreta ⅔ do chocolate em banho-maria até atingir 45 °C no termômetro culinário. Então, retire-o do banho-maria. Adicione o restante do chocolate e misture bem até esfriar e chegar a 27 °C. Volte o chocolate para o banho-maria, sempre mexendo, até a temperatura atingir 32 °C.

Coloque açúcar de confeiteiro em um prato fundo e misture-o com as raspas de limão. Quando as bolinhas de ganache estiverem bem firmes, retire-as da geladeira. Apoie-as em um garfo grande e mergulhe-as no chocolate derretido. Depois, sacuda-as para remover o excesso de chocolate. Role-as no açúcar de confeiteiro com as raspas de limão e disponha-as sobre uma grelha. Assim que o chocolate endurecer, passe as trufas por uma peneira para eliminar o excesso de açúcar e conserve-as em um recipiente bem fechado.

Trufas de matcha

RENDE 50 UNIDADES
DIFICULDADE ★ ★ ☆
PREPARO: 1 h
REFRIGERAÇÃO: 50 min

Para a ganache de matcha
- 240 g de chocolate ao leite
- 80 g de chocolate meio-amargo
- 2 gemas
- 100 g de açúcar
- 100 ml de creme de leite fresco
- ¼ de colher (chá) de matcha em pó (1 g)

Para a cobertura
- 400 g de chocolate meio-amargo
- cacau em pó

◊ Ver "Como temperar chocolate" nas pp. 320 a 324

Prepare a ganache de matcha: pique os dois chocolates em pedacinhos e coloque-os em uma tigela. Em outra tigela, bata as gemas com o açúcar até a mistura ficar esbranquiçada e consistente.

Em uma panela, aqueça o creme de leite e o matcha até ferver e despeje um pouco dele sobre a mistura de ovos e açúcar, mexendo vigorosamente. Volte tudo à panela e cozinhe em fogo baixo por 2 minutos, mexendo sem parar com uma espátula de madeira até o creme engrossar e aderir à espátula (cuidado para não deixar o creme ferver).

Retire a panela do fogo, despeje o creme sobre o chocolate e misture delicadamente até a mistura ficar macia e homogênea. Leve a ganache à geladeira por 30 minutos para adquirir consistência.

Com uma colher ou um saco de confeitar com bico liso, molde bolinhas de ganache e leve à geladeira.

Prepare a cobertura: tempere o chocolate meio-amargo seguindo estas etapas para que ele fique bem liso e brilhante: pique-o grosseiramente. Derreta ⅔ do chocolate em banho-maria até atingir 45 °C no termômetro culinário. Então, retire-o do banho-maria. Adicione o restante do chocolate e misture bem até esfriar e chegar a 27 °C. Volte para o banho-maria, sempre mexendo, até a temperatura atingir 32 °C.

Coloque o cacau em um prato fundo. Quando as bolinhas de ganache estiverem firmes, retire-as da geladeira. Usando luvas de plástico ou um garfo comprido, mergulhe-as no chocolate derretido. Sacuda-as levemente para remover o excesso de chocolate, role-as no cacau e espere até ficarem consistentes. Quando estiverem no ponto, passe-as por uma peneira para eliminar o excesso de cacau e conserve-as em um recipiente bem fechado.

Bombons de banana

RENDE **30** UNIDADES
DIFICULDADE ★ ★ ★
PREPARO: 1 h
COZIMENTO: 10 min
REFRIGERAÇÃO: 40 min

Para a ganache de banana
- 50 g de mel
- 10 g de manteiga sem sal
- ½ banana (cerca de 75 g)
- 65 g de chocolate ao leite
- 35 g de chocolate meio-amargo
- 50 ml de creme de leite fresco

Para a cobertura
- 400 g de chocolate meio-amargo

◊ Ver "Como moldar bombons de chocolate" na p. 326

◊ Ver "Como temperar chocolate" nas pp. 320 a 324

Prepare a ganache de banana: em uma panela, aqueça o mel com a manteiga. Amasse a banana, coloque-a na panela e cozinhe-a até desmanchar. Reserve-a. Pique grosseiramente os dois chocolates e coloque-os em uma tigela. Aqueça o creme de leite até levantar fervura, despeje-o sobre o chocolate e misture bem. Incorpore a banana e deixe descansar até a ganache ficar consistente.

Prepare a cobertura: tempere o chocolate meio-amargo seguindo estas etapas para que ele fique liso e brilhante: pique-o grosseiramente. Derreta ⅔ do chocolate em banho-maria até atingir 45 °C no termômetro culinário. Então, retire-o do banho-maria. Adicione o chocolate restante e misture bem até chegar a 27 °C. Volte o chocolate para o banho-maria, sempre mexendo, até a temperatura atingir 32 °C.

Encha as cavidades de uma fôrma de silicone com o chocolate derretido. Bata-a levemente sobre a mesa para eliminar as bolhas de ar e vire-a para escoar o excesso de chocolate: apenas o fundo e as laterais das cavidades devem ficar com uma fina camada de chocolate.

Limpe as bordas da fôrma com uma faca e deixe em temperatura ambiente por 30 minutos para o chocolate solidificar; se o dia estiver muito quente, leve à geladeira por 10 minutos. Então, com um saco de confeitar com bico liso, encha as cavidades até ¾ da borda com a ganache de banana já fria. Finalize com mais uma camada de chocolate derretido e raspe a superfície de novo para as bordas ficarem bem limpas. Leve à geladeira por 20 minutos. Quando o chocolate endurecer, vire a fôrma sobre a mesa de trabalho e dê batidinhas para desenformar os bombons.

DICA DO CHEF: depois de cozinhar a banana com mel e manteiga, você pode flambá-la no rum e amassá-la; isso intensificará o sabor dos chocolates.

Bombons de chocolate
com cassis

RENDE 40 UNIDADES
DIFICULDADE ★ ★ ★
PREPARO: 1h30
REFRIGERAÇÃO: 40 min
MATERIAL: 2 fôrmas de silicone para chocolate com 20 cavidades

Para a ganache de cassis
- 40 g de chocolate amargo com 70% de cacau
- 70 ml de creme de leite fresco
- 8 g de mel
- 70 g de manteiga sem sal
- 35 g de polpa de cassis

Para a cobertura
- 400 g de chocolate meio-amargo
- 20 g de manteiga de cacau vermelha
- ouro em pó comestível

◇ Ver "Como moldar bombons de chocolate" na p. 326

◇ Ver "Como temperar chocolate" nas pp. 320 a 324

Prepare a ganache de cassis: derreta o chocolate em banho-maria. Em uma panela, aqueça ligeiramente o creme de leite com o mel e a manteiga. Incorpore a polpa de cassis, deixe amornar e despeje tudo sobre o chocolate, misturando bem.

Prepare a cobertura: tempere o chocolate meio-amargo seguindo estas etapas para que ele fique bem liso e brilhante: pique-o grosseiramente. Derreta ⅔ do chocolate em banho-maria até atingir 45 °C no termômetro culinário. Retire do banho-maria. Adicione o chocolate restante e misture bem até chegar a 27 °C. Volte o chocolate para o banho-maria, sempre mexendo, até a temperatura atingir 32 °C.

Coloque uma folha de celofane culinário sobre a mesa de trabalho. Com um pincel, espalhe a manteiga de cacau nas cavidades das fôrmas e polvilhe-as com ouro em pó. Com um saco de confeitar com bico liso, encha as cavidades com o chocolate derretido. Imediatamente, bata a fôrma sobre a mesa de trabalho para eliminar as bolhas de ar e vire-a para escoar o excesso de chocolate. Ainda com a fôrma virada, raspe a superfície com uma espátula, de modo que apenas as laterais e o fundo das cavidades fiquem forrados de chocolate; as bordas devem estar bem limpas. Deixe descansar por 10 minutos em temperatura ambiente; se o dia estiver muito quente, leve um pouco à geladeira para que o chocolate se solidifique.

Depois, com o saco de confeitar, encha as cavidades com a ganache de cassis, deixando um espaço de 2 mm entre a ganache e a borda da fôrma. Leve à geladeira por 20 minutos. Então, cubra as cavidades com uma camada de chocolate derretido. Coloque sobre as fôrmas uma folha de celofane culinário e raspe a borda de novo para eliminar o excesso de chocolate. Leve à geladeira por mais 20 minutos. Quando os bombons estiverem firmes, vire a fôrma sobre a mesa de trabalho e dê batidinhas nela para desenformar os bombons.

DICA DO CHEF: se não tiver cassis, substitua por groselha, mirtilo ou amora.

Docinhos de chocolate
com passas ao rum

RENDE 20 UNIDADES
DIFICULDADE ★ ★ ★
MACERAÇÃO: 1 noite
PREPARO: 30 min
REFRIGERAÇÃO: 2h

- 30 g de uvas-passas
- 50 ml de rum
- 170 g de açúcar
- 60 g de glucose (ou mel de sabor neutro)
- 140 ml de creme de leite fresco
- 15 g de manteiga sem sal
- 80 g de chocolate meio-amargo

Na véspera, coloque as uvas-passas de molho no rum para macerar.

No dia do preparo, unte e enfarinhe uma fôrma de 20 × 16 cm.

Em uma panela, aqueça o açúcar, a glucose (ou o mel), o creme de leite e a manteiga até a temperatura atingir 120 °C no termômetro culinário. Retire do fogo, incorpore as uvas-passas escorridas e deixe esfriar até alcançar 60 °C, sem mexer.

Pique grosseiramente o chocolate. Derreta-o em banho-maria e retire-o do fogo. Quando a mistura à base de açúcar tiver amornado, incorpore o chocolate derretido. Continue a mexer suavemente até a preparação ficar consistente e opaca, mas não mexa demais para evitar a formação de cristais. Disponha a mistura na fôrma, espalhando-a de modo uniforme. Leve à geladeira por 2 horas.

Desenforme o doce e corte-o em quadrados de 4 cm. Deixe-os descansar em temperatura ambiente por algumas horas e conserve-os em um recipiente hermeticamente fechado.

DICAS DO CHEF: para facilitar o corte dos docinhos, use uma faca mergulhada previamente em água quente. A glucose é um açúcar líquido que não se cristaliza; ela dá suavidade às preparações. Você pode comprá-la em lojas especializadas em confeitaria ou pela internet.

Bombons crocantes de amêndoa

RENDE 20 UNIDADES
DIFICULDADE ★ ★ ★
PREPARO: 1h15
RESFRIAMENTO: 10 min

Para o bombom crocante
- 30 ml de água
- 150 g de açúcar
- 75 g de amêndoas sem pele
- 75 g de avelãs sem pele
- 75 g de chocolate ao leite
- 50 g de biscoitos crêpes dentelles ou biju doce triturados

Para as amêndoas caramelizadas
- 1 colher (sopa) de água
- 10 g de açúcar
- 35 g de amêndoas sem pele
- 5 g de manteiga sem sal

Para a cobertura
- 400 g de chocolate ao leite

◊ Ver "Como temperar chocolate" nas pp. 320 a 324

Prepare o bombom crocante: em uma panela, ferva a água com o açúcar. Junte as amêndoas e as avelãs e mexa com uma espátula de madeira. Retire do fogo e mexa bem até o açúcar cristalizar e as frutas secas ficarem açucaradas (cobertas de açúcar parecendo um pó branco). Volte as frutas para a panela em fogo baixo e deixe o açúcar derreter e caramelizar. Quando as frutas secas caramelizarem e começarem a estalar, espalhe-as sobre uma assadeira forrada com papel-manteiga e deixe esfriar.

Quebre esse preparado em pedaços. Então, triture-os no processador até obter uma farofa fina (chamada pralin). Continue a bater, parando de vez em quando para mexer com uma espátula, até obter uma pasta mole (chamada pralinê). Coloque essa pasta em uma tigela. Derreta o chocolate em banho-maria. Despeje-o sobre o pralinê, adicione os biscoitos triturados e misture. Disponha essa massa em uma fôrma retangular de 18 × 14 cm e alise a superfície com uma espátula flexível. Leve à geladeira até o momento de usar.

Prepare as amêndoas caramelizadas: em uma panela, aqueça a água com o açúcar até ferver e deixe no fogo por cerca de 5 minutos (ou até a temperatura atingir 117 °C no termômetro culinário). Fora do fogo, adicione as amêndoas e misture bem até ficarem açucaradas (cobertas de açúcar parecendo um pó branco). Volte a panela ao fogo baixo e deixe o açúcar derreter e caramelizar. Junte a manteiga. Coloque as amêndoas caramelizadas sobre uma folha de papel-manteiga e vire-as com uma espátula para separá-las e esfriá-las.

Prepare a cobertura: tempere o chocolate ao leite (ver pp. 320 a 324).

Desenforme o bombom crocante e, com uma faca previamente mergulhada em água quente, corte-o em retângulos de 2 × 3 cm. Usando um garfo comprido para apoiá-los, mergulhe-os, um a um, no chocolate derretido. Escorra-os ligeiramente e raspe-os na borda da tigela para retirar o excesso de chocolate. Coloque os bombons sobre uma folha de papel-manteiga e decore cada um com uma amêndoa caramelizada.

DICA DO CHEF: se você não dispuser de fôrma retangular, use uma caixa de plástico retangular com as mesmas dimensões indicadas na receita.

Frutas revestidas de chocolate

RENDE 4 A 6 PORÇÕES
DIFICULDADE ★ ★ ★
PREPARO: 20 min
REFRIGERAÇÃO: 15 min

- 250 g de morangos
- 2 tangerinas ou mexericas
- 185 g de chocolate meio-amargo picado
- 1 colher (sopa) de óleo vegetal (opcional)

Forre uma assadeira com papel-manteiga.

Lave os morangos, seque-os bem e deixe-os inteiros. Descasque as tangerinas e separe-as em gomos.

Derreta o chocolate em banho-maria lentamente. Se desejar, junte o óleo vegetal e misture até obter uma consistência homogênea. Retire a tigela do banho-maria e coloque-a sobre um pano de prato dobrado para mantê-la quente.

Segurando os morangos pelo cabo, mergulhe-os até ¾ de sua altura no chocolate. Escorra o excesso de chocolate na borda da tigela, delicadamente, e disponha-os na assadeira forrada. Repita a operação com os gomos de tangerina depois de secá-los sobre uma folha de papel-toalha.

Quando as frutas estiverem todas cobertas de chocolate em até ¾ de sua altura, leve-as à geladeira por 15 minutos. Antes de servi-las, deixe-as em temperatura ambiente por alguns minutos para realçar o sabor das frutas e para que o chocolate não fique muito duro.

DICAS DO CHEF: se o chocolate estiver muito grosso quando você for envolver as frutas, aqueça-o novamente em banho-maria para derretê-lo, tomando cuidado para não passar do ponto. Esta receita pode ser preparada com qualquer tipo de fruta, mas é aconselhável usar frutas inteiras e secá-las bem antes.

Fudges de chocolate branco
e pistache

RENDE 36 UNIDADES
DIFICULDADE ★ ★ ★
PREPARO: 20 min
REFRIGERAÇÃO: 2h

- 200 g de chocolate branco
- 20 g de manteiga sem sal
- 150 ml de creme de leite fresco
- 50 g de mel de sabor neutro
- 125 g de açúcar
- 80 g de pistaches picados

Forre uma fôrma quadrada de 18 × 18 cm com papel-manteiga.

Pique o chocolate e coloque-o em uma tigela com a manteiga. Em uma panela, coloque o creme de leite, o mel e o açúcar e aqueça até a temperatura atingir 112 °C no termômetro culinário. Despeje tudo sobre a mistura de chocolate e manteiga e mexa bem até obter uma consistência homogênea. Incorpore os pistaches. Disponha a preparação na fôrma e leve à geladeira por 2 horas.

Quando o fudge estiver bem consistente, corte-o em quadradinhos de 3 cm e sirva.

DICA DO CHEF: estes fudges se conservam bem por uma semana.

Bombons de chocolate
com caramelo cremoso

RENDE 10 UNIDADES
DIFICULDADE ★ ★ ★
PREPARO: 30 min
COZIMENTO: 6 a 8 min
RESFRIAMENTO: 15 min

- 1 pacote de massa filo (300 g)
- 300 g de chocolate meio-amargo
- 300 ml de creme de leite fresco
- 100 ml de leite
- 300 g de açúcar
- 100 g de manteiga com sal
- 150 g de manteiga sem sal

Descongele a massa e corte-a em retângulos de 20 × 15 cm.

Pique o chocolate e coloque-o em uma tigela. Aqueça o creme de leite e o leite até ferver e reserve.

Em outra panela, aqueça 100 g de açúcar, mexendo de vez em quando com uma espátula de madeira. Quando estiver da cor de caramelo, junte um pouco da mistura de creme e leite e mexa bem com a espátula. Então, incorpore, aos poucos, o restante da mistura de creme e leite e, depois, o açúcar restante. Mexa com a espátula até obter um caramelo macio (cuidado para não deixar queimar). Mantenha-o no fogo até a temperatura atingir 114 °C no termômetro culinário. Acrescente um pouco do chocolate picado, mexendo com a espátula. Em seguida, junte, progressivamente, o restante do chocolate, a manteiga salgada e 100 g da manteiga sem sal.

Despeje tudo em um prato, cubra com filme de PVC e leve à geladeira por cerca de 15 minutos, até esfriar completamente.

Preaqueça o forno a 200 °C. Forre duas assadeiras com papel-manteiga.

Corte a massa do prato em dez pedaços iguais. Disponha um pedaço em cada retângulo de massa filo e envolva-o deixando sobrar massa dos dois lados, como se fosse uma bala. Para fechar as laterais, use dois pregadores de madeira próprios para confeitaria. Unte os pacotinhos com a manteiga restante e disponha-os nas duas assadeiras. Leve ao forno por 6 a 8 minutos, até a massa começar a dourar. Sirva quente.

Castanhas portuguesas
cobertas com caramelo de chocolate

RENDE 12 UNIDADES
DIFICULDADE ★ ★ ★
DESSORAMENTO: 1 noite
PREPARO: 30 min
RESFRIAMENTO: 15 min

Para as castanhas portuguesas em calda
- 12 castanhas tipo portuguesa
- ½ xícara de água
- ½ xícara de açúcar (100 g)

Para a cobertura de chocolate
- 50 g de chocolate meio-amargo
- 250 g de açúcar
- 60 ml de água
- 50 g de mel de sabor neutro

Prepare as castanhas portuguesas em calda: com uma faca bem afiada, faça um corte em cruz em cada uma das castanhas. Coloque-as em uma panela e cubra com água. Cozinhe durante 30 minutos, ou até as castanhas ficarem macias. Descasque-as e reserve. Coloque a água e o açúcar em uma panela e deixe ferver por 5 minutos. Coloque as castanhas. Cozinhe até as castanhas ficarem levemente brilhantes. Na véspera de preparar a receita, coloque as castanhas para escorrer em uma grelha disposta sobre uma tigela grande.

Prepare a cobertura de chocolate: pique o chocolate e forre uma assadeira com papel-manteiga.

Abra doze clipes, dobre-os formando ganchos e espete um em cada castanha.

Em uma panela, coloque o açúcar, a água e o mel e aqueça até a temperatura atingir 114 °C no termômetro culinário. Adicione o chocolate picado e misture bem e cozinhe até formar um caramelo.

Posicione uma grelha 20 cm acima da mesa de trabalho. Mergulhe as castanhas no caramelo de chocolate; depois, com a ajuda dos ganchos, pendure-as na grelha, como se fosse um varal, por 15 minutos até que esfriem e que o caramelo de chocolate forme um cabinho ao escorrer.

Mendiants de chocolate amargo

RENDE 30 UNIDADES
DIFICULDADE ★ ★ ☆
PREPARO: 1 h

500 g de chocolate amargo
- 30 g de avelãs
- 60 g de damascos secos cortados em pedaços pequenos
- 60 g de pistaches
- 30 g de cranberries desidratados

◊ Ver "Como temperar chocolate" nas pp. 320 a 324

Forre uma assadeira com papel-manteiga.

Tempere o chocolate seguindo estas etapas para que ele fique bem liso e brilhante: pique-o grosseiramente. Derreta ⅔ do chocolate em banho-maria até atingir 45 °C no termômetro culinário. Então, retire do banho-maria. Adicione o chocolate restante e misture bem até ele esfriar e chegar a 27 °C. Volte o chocolate ao banho-maria até atingir a temperatura de 32 °C, sempre mexendo.

Coloque o chocolate derretido em um saco de confeitar com bico liso de 4 mm de diâmetro, depois, faça sobre a assadeira pequenos discos de cerca de 3 cm de diâmetro.

Em seguida, antes que o chocolate endureça, disponha sobre cada disco pedaços de avelãs, damascos, pistaches e cranberries. Deixe os mendiants secarem por 30 minutos em temperatura ambiente; se o dia estiver muito quente, leve à geladeira por 10 minutos, e conserve-os em um recipiente hermeticamente fechado.

DICAS DO CHEF: o mendiant é um doce tradicional da confeitaria francesa. É composto de um disco de chocolate cravejado com nozes e frutas secas que representam a cor das vestes dos monges das grandes ordens mendicantes da Igreja Católica: os agostinhos (nozes); os carmelitas (amêndoas); os franciscanos (figos secos); e os dominicanos (uvas-passas), mas você pode usar outros tipos de frutas secas para fazer os mendiants. Então, se não dispuser de cranberries, substitua-os por figos secos, por exemplo.

Bombons de chocolate
com pralinê

RENDE 40 UNIDADES
DIFICULDADE ★ ★ ★
PREPARO: 1 h
REFRIGERAÇÃO: 20 min

Para a ganache
- 200 g de chocolate ao leite
- 80 ml de creme de leite fresco
- 25 g de mel
- 20 g de pasta de pralinê (ver p. 325)

Para a cobertura
- 350 g de chocolate ao leite

Para a decoração
- açúcar de confeiteiro

◊ Ver "Como temperar chocolate" nas pp. 320 a 324

Forre uma assadeira com papel-manteiga.

Prepare a ganache: pique o chocolate e coloque-o em uma tigela. Aqueça o creme de leite com o mel até ferver e despeje-o sobre o chocolate. Misture delicadamente com uma espátula de silicone, incorpore a pasta de pralinê e deixe esfriar.

Depois de fria, bata a ganache para emulsioná-la e coloque-a em um saco de confeitar com bico liso de 12 mm de largura. Faça cilindros compridos sobre a assadeira. Leve à geladeira por 20 minutos. Depois, com uma faca umedecida em água quente, corte-os em pedaços de cerca de 3 cm de comprimento.

Prepare a cobertura: tempere o chocolate seguindo estas etapas para que ele fique bem liso e brilhante: pique-o grosseiramente. Derreta ⅔ do chocolate em banho-maria até atingir 45 °C no termômetro culinário. Retire do banho-maria. Adicione o chocolate restante e misture bem até ele esfriar e chegar a 26 °C. Em seguida, volte o chocolate para o banho-maria até a temperatura atingir 29 °C, sempre mexendo.

Coloque o açúcar em um prato fundo. Com um garfo comprido, mergulhe os pedaços de ganache no chocolate derretido e escorra-os ligeiramente para remover o excesso de chocolate. Role-os imediatamente no açúcar de confeiteiro e deixe-os secar em temperatura ambiente; se o dia estiver muito quente, leve à geladeira por 10 minutos. Quando o chocolate estiver consistente, passe os bombons pela peneira para retirar o excesso de açúcar.

Conserve na geladeira (em temperatura máxima de 12 °C, em um recipiente hermeticamente fechado, e consuma em 10 dias.

DICA DO CHEF: se quiser, substitua a pasta de pralinê pela pasta de chocolate e avelãs, mantendo as quantidades indicadas na receita.

Torrones de chocolate

RENDE 50 UNIDADES
DIFICULDADE ★ ★ ★
PREPARO: 45 min
COZIMENTO: 15 min
REFRIGERAÇÃO: 2h

- 350 g de avelãs
- 500 g de cerejas cristalizadas
- 300 g de chocolate meio-amargo

Para o merengue italiano
- 2 claras
- uma pitada de sal
- 10 g de açúcar
- 300 g de mel de sabor neutro

Para a pasta de açúcar
- 280 g de açúcar
- 100 ml de água
- 50 g de mel de sabor neutro

Preaqueça o forno a 140 °C.

Coloque as avelãs em uma assadeira e torre-as no forno por 15 minutos. Pique as cerejas.

Corte o chocolate em pedaços pequenos e derreta-o em banho-maria, mexendo de vez em quando com uma espátula de silicone. Reserve tudo.

Prepare o merengue italiano: em uma tigela de metal, bata as claras na batedeira com o sal e o açúcar até obter uma consistência espumante. Em uma panela, aqueça o mel até a temperatura atingir 118 a 120 °C no termômetro culinário. Despeje esse mel em fio sobre as claras, continuando a bater até elas esfriarem e formar um merengue bem firme.

Forre uma assadeira de 30 × 38 cm com papel-manteiga.

Prepare a pasta de açúcar: em uma panela, cozinhe o açúcar, a água e o mel até a temperatura atingir 145 °C no termômetro culinário, mexendo de vez em quando para dissolver bem o açúcar.

Despeje essa mistura em fio sobre o merengue italiano. Bata de novo, passe um maçarico em volta da tigela para aquecer a mistura e ela secar. Progressivamente, junte o chocolate derretido, as cerejas e as avelãs e mexa com uma espátula de silicone. Disponha essa preparação na assadeira em uma espessura de 1,5 cm. Leve à geladeira por 2 horas. Em seguida, corte o torrone de chocolate em quadradinhos ou retângulos.

DICAS DO CHEF: se não dispuser de maçarico, você pode usar um secador de cabelos. Também é possível envolver os torrones em chocolate amargo ou ao leite temperado (ver pp. 320 a 324). Estes torrones se conservam por 2 ou 3 semanas em um recipiente hermeticamente fechado.

Discos de chocolate com ouro

RENDE 30 UNIDADES
DIFICULDADE ★ ★ ★
PREPARO: 1h
REFRIGERAÇÃO: no mínimo 1h

Para a ganache
- 170 g de chocolate meio-amargo
- 85 ml de creme de leite fresco
- 20 g de mel de sabor neutro
- 40 g de manteiga sem sal em temperatura ambiente

Para a cobertura
- 400 g de chocolate meio-amargo

Para a decoração
- folhas de ouro comestível

◊ Ver "Como temperar chocolate" nas pp. 320 a 324

Forre uma assadeira de 14 × 12 cm com papel-manteiga. Recorte trinta quadradinhos de cerca de 3 × 3 cm de celofane culinário.

Prepare a ganache: pique o chocolate e coloque-o em uma tigela. Aqueça o creme de leite com o mel até ferver e despeje a mistura sobre o chocolate. Mexa delicadamente com uma espátula de silicone, junte a manteiga. Disponha essa ganache na assadeira em uma espessura de 6 ou 7 mm e leve à geladeira por, no mínimo, 1 hora. Assim que estiver bem fria, desenforme a ganache sobre a mesa de trabalho limpa e recorte discos com um cortador de 3 cm de diâmetro. Deixe na geladeira até o momento de usar.

Prepare a cobertura: tempere o chocolate respeitando as seguintes etapas para que ele fique bem brilhante: pique-o grosseiramente. Derreta ⅔ do chocolate em banho-maria até atingir 45 °C no termômetro culinário. Retire-o do banho-maria. Adicione o chocolate restante e misture bem até ele esfriar e chegar a 27 °C. Volte o chocolate para o banho-maria até a temperatura atingir 32 °C, sempre mexendo.

Usando um garfo comprido, mergulhe os discos de ganache, um a um, no chocolate derretido e escorra-os ligeiramente para eliminar o excesso de chocolate. Disponha-os em uma folha de papel-manteiga, coloque um quadradinho de folha de celofane sobre cada um e pressione-o levemente. Deixe os discos em temperatura ambiente por 30 minutos para ganhar consistência; se o dia estiver muito quente, leve à geladeira por 10 minutos. Assim que endurecerem, retire o plástico e vire os discos. Decore a superfície plana de cada disco com um pequeno pedaço de folha de ouro comestível.

Conserve-os na geladeira (em temperatura máxima de 12 °C), em um recipiente bem fechado, e consuma-os em até 10 dias.

DICAS DO CHEF: se você não dispuser de um cortador redondo e liso, recorte a ganache em formato quadrado com uma faca. E, se não tiver uma assadeira de 14 × 12 cm para colocar a ganache, utilize outro recipiente forrado com papel-manteiga.

Rochers

RENDE 30 UNIDADES
DIFICULDADE ★ ★ ★
PREPARO: 1 h

Para a ganache com pralinê
- 100 g de amêndoas picadas
- 60 g de chocolate amargo (com 55 a 70% de cacau)
- 120 g de pasta de pralinê (ver p. 325)

Para a cobertura
- 250 g de chocolate meio-amargo

◊ Ver "Como temperar chocolate" nas pp. 320 a 324

Prepare a ganache com pralinê: torre as amêndoas em uma frigideira antiaderente em fogo baixo, mexendo-as várias vezes para dourarem de maneira uniforme. Reserve 50 g delas para a decoração. Pique o chocolate e derreta-o em banho-maria. Fora do fogo, junte a pasta de pralinê e os 50 g restantes de amêndoas torradas e mexa bem. Deixe esfriar até que a ganache esteja no ponto para ser facilmente enrolada. Então, forme com ela dois rolos compridos e iguais e corte-os em pedaços de cerca de
10 g cada um. Role os pedaços entre a palma das mãos para formar bolinhas e coloque-as em um prato.

Prepare a cobertura: tempere o chocolate respeitando as seguintes etapas para que ele fique bem liso e brilhante: pique-o grosseiramente. Derreta ⅔ do chocolate em banho-maria até atingir 45 °C no termômetro culinário. Retire do banho-maria. Adicione o chocolate restante e misture bem até ele esfriar e chegar a 27 °C. Volte o chocolate para o banho-maria até a temperatura atingir 32 °C, sempre mexendo.

Usando luvas e um garfo comprido, mergulhe as bolinhas, uma a uma, no chocolate derretido. Escorra-as ligeiramente para remover o excesso de chocolate e disponha-as sobre uma folha de papel-manteiga. Quando o chocolate começar a endurecer, role as bolinhas nas amêndoas reservadas. Conserve os bombons na geladeira (em temperatura máxima de 12 °C), em um recipiente bem fechado, e consuma-os em até 15 dias.

Bombons crespinhos de amêndoa

RENDE 30 UNIDADES
DIFICULDADE ★ ★ ★
PREPARO: 1h30

Para as tirinhas de amêndoa caramelizada
- 250 g de amêndoas sem pele
- 60 ml de água
- 150 g de açúcar

Para a cobertura
- 125 g de chocolate meio-amargo

◊ Ver "Como temperar chocolate" nas pp. 320 a 324

Prepare as tirinhas de amêndoa caramelizada: com uma faca bem afiada, corte as amêndoas em tirinhas. Em uma panela, ferva a água com o açúcar e mantenha no fogo por cerca de 5 minutos (até a temperatura atingir 117 °C no termômetro culinário). Fora do fogo, adicione as tirinhas de amêndoa e mexa bem para que o açúcar cristalize e as amêndoas fiquem cobertas de açúcar como um pó branco. Volte as amêndoas para a panela, em fogo baixo, até o açúcar derreter e caramelizar as amêndoas. Disponha-as sobre uma folha de papel-manteiga, vire-as com uma espátula para esfriarem e coloque-as em uma tigela.

Prepare a cobertura: tempere o chocolate respeitando as seguintes etapas para que ele fique bem liso e brilhante: pique-o grosseiramente. Derreta ⅔ do chocolate em banho-maria até atingir 45 °C no termômetro culinário. Retire do banho-maria. Adicione o restante do chocolate e misture bem até ele esfriar e chegar a 27 °C. Volte o chocolate para o banho-maria até a temperatura atingir 32 °C, sempre mexendo.

Despeje imediatamente o chocolate derretido sobre as tirinhas de amêndoas caramelizadas. Com uma colher de sopa, faça montinhos dessa mistura sobre uma folha de papel-manteiga. Deixe em temperatura ambiente por 30 minutos até ficarem consistentes; se o dia estiver muito quente, leve à geladeira por 10 minutos.

DICA DO CHEF: se quiser, substitua as amêndoas por pignoli.

Trio de avelãs
cobertas de chocolate

RENDE 25 UNIDADES
DIFICULDADE ★ ★ ★
PREPARO: 1h30

Para as avelãs caramelizadas
- 40 ml de água
- 100 g de açúcar
- 100 g de avelãs
- 5 g de manteiga

Para a cobertura
- 300 g de chocolate ao leite

◊ Ver "Como temperar chocolate" nas pp. 320 a 324

Prepare as avelãs caramelizadas: em uma panela, ferva a água com o açúcar e cozinhe por cerca de 5 minutos (até a temperatura atingir 117 °C no termômetro culinário). Fora do fogo, adicione as avelãs e mexa bem para que o açúcar cristalize e as amêndoas fiquem cobertas com açúcar parecendo um pó branco. Volte para a panela em fogo baixo para o açúcar derreter e caramelizar as avelãs. Acrescente a manteiga e misture.

Disponha-as sobre uma folha de papel-manteiga. Com um garfo, reúna imediatamente as avelãs de três em três e espere 10 minutos para os trios endurecerem e grudarem.

Prepare a cobertura: tempere o chocolate respeitando as seguintes etapas para que ele fique bem liso e brilhante: pique-o grosseiramente. Derreta ⅔ do chocolate em banho-maria até atingir 45 °C no termômetro culinário. Retire do banho-maria. Adicione o restante do chocolate e misture bem até esfriar e chegar a 26 °C. Volte o chocolate para o banho-maria até a temperatura atingir 29 °C, sempre mexendo.

Com um garfo, mergulhe os trios de avelãs no chocolate derretido, escorra-os ligeiramente e coloque-os sobre uma folha de papel-manteiga. Antes de servir, deixe-os em temperatura ambiente por 30 minutos para o chocolate ficar consistente; se o dia estiver muito quente, leve à geladeira por 10 minutos.

Trufas práticas

RENDE 50 UNIDADES
DIFICULDADE ★ ★ ★
PREPARO: 40 min
REFRIGERAÇÃO: 50 min

Para a ganache
- 300 g de chocolate meio-amargo
- 100 ml de creme de leite fresco
- 1 colher (chá) de essência de baunilha

Para a cobertura
- cacau em pó

Prepare a ganache: pique o chocolate em pedaços pequenos e coloque em uma tigela. Aqueça o creme de leite e a baunilha em uma panela até levantar fervura e despeje-o sobre o chocolate, batendo delicadamente até a mistura ficar cremosa. Leve a ganache à geladeira por 30 minutos para ficar consistente.

Forre uma assadeira com papel-manteiga. Com uma colher ou um saco de confeitar com bico liso, forme bolinhas com a ganache, dispondo-as na assadeira. Leve à geladeira por 20 minutos.

Prepare a cobertura: coloque um pouco de cacau em um prato fundo. Usando luvas de plástico, gire as bolinhas entre a palma das mãos para arredondá-las bem. Em seguida, role-as no cacau com a ajuda de um garfo, cobrindo-as uniformemente. Passe-as por uma peneira para eliminar o excesso de cacau e disponha-as em forminhas de papel.

Conserve as trufas na geladeira (em temperatura máxima de 12 °C), em um recipiente bem fechado, e consuma em até 15 dias.

DICA DO CHEF: se você deixar as trufas na geladeira em um prato com cacau, elas se conservarão por uma semana antes de serem cobertas completamente de cacau e colocadas em forminhas. Esta receita sem álcool é muito apreciada pelas crianças.

Trufas de limão

RENDE 50 UNIDADES
DIFICULDADE ★ ★ ★
PREPARO: 1 h
REFRIGERAÇÃO: 50 min

Para a ganache de limão
- 240 g de chocolate ao leite
- 80 g de chocolate meio-amargo
- 2 gemas
- 100 g de açúcar
- 100 ml de creme de leite fresco
- tiras da casca de 2 limões-sicilianos picadas bem fino

Para a cobertura
- 400 g de chocolate meio-amargo
- açúcar de confeiteiro

◊ Ver "Como temperar chocolate" nas pp. 320 a 324

Prepare a ganache de limão: pique os chocolates em pedaços pequenos e coloque-os em uma tigela. Em outro recipiente, bata as gemas com o açúcar até a mistura ficar esbranquiçada e consistente. Em uma panela, aqueça o creme de leite até ferver e despeje-o sobre a mistura de gemas e açúcar, mexendo vigorosamente. Volte tudo para a panela e cozinhe em fogo baixo por 2 minutos, mexendo sem parar com uma espátula de madeira até o creme engrossar e aderir à espátula (cuidado para não deixar o creme ferver).

Retire a panela do fogo e despeje o creme sobre o chocolate. Misture delicadamente até a preparação ficar cremosa. Incorpore as raspas de limão, mexa bem e leve à geladeira por 30 minutos até a ganache ficar consistente.

Forre uma assadeira com papel-manteiga. Forme bolinhas com a ganache usando uma colher ou um saco de confeitar com bico liso e disponha-as na assadeira. Leve à geladeira por 20 minutos.

Prepare a cobertura: tempere o chocolate seguindo estas etapas para que ele fique bem brilhante: pique-o grosseiramente. Derreta ⅔ do chocolate em banho-maria até atingir 45 °C no termômetro culinário. Retire do banho-maria. Adicione o chocolate restante e misture bem até ele esfriar e chegar a 27 °C. Volte o chocolate para o banho-maria até a temperatura atingir 32 °C, sempre mexendo.

Coloque açúcar de confeiteiro em um prato fundo. Quando as bolinhas de ganache estiverem firmes, retire-as da geladeira. Usando luvas e um garfo, mergulhe as bolinhas, uma a uma, no chocolate temperado e escorra-as ligeiramente para remover o excesso de chocolate. Passe-as no açúcar de confeiteiro e deixe em temperatura ambiente até ficarem consistentes. Quando começarem a endurecer, passe-as por uma peneira para eliminar o excesso de açúcar.

Conserve as trufas na geladeira (em temperatura máxima de 12 °C), em um recipiente bem fechado, e consuma em até 7 dias.

Trufas de licor de laranja

RENDE **50** UNIDADES
DIFICULDADE ★ ★ ☆
PREPARO: 1h
REFRIGERAÇÃO: cerca de 1h

Para a ganache
- 150 g de chocolate ao leite
- 150 g de chocolate meio-amargo
- 150 ml de creme de leite fresco
- 50 g de mel de sabor neutro
- 30 ml de licor de laranja (tipo Cointreau)

Para a cobertura
- 500 g de chocolate meio-amargo
- 100 g de cacau em pó

◊ Ver "Como cobrir bombons com chocolate" na p. 328

◊ Ver "Como temperar chocolate" nas pp. 320 a 324

Forre uma assadeira com papel-manteiga.

Prepare a ganache: pique os chocolates e coloque-os em uma tigela. Em uma panela, aqueça o creme de leite e o mel até ferver e despeje-o sobre o chocolate. Misture com uma espátula de silicone e junte o licor. Leve à geladeira por 30 minutos.

Quando a ganache estiver bem fria, mexa-a, delicadamente, por alguns minutos. Coloque-a em um saco de confeitar com bico liso e forme bolinhas sobre a assadeira. Leve à geladeira por 20 minutos.

Usando luvas de plástico, gire as bolinhas na palma das mãos para arredondá-las bem. Leve as bolinhas à geladeira por mais 10 a 15 minutos.

Prepare a cobertura: tempere o chocolate seguindo estas etapas para que ele fique bem liso e brilhante: pique-o grosseiramente. Derreta ⅔ do chocolate em banho-maria até atingir 45 °C no termômetro culinário. Retire do banho-maria. Adicione o chocolate restante e misture bem até ele esfriar e chegar a 27 °C. Volte o chocolate para o banho-maria até a temperatura atingir 32 °C, sempre mexendo.

Coloque cacau em um prato fundo. Usando luvas e um garfo comprido, mergulhe as bolinhas de ganache, uma a uma, no chocolate derretido. Escorra-as ligeiramente para remover o excesso de chocolate. Passe as trufas no cacau e deixe-as em temperatura ambiente até ficarem firmes; se o dia estiver muito quente, leve à geladeira por 10 minutos. Quando estiverem no ponto, passe-as por uma peneira para eliminar o excesso de cacau.

Conserve as trufas na geladeira (em temperatura máxima de 12 °C), em um recipiente bem fechado, e consuma em até 15 dias.

DICAS DO CHEF: você pode substituir o licor de laranja por outra bebida alcoólica. No fim do preparo, sempre sobra um pouco de chocolate derretido; use-o para fazer uma calda de chocolate, por exemplo.

Trufas ao rum

RENDE 30 UNIDADES
DIFICULDADE ★ ★ ★
PREPARO: 1h
REFRIGERAÇÃO: 30 min

Para a ganache de chocolate ao rum
- 170 g de chocolate meio-amargo
- 150 ml de creme de leite fresco
- 15 g de manteiga em temperatura ambiente
- 1 colher (chá) de rum

Para a cobertura
- 500 g de chocolate meio-amargo
- 100 g de cacau em pó

◊ Ver "Como temperar chocolate" nas pp. 320 a 324

Forre uma assadeira com papel-manteiga.

Prepare a ganache de chocolate ao rum: pique o chocolate e coloque-o em uma tigela.

Em uma panela, aqueça o creme de leite até ferver e despeje-o sobre o chocolate. Deixe no fogo por alguns minutos e misture bem. Incorpore a manteiga e o rum. Leve a ganache à geladeira por 10 minutos.

Quando estiver bem fria, mexa-a delicadamente, com uma espátula de silicone e coloque-a em um saco de confeitar com bico liso. Forme bolinhas sobre a assadeira e leve à geladeira por 20 minutos.

Usando luvas de plástico, role as bolinhas entre a palma das mãos para arredondá-las bem. Leve as bolinhas à geladeira até o momento de usar.

Prepare a cobertura: tempere o chocolate seguindo estas etapas para que ele fique bem liso e brilhante: pique-o grosseiramente. Derreta ⅔ do chocolate em banho-maria até atingir 45 °C no termômetro culinário. Retire do banho-maria. Adicione o chocolate restante e misture bem até ele esfriar e chegar a 27 °C. Volte o chocolate para o banho-maria até a temperatura atingir 32 °C, sempre mexendo.

Coloque cacau em um prato fundo. Usando luvas e um garfo, mergulhe as bolinhas de ganache, uma a uma, no chocolate derretido. Escorra-as ligeiramente para remover o excesso de chocolate. Com o auxílio de uma colher, passe as trufas no cacau e deixe-as em temperatura ambiente por 30 minutos até ficarem firmes; se o dia estiver muito quente, leve à geladeira por 10 minutos. Quando estiverem no ponto, passe-as por uma peneira para eliminar o excesso de cacau.

Conserve as trufas na geladeira (em temperatura máxima de 12 °C), em um recipiente bem fechado, e consuma em até 15 dias.

Trufinhas de café

RENDE **45 A 50** UNIDADES
DIFICULDADE ★ ★ ★
PREPARO: 1h
REFRIGERAÇÃO: cerca de 1h

Para a ganache
- 120 g de chocolate ao leite
- 180 g de chocolate meio-amargo
- 200 ml de creme de leite fresco
- 45 g de mel
- 15 g de café solúvel
- 150 g de açúcar

Para a cobertura
- 400 g de chocolate meio-amargo
- 40 g de amêndoas torradas e picadas

◊ Ver "Como cobrir bombons com chocolate" na p. 328

Prepare a ganache: pique grosseiramente os chocolates e coloque-os em uma tigela.

Em uma panela, aqueça o creme de leite, o mel e o café até ferver e reserve.

Em outra panela, derreta o açúcar até ele ficar da cor de caramelo. Tire a panela do fogo e, com cuidado, despeje lentamente a mistura de creme, mel e café para interromper o cozimento do açúcar. Volte a panela ao fogo, deixe ferver e despeje essa preparação sobre o chocolate. Mexa com uma espátula de silicone e leve à geladeira por 30 minutos.

Quando a ganache estiver fria, mexa-a, delicadamente, por alguns minutos, e coloque-a em um saco de confeitar com bico liso. Forme bolinhas sobre uma assadeira forrada com papel-manteiga e leve à geladeira por 20 minutos. Usando luvas de plástico, gire as bolinhas na palma das mãos para arredondá-las bem. Leve as bolinhas à geladeira por 10 a 15 minutos.

Prepare a cobertura: tempere o chocolate seguindo estas etapas para que ele fique bem liso e brilhante: pique-o grosseiramente. Derreta ⅔ do chocolate em banho-maria até atingir 45 °C no termômetro culinário. Retire do banho-maria. Adicione o chocolate restante e misture bem até ele esfriar e chegar a 27 °C. Volte o chocolate para o banho-maria até a temperatura atingir 32 °C, sempre mexendo.

Com um garfo, mergulhe as bolinhas de ganache, uma a uma, no chocolate derretido. Escorra-as ligeiramente para remover o excesso de chocolate e disponha-as em uma folha de papel-manteiga. Quando o chocolate começar a endurecer, role as bolinhas nas amêndoas picadas.

Conserve as trufas na geladeira (em temperatura máxima de 12 °C), em um recipiente bem fechado, e consuma em até 15 dias.

DICAS DO CHEF: você pode substituir as amêndoas torradas por flocos de milho. Existem outras maneiras de temperar o chocolate. Ver pp. 320 a 324.

Decorações de chocolate

Como fazer favos

Derreta e tempere o chocolate conforme as indicações das pp. 320 a 324.

① Lave e seque bem uma folha de plástico-bolha e coloque sobre a mesa de trabalho. Usando uma concha, despeje sobre o plástico um pouco de chocolate derretido temperado.

② Com uma espátula de inox flexível, espalhe o chocolate formando uma camada fina e leve-o à geladeira por 20 minutos.

③ Assim que o chocolate ficar consistente, retire-o delicadamente do plástico-bolha. Se ele não descolar facilmente, volte para a geladeira por mais algum tempo.

④ Recorte os favos de mel no formato desejado e decore suas sobremesas.

Como fazer folhas

Derreta e tempere o chocolate conforme as indicações das pp. 320 a 324.

① Coloque uma folha de papel-manteiga sobre a mesa de trabalho. Lave e seque bem sobre o papel folhas de parreira, shiso, acelga crespa ou outras folhas que tenham nervuras. Com um pincel, espalhe um pouco de chocolate derretido temperado sobre as folhas escolhidas até 0,5 cm da borda se forem menores e até 1 cm da borda se forem folhas maiores (para poder descolar o chocolate facilmente). Leve à geladeira por 20 minutos.

② Descole as folhas verdes do chocolate com cuidado.

③ Se quiser fazer folhas de chocolate coloridas, antes de colocar o chocolate derretido temperado sobre as folhas naturais, pincele-as com um pouco de corante alimentício em pó da cor escolhida.

As folhas de chocolate podem ser conservadas por 1 mês em um recipiente bem fechado.

Como fazer flores

Derreta e tempere o chocolate conforme as pp. 320 a 324.

① Em uma folha plástica grossa, recorte uma tira com as mesmas dimensões de uma fôrma com fundo abaulado e coloque-a sobre a mesa de trabalho. Mergulhe uma faca no chocolate temperado e deixe o chocolate pingar sobre a folha, formando pétalas alongadas.

② Disponha a tira plástica com as pétalas no fundo da fôrma para curvar as pétalas. Como alternativa, disponha a tira plástica sobre um rolo de massa.

③ Leve à geladeira por 20 minutos e retire a tira plástica de cima do rolo. Descole delicadamente as pétalas.

④ Recorte um pedaço pequeno de celofane e disponha sobre ele um pouco do chocolate derretido temperado. Cole sobre ele seis pétalas com a parte côncava voltada para cima, para formar o miolo da flor.

⑤ Corte um segundo pedaço pequeno de celofane culinário e disponha sobre ele um pouco de chocolate derretido temperado. Cole nele mais pétalas com a parte côncava para cima, uma ao lado da outra, de modo a formar uma flor maior, deixando um espaço no centro para colocar o miolo.

⑥ Descole o miolo do pedaço de plástico e cole-o, com chocolate derretido temperado, no centro da flor maior.

⑦ Se quiser um acabamento aveludado, coloque manteiga de cacau derretida em um pulverizador e pulverize a flor inteira com ela.

⑧ Decore a flor com pedaços de folha de ouro comestível.

A flor pode ser conservada por 15 dias em um recipiente hermeticamente fechado.

Como fazer rosas

① Coloque 250 g de açúcar de confeiteiro em uma tigela e despeje sobre ele 250 g de manteiga de cacau derretida e 150 g de glucose.

② Misture tudo com uma espátula flexível até obter uma massa homogênea, denominada chocolate para modelagem (chocolate plástico). Deixe esfriar.

③ Forme rolos dessa massa com cerca de 3 cm de diâmetro e corte-os em fatias de 0,5 cm de espessura.

④ Coloque uma folha de celofane culinário sobre a mesa de trabalho. Disponha sobre ela as fatias de massa e cubra-as com outra folha de celofane culinário. Com o dorso de uma colher de sopa, pressione as fatias com força em uma das extremidades, deixando o outro lado mais espesso para formar as pétalas.

⑤ Retire o celofane de cima. Coloque um pouco de corante líquido vermelho em uma tigela e molhe a ponta do dedo indicador nele. Esfregue levemente as pétalas para dar-lhes um tom rosado.

⑥ Faça o botão da rosa moldando um pequeno pedaço de chocolate plástico em formato de cone. Descole as pétalas do plástico e monte, sobrepondo uma a uma, ao redor do cone do botão da rosa.

⑦ Junte as pétalas e, depois, desloque-as na parte de cima, uma de cada vez, para abrir a rosa. Quanto mais a rosa cresce, mais você deve abrir delicadamente as pétalas. Quando a montagem terminar, corte a base com uma faca.

As rosas de chocolate são ideais para decorar sobremesas e podem ser conservadas por 15 dias em um recipiente hermeticamente fechado.

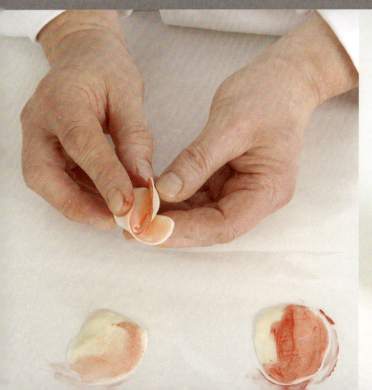

Como fazer peixinhos coloridos

Tempere o chocolate conforme as indicações das pp. 320 a 324 e coloque em um saco de confeitar.

① Em uma panela pequena, derreta um pouco de manteiga de cacau colorida até atingir a temperatura de cerca de 30 °C. Disponha uma folha de papel-manteiga na mesa de trabalho. Com um pincel, espalhe a manteiga de cacau nas cavidades da fôrma com moldes de peixinhos.

② Polvilhe-as ligeiramente com ouro comestível.

③ Com o saco de confeitar, encha as cavidades com o chocolate derretido temperado.

④ Bata levemente a fôrma na mesa de trabalho para eliminar eventuais bolhas de ar.

⑤ Leve à geladeira por 20 minutos. Desenforme os chocolates sobre a mesa de trabalho.

Os peixinhos de chocolate podem ser conservados por até 1 mês em um recipiente hermeticamente fechado.

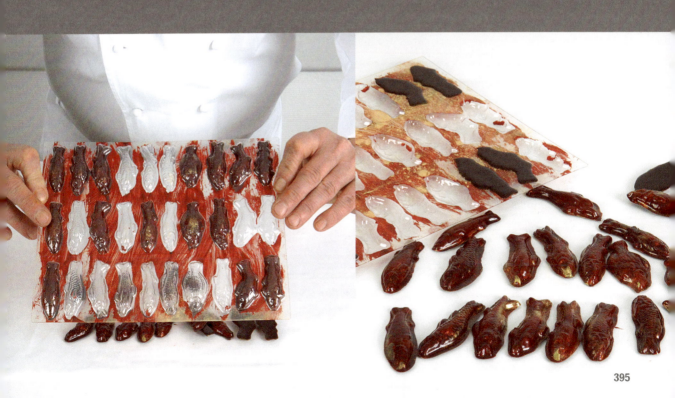

Como decorar bombons com transfer

Derreta e tempere o chocolate conforme as pp. 320 a 324. Prepare os bombons de acordo com a receita escolhida e deixe-os na geladeira para firmarem.

① Coloque uma folha de transfer para chocolate na mesa de trabalho. Retire os bombons da geladeira e deixe-os em temperatura ambiente (o ideal é entre 18 e 22 °C). Tenha à mão um garfo para chocolate ou do tipo normal. Coloque um bombom em cima do garfo, mergulhe-o, delicadamente, no chocolate derretido, retire e deixe escorrer em cima da tigela.

② Bata o bombom levemente na borda da tigela para o chocolate escorrer, depois, raspe bem a parte de baixo do garfo na borda da tigela para eliminar o excesso de chocolate e deixar o bombom liso. Coloque-o sobre a folha de transfer e repita a operação com os outros bombons.

③ Leve à geladeira por 30 minutos e, então, descole-os da folha de transfer. Disponha os bombons em uma caixa ou sobre uma folha de papel-manteiga.

Como fazer raspas

Prepare as raspas de chocolate para decorar doces, como o da p. 214, seguindo um dos dois métodos apresentados a seguir. Para isso, utilize 200 g de chocolate.

① Primeiro método: coloque um tablete de chocolate, com o lado liso para cima, sobre uma folha de papel-manteiga. Com um secador de cabelos, aqueça a superfície do chocolate para ele amolecer, depois, deixe-o em temperatura ambiente por cerca de 2 minutos. Pegue um descascador de legumes. Com uma mão, mantenha o tablete ligeiramente inclinado e, com a outra, pressione a lâmina do descascador sobre o chocolate para fazer as raspas. Leve à geladeira até o momento de usar.

② Segundo método (profissional): derreta e tempere o chocolate (ver pp. 320 a 324) e despeje-o sobre uma folha de celofane culinário. Espalhe-o com uma espátula para alisá-lo bem e deixe esfriar.

③ Com uma faca grande bem afiada, raspe o chocolate frio, inclinando bem a lâmina para formar as raspas. Leve à geladeira até o momento de usar.

Como fazer ondas

Prepare a sobremesa conforme a receita escolhida. Derreta e tempere o chocolate seguindo as indicações das pp. 320 a 324 e coloque-o em um saco de confeitar.

① Recorte uma tira de 20 cm de comprimento e 6 cm de largura de acetato transparente. Com o saco de confeitar, faça uma linha de chocolate derretido e temperado em todo o comprimento da tira.

② Segure a ponta da tira com um dedo e, com uma espátula de inox, espalhe o chocolate fazendo uma camada bem fina sobre toda a superfície.

③ Passe uma espátula pente sobre o chocolate para recortá-lo em tiras bem finas, mas não destaque essas tiras do acetato.

④ Coloque uma tira de papel-manteiga sobre esse chocolate recortado.

⑤ Enrole essa tira de chocolate em volta de um rolo para massas com a parte do papel-manteiga encostada no rolo e leve à geladeira por 30 minutos para o chocolate ficar consistente.

⑥ Delicadamente, desenrole a tira do rolo, começando por descolar a folha de papel-manteiga do chocolate. Depois, retire, com cuidado, a folha de acetato.

⑦ Destaque as ondas uma a uma e use-as para decorar suas sobremesas.

Como fazer curvas

Prepare a sobremesa conforme a receita escolhida. Derreta e tempere o chocolate seguindo as indicações das pp. 320 a 324 e coloque-o em um saco de confeitar.

① Recorte uma tira de 12 cm de comprimento e 6 cm de largura de acetato transparente. Com o saco de confeitar, faça uma linha de chocolate derretido e temperado em todo o comprimento da tira.

② Segure a ponta da tira com um dedo e, com uma espátula de inox, espalhe o chocolate em toda a superfície da tira fazendo uma camada bem fina e ultrapassando a borda do acetato.

③ Descole, delicadamente, a tira de acetato com o chocolate e coloque-a sobre a mesa de trabalho limpa.

④ Passe uma espátula pente sobre o chocolate para recortá-lo em tiras bem finas, mas não destaque essas tiras do acetato.

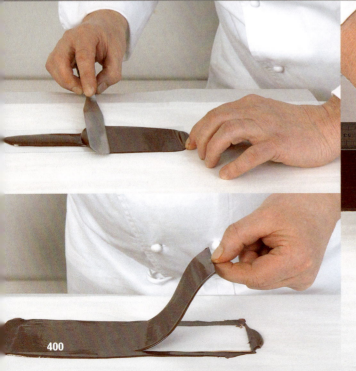

⑤ Junte as duas extremidades do acetato de modo que fique parecendo uma grande gota, deixe a parte com o chocolate para dentro, prenda as extremidades com um prendedor de papel bem firme. Leve à geladeira por 30 minutos.

⑥ Retire o prendedor de papel e descole delicadamente a folha de acetato das tiras de chocolate.

⑦ Corte a extremidade das tiras de chocolate danificadas pelo prendedor.

⑧ Separe as curvas, uma a uma, e decore suas sobremesas com elas.

Como fazer faixa lateral com chocolate

Prepare a sobremesa conforme a receita escolhida. Derreta e tempere o chocolate como indicado nas pp. 320 a 324.

① Leve uma placa para modelagem ou uma assadeira ao congelador e, quando ela estiver bem gelada, coloque sobre a mesa de trabalho (se for uma assadeira, vire-a de boca para baixo). Com uma concha, disponha uma linha de chocolate derretido e temperado em todo o comprimento da placa.

② Espalhe o chocolate com uma espátula de inox de forma a obter uma tira de chocolate, não muito fina, com o mesmo comprimento da circunferência da sobremesa, mas um pouco mais alta.

③ Com uma faca bem afiada, recorte uma tira bem reta no chocolate, com a altura desejada.

④ Enquanto o chocolate ainda estiver macio, descole a tira da placa e enrole-a, delicadamente, em volta da torta.

Como fazer faixa lateral com manteiga de cacau

Prepare a sobremesa conforme a receita escolhida.

① Recorte uma tira de acetato transparente com o mesmo comprimento da circunferência e a mesma altura da sobremesa. Coloque-a sobre uma folha de papel--manteiga, pegue um pouco de manteiga de cacau líquida vermelha (ou de outra cor) e desenhe ondas em todo o comprimento da tira de plástico. Pegue um pouco de manteiga de cacau amarela (ou de outra cor) e desenhe ondas sobre as primeiras em todo o comprimento da tira.

② Com um pincel, misture ligeiramente as manteigas de cacau para mesclar as cores.

③ Levante, delicadamente, a tira de acetato da mesa de trabalho e cole-a, com o lado da manteiga de cacau voltado para dentro, em toda a volta da sobremesa.

④ Leve a sobremesa à geladeira por 15 minutos. Então, retire, com cuidado, a tira de acetato e sirva.

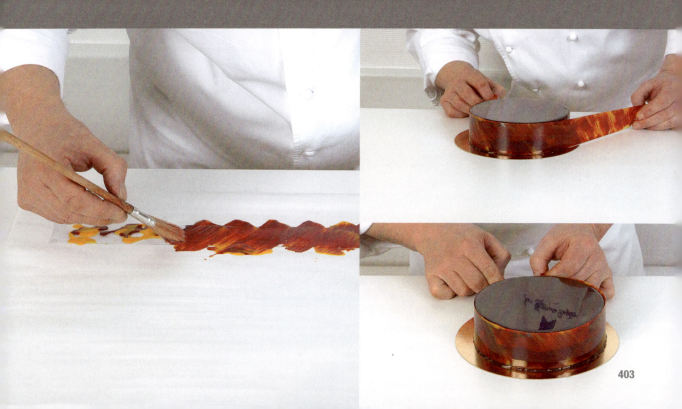

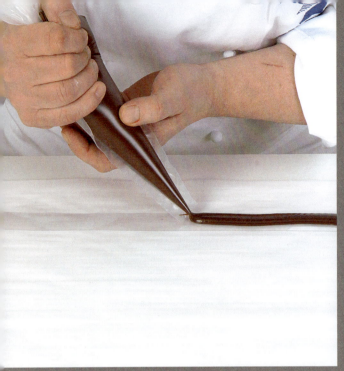

Como fazer faixa lateral com fios de ouro

Prepare a sobremesa conforme a receita escolhida. Derreta e tempere o chocolate segundo as indicações das pp. 320 a 324 e coloque-o em um saco de confeitar.

① Recorte uma tira de acetato transparente com o mesmo comprimento da circunferência e a mesma altura da sobremesa. Com o saco de confeitar, faça uma linha de chocolate derretido e temperado em todo o comprimento da tira.

② Segure a ponta da tira com um dedo e, com uma espátula de inox, espalhe o chocolate formando uma camada fina em toda a superfície.

③ Passe os dentes de um garfo sobre o chocolate de modo a criar ranhuras no chocolate.

④ Com uma espátula flexível, misture 20 g de manteiga de cacau derretida com um pouco de pó de ouro comestível para obter um líquido dourado. Disponha-a delicadamente nas ranhuras de chocolate.

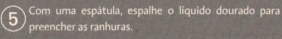

⑤ Com uma espátula, espalhe o líquido dourado para preencher as ranhuras.

⑥ Com o saco de confeitar, faça, de novo, uma linha de chocolate derretido em todo o comprimento da tira.

⑦ Segure a tira com um dedo e, com uma espátula de inox, espalhe o chocolate derretido, formando uma camada bem fina em toda a superfície da tira, para cobrir o ouro.

⑧ Levante, delicadamente, a tira de acetato da mesa de trabalho e cole-a, com o lado do chocolate voltado para dentro, em toda a volta da sobremesa.

⑨ Leve à geladeira por 15 minutos e, antes de servir, retire, com cuidado, a tira de acetato.

GLOSSÁRIO

A

Açúcar mascavo É o açúcar em sua versão mais bruta, pois ainda não passou pelo processo químico de refinamento. É encontrado em várias tonalidades, e as mais comuns são dourado e marrom. Por ainda conservar o melaço da cana, o sabor é mais forte, sendo próximo ao da cana-de-açúcar.

Apurar Cozinhar bem lentamente uma preparação até ficar com consistência de compota ou geleia.

Aro de confeitaria Peça de metal quadrada ou redonda de diversos diâmetros (de 6 cm a 34 cm) e diversas alturas, utilizada para assar massas. Os confeiteiros preferem usar aros em vez de fôrmas para preparar tortas e flãs, pois facilitam o trabalho de desenformar.

B

Banho-maria Modo de cozimento ou de aquecimento que consiste em colocar o recipiente que contém a preparação em uma panela com água fervente quando a mistura não deve ser fervida diretamente (como o zabaione), para conservar o calor (como molhos) ou para aquecer suavemente um ingrediente (como o chocolate).

Bater Misturar uma preparação com um batedor manual ou batedeira para torná-la espumante, cremosa ou consistente.

Bico Peça cônica e oca de metal ou de plástico encaixada na ponta do saco de confeitar para dispor preparações na fôrma ou decorar sobremesas. Ele pode ser liso ou canelado.

Branquear Bater gemas com açúcar até a mistura ficar esbranquiçada e espessa.

C

Caramelizar 1. Cozinhar o açúcar até ficar dourado. Com ele, podemos cobrir sobremesas ou doces ou preparar calda de caramelo. 2. Revestir uma fôrma com caramelo. 3. Dourar uma sobremesa (como crème brûlée) no forno. 4. Acrescentar caramelo a uma preparação para aromatizá-la. 5. Cobrir carolinas com caramelo.

Chantili Creme de leite fresco batido, acrescido de açúcar e baunilha.

Chinois Peneira de tela bem fina, de metal ou inox, em formato de cone e com cabo comprido. Ela tem esse nome porque parece um chapéu de chinês.

Claras em neve Claras batidas com batedor manual ou na batedeira até formar uma espuma brilhante e resistente, que forma picos e não se mexe ao virarmos a tigela.

Cobertura de brilho neutra Gel líquido, inodoro e incolor usado para cobrir bolos e tortas de frutas, deixando-os com um aspecto brilhante e apetitoso.

Cobrir 1. Aplicar cobertura em uma sobremesa para dar-lhe um bom acabamento, deixando-a mais atraente. 2. Revestir uma sobremesa com coulis ou creme. 3. Diz-se quando o creme de confeiteiro é cozido até atingir uma consistência capaz de recobrir totalmente o dorso de uma colher.

Conserva Diz-se de um alimento que é impregnado de um ingrediente (açúcar, vinagre, álcool) para ser conservado.

Cortador Utensílio de metal ou material sintético, de diversos formatos (redondo, oval, semicircular etc.), utilizado para recortar formas em uma massa estendida.

Coulis Purê líquido e consistente, feito com frutas frescas ou cozidas batidas com ou sem açúcar e, depois, coadas.

Cova Depressão feita em um monte de farinha, na mesa de trabalho ou em uma tigela, na qual se colocam os outros ingredientes necessários para preparar uma massa.

Creme batido Creme de leite fresco batido até ficar consistente e formando picos na ponta do batedor, mas não tão denso quanto o chantili.

Creme de confeiteiro Creme grosso preparado com leite, gemas, açúcar e farinha de trigo, tradicionalmente aromatizado com baunilha, usado para decorar inúmeros preparos de confeitaria. A farinha pode ser substituída por amido de milho.

Creme inglês Creme de baunilha feito de leite, gemas e açúcar que acompanha várias sobremesas, sendo também a preparação de base das coberturas. A baunilha que entra em sua preparação pode ser substituída por outro aromatizante, como chocolate, pistache etc.

Crème fraîche Se não encontrar o crème fraîche pronto, prepare-o em casa: coloque em uma tigela 250 ml de creme de leite fresco, 1 colher (sopa) de suco de limão e 1½ colher (sopa) de iogurte natural e misture. Cubra a tigela com um pano de prato limpo, para que a mistura fique protegida e "respire" ao mesmo tempo. Deixe fora da geladeira e em lugar quente (entre 20-30 °C) por 24 horas, ou até encorpar. Depois desse processo, coloque em um pote com tampa e leve à geladeira por mais 24 horas antes de usar.

Crémer 1. Bater manteiga com açúcar até que a mistura fique cremosa e esbranquiçada. 2. Incorporar creme a uma preparação.

Crescer, fermentar Aumentar de volume (uma massa), ao fermentar, ela vai crescer sob o efeito do fermento biológico.

D

Derreter Aquecer um alimento sólido ou pastoso (como manteiga, chocolate etc.) para torná-lo mais fluido, líquido.

Descaroçar Retirar o miolo ou as sementes de um alimento (como uma maçã).

Détrempe Mistura de farinha de trigo, água e sal. É o primeiro passo do preparo da massa folhada.

Diluir 1. Abaixar o grau de cozimento de uma preparação (como caramelo, calda de açúcar) adicionando água fria aos poucos, para obter uma consistência mole. 2. Dissolver uma substância em um líquido.

Dobragem Processo que consiste em incorporar manteiga a uma massa com o rolo várias vezes dobrando-a sobre ela mesma (massa folhada, massa de croissant etc.).

Dourar 1. Deixar uma preparação no fogo ou no forno para adquirir tom dourado. 2. Pincelar uma massa com gema ou um ovo inteiro batido para que, depois de assada, ela fique com uma crosta brilhante e colorida.

E

Embeber Impregnar uma preparação (como baba, génoise etc.) de calda ou álcool para aromatizá-la e dar-lhe consistência cremosa.

Enfarinhar Cobrir uma mesa de trabalho, uma preparação, uma fôrma ou assadeira com uma fina camada de farinha.

Enxugar ou escorrer Absorver o excesso de líquido ou de gordura de um alimento fazendo-o escorrer em um pano de prato ou papel-toalha.

Espetar Fazer furinhos com um garfo na base de uma torta para que ela não se estufe ao assar.

Essência Extrato bem concentrado de um ingrediente (como café, baunilha etc.) usado para aromatizar uma preparação.

F

Farofa (consistência de) Mistura de farinha com manteiga até a massa ficar com consistência granulada.

Fermento biológico Microrganismo vivo usado na fabricação de pães ou produtos assemelhados. Em meios farinhosos, úmidos e quentes, ele produz uma fermentação que libera gás carbônico. Quando esse gás tenta escapar, promove o crescimento da massa.

Fermento químico em pó Pó químico inodoro, composto de bicarbonato de sódio e cremor de tártaro, à venda em sachês ou potinhos. Para agir, o fermento químico precisa de calor e umidade: quando se trabalha a massa, ele entra em contato com os produtos úmidos.

Forrar 1. Guarnecer o fundo e as laterais de uma fôrma com massa previamente aberta. 2. Recobrir uma fôrma ou assadeira com massa ou papel-manteiga.

Fraiser ou fraser Estender uma massa com a palma da mão para torná-la homogênea sem trabalhá-la demais.

Fremir Aquecer um líquido em ebulição lenta, quando se formam apenas bolhinhas.

Fritar Cozinhar alimentos mergulhando-os em óleo quente.

G

Ganache Mistura de creme de leite e chocolate picado usada para decorar sobremesas, rechear bolos ou bombons.

Génoise Preparação leve composta de uma mistura de açúcar e ovos aquecida em banho-maria, resfriada e acrescida de farinha de trigo. Ela serve de base para inúmeros bolos, podendo ser incrementada com vários ingredientes, como amêndoas, avelãs, chocolate etc.

Glaçagem Receita parecida com a de ganache, mas que resulta em um produto mais fluido e que proporciona acabamento mais brilhante obtido pelo uso de gelatina em seu preparo.

Glacê Preparação de açúcar de confeiteiro, sumo de limão ou clara de ovo utilizada para diversos usos na confeitaria, como cobertura e decoração de bolos e biscoitos.

I

Incorporar Adicionar um ingrediente a uma preparação, aos poucos, misturando tudo delicadamente. Por exemplo, incorporar a manteiga à farinha de trigo.

Infusão Despejar um líquido fervente sobre uma substância aromática para extrair bem seu aroma.

L

Laminar Cortar frutas secas, como amêndoas, em lâminas finas no sentido do comprimento, à mão ou à máquina.

M

Macerar/Demolho Mergulhar frutas secas, frescas ou cristalizadas em um líquido (álcool, xarope, chá) para absorver seu aroma.

Manteiga clarificada Manteiga aquecida em fogo baixo para remover as partículas sólidas do leite. Ela queima menos e dura mais do que a manteiga comum.

Manteiga cremosa (em ponto de pomada) Manteiga em temperatura ambiente, trabalhada com uma espátula até adquirir consistência cremosa, ficando macia e bem clara.

Manteiga noisette Manteiga que é derretida no fogo até ficar amarronzada e as partículas sólidas do soro do leite grudarem no fundo da panela, produzindo um leve aroma de avelã.

Marmorizado Diz-se de uma sobremesa composta de duas preparações tecnicamente idênticas, mas de cores e aromas contrastantes (bolo marmorizado, cobertura marmorizada etc.).

Merengue Mistura de claras batidas em neve e açúcar. Há três tipos de merengue: 1. O merengue francês, em que as claras em neve são acrescidas de açúcar aos poucos. 2. O merengue italiano, em que se incorpora calda de açúcar às claras em neve. 3. O merengue suíço, em que as claras e o açúcar são batidos em banho-maria.

Moldar Dar um formato especial a uma preparação.

Montar Bater vigorosamente um ingrediente (como claras, creme de leite etc.) ou uma mistura para dar-lhe volume e formar picos.

N

Nibs de cacau São lascas de amêndoas de cacau levemente torradas e trituradas. Encontram-se à venda em lojas especializadas.

P

Pão de ló Massa leve à base de gemas, açúcar, farinha de trigo e claras batidas em neve.

Pasta de cacau Pasta feita com amêndoas de cacau moídas. Ela é a matéria-prima de todos os produtos à base de cacau ou chocolate. À venda em lojas especializadas.

Pâton Massa folhada que já passou pelas dobras, mas ainda não foi modelada ou assada.

Pelar Tirar a pele de frutas (amêndoas, pêssegos, pistaches) depois de aferventá-las.

Peneirar 1. Passar uma preparação líquida ou semilíquida em coador ou peneira para eliminar as partículas sólidas. 2. Passar um ingrediente (como

GLOSSÁRIO **407**

cacau, farinha, açúcar, fermento) na peneira para retirar os grumos.

Picar Cortar em pedaços pequenos, com faca ou triturador, frutas cristalizadas, chocolate, avelãs, amêndoas etc.

Pitada Pequena quantidade de um ingrediente reduzido a pó (como sal, açúcar etc.). Costuma-se pegá-la com o polegar e o indicador.

Poché Alimento em líquido mantido em baixa fervura, como frutas em uma calda.

Ponto de fita Diz-se de uma preparação que, depois de batida o suficiente, está lisa, homogênea e escorre do batedor sem se quebrar, formando uma fita.

Pralin Preparação à base de amêndoas ou avelãs caramelizadas e depois trituradas até adquirir a consistência de farofa. É vendida em lojas especializadas (ver a receita na p. 325).

Pralinê Preparação à base de amêndoas ou avelãs caramelizadas e depois trituradas até adquirir a consistência de uma massa mole. É vendida em lojas especializadas (ver a receita na p. 325).

Q

Quenelle É uma técnica bastante usada atualmente pelos chefs para servir purês, sorvetes e sorbets. Na verdade, "quenelle" é um bolinho. Por associação, o nome acabou sendo utilizado para se referir à técnica de moldar uma preparação em formato oval com a ajuda de duas colheres idênticas.

R

Raspas São o produto da raspagem da casca de frutas cítricas, como laranja ou limão. Costuma-se acrescentá-las a uma preparação para aromatizá-la.

Rechear Preencher uma preparação salgada ou doce com um recheio (como bombas recheadas, mil-folhas etc.).

Recortar Cortar formas, em uma massa previamente aberta, com uma faca ou cortador.

Reduzir Manter um líquido em ebulição para que ele evapore e diminua de volume. A preparação fica mais espessa e os sabores, mais concentrados.

Reservar Manter de lado por algum tempo, no calor ou na geladeira, preparos destinados a serem usados mais tarde, durante a realização da receita.

Revestir 1. Dispor uma preparação ou uma massa em intervalos regulares em uma fôrma com um saco de confeitar com bico liso ou canelado. **2.** Recobrir totalmente um alimento com uma camada relativamente grossa de outros ingredientes, como chocolate, cacau, açúcar etc.

Riscar Fazer traços decorativos, com a ponta de uma faca ou um garfo, sobre uma massa pincelada com ovos e pronta para ir ao forno, como o bolo de reis, a torta de maçã etc.

S

Secar (uma massa) Eliminar o excesso de água de uma preparação aquecendo-a no fogo e mexendo-a sem parar com uma colher de pau até se desgrudar das laterais da panela e envolver a colher (massa choux, pâte de fruit etc.).

Socar Triturar um ingrediente com um martelo ou amassá-lo grosseiramente com um pilão.

Sovar Misturar os ingredientes de uma massa e trabalhá-la até ela ficar com consistência homogênea e lisa.

T

Temperagem É um processo de aquecimento e resfriamento intermitentes do chocolate (ver p. 320), para que o produto fique brilhante, resistente, liso e maleável. Depois de temperado, o chocolate pode ser usado como cobertura de sobremesas e bombons ou para ser modelado.

Tostar Assar uniformemente, em forno aquecido, frutas secas como nozes, amêndoas, pistaches etc.

Trabalhar Bater ou misturar vigorosamente uma preparação com as mãos, com um utensílio ou batedeira para incorporar ar ou outros ingredientes, deixando-a com consistência espessa ou mais lisa.

U

Untar 1. Aplicar óleo ou qualquer matéria gordurosa em um recipiente, com um pincel ou com as mãos, para que a preparação não grude nele ao ser aquecida. **2.** Cobrir uma fôrma ou assadeira com uma fina camada de óleo ou manteiga para que a preparação não grude no fundo e nas laterais.

ÍNDICE DAS RECEITAS POR ORDEM ALFABÉTICA

A
Amanteigados de chocolate e canela **284**
Amêndoas de marzipã cobertas de chocolate **330**

B
Barquetes doçura **92**
Beignets de chocolate **260**
Beignets de semolina recheados com chocolate e mascarpone **308**
Bijus de chocolate **266**
Bolinhos fofos de chocolate com creme de pistache **62**
Bolo cremoso de chocolate e figo **50**
Bolo da mamãe **48**
Bolo de amêndoas **24**
Bolo de chocolate amargo **40**
Bolo de chocolate com amêndoas **38**
Bolo de chocolate com cerejas **42**
Bolo de chocolate com frutas secas **20**
Bolo de chocolate e avelã **46**
Bolo de chocolate e framboesa **44**
Bolo de Natal com frutas **18**
Bolo maravilha **60**
Bolo mármore **56**
Bolo mármore de chocolate e pistache **58**
Bolo Ópera de chocolate e pistache **36**
Bolo quatre-quarts de chocolate **70**
Bolo quatre-quarts de chocolate com gotas **72**
Bolo Rainha de Sabá **74**
Bolo real **66**
Bolo rosácea **168**
Bolo Saint-Honoré de chocolate **84**
Bombons Annabella **332**
Bombons crespinhos de amêndoa **372**
Bombons crocantes de amêndoa **352**
Bombons de banana **346**
Bombons de chocolate com caramelo cremoso **358**
Bombons de chocolate com cassis **348**
Bombons de chocolate com pralinê **364**
Brownie **262**

C
Caramelos cremosos de chocolate **334**
Carolinas de chantili com chocolate e framboesas frescas **264**
Castanhas portuguesas cobertas com caramelo de chocolate **360**
Cerejinhas cobertas com chocolate **336**
Chardons de pistache **340**
Charlote de chocolate **140**
Cheesecake de batata e chocolate amargo **96**
Chocolate belga **214**
Chocolate quente **246**
Chocolate total **202**
Cookies de canela com gotas de chocolate **268**
Cookies de chocolate e laranja **270**
Coração de chocolate **26**
Creme aerado à moda antiga **150**
Crème brûlée de chocolate **142**
Crème brûlée de chocolate branco **144**
Creme de chocolate e chantili com pimenta e folhinhas de caramelo **146**
Creme de Irish coffee **148**
Creme gelado com calda quente de chocolate **216**
Creme gelado de chocolate com zabaione quente de café **218**
Creme inglês **208**
Crepes de chocolate **274**

D
Dacquoise de pera com calda de chocolate ao vinho **28**
Delícia de chocolate **30**
Delícia de chocolate com nozes **32**
Discos de chocolate com ouro **368**
Docinhos de chocolate com passas ao rum **350**
Duo quente-frio de baunilha com biscoitos crocantes **220**

E
Éclairs de chocolate triplo **276**
Entremets de café e chocolate **154**
Entremets de chocolate e yuzu **156**
Entremets de semolina com morangos **160**
Entremets Morgador **158**

F
Financiers com gotas de chocolate e musse de chocolate ao leite **278**
Financiers de laranja com gotas de chocolate **280**
Flã de chocolate com caramelo de goiaba **162**
Flã moderno de chocolate com crumble de quinoa **94**
Florentinos com chocolate **282**
Folhas de outono **34**
Fondant Sévigné com creme de pralin **164**
Fondue de chocolate **166**
Forminhas, taças e cones de chocolate **272**
Frutas revestidas de chocolate **354**
Fudges de chocolate branco e pistache **356**

G
Ganache **12**
Génoise de chocolate e framboesa **54**
Génoise de chocolate em três camadas **82**
Granité de chocolate **226**

K
Kouglof com gotas de chocolate **52**

L
Leite gelado com chocolate e espuma de chantili **248**
Línguas de gato crocante **258**

M
Macarons de chocolate **286**
Macarons de chocolate com flor de sal **288**
Madalenas de mel e chocolate **292**
Madalenas marmorizadas de chocolate e limão **290**
Manga caramelizada com crumble de chocolate **100**
Marquise de chocolate **170**
Massa amanteigada (sablée) **88**
Massa choux **209**
Mendiants de chocolate amargo **362**
Merengue de chocolate **138, 172**
Mil-folhas de chocolate com creme de baunilha **296**
Milk-shake de chocolate **250**
Minibolinhos de chocolate e laranja **294**
Minibombas de chocolate **298**
Minitortas de chocolate amargo com caramelo de nozes **126**
Minitortas de chocolate com nougatine **128**
Minitortas de marrom-glacê **130**
Minitortas musse de chocolate **132**
Minitortas suflês de chocolate e avelã **134**
Muffins de maracujá com gotas de chocolate **300**
Musse de chocolate **174**
Musse de chocolate branco **176**
Musse de chocolate com avelãs e uísque **180**
Musse de chocolate com infusão de chá preto e creme de café **178**
Musse de chocolate com pralinê **182**
Musse de chocolate com cascas de laranja cristalizadas **184**
Musse gelada de chocolate aerada **186**
Musse tricolor **240**

P
Parfait gelado de chocolate com creme de laranja e manjericão **230**
Pasta de chocolate para passar no pão **188**
Pequenas dacquoises e seus florentinos **68**
Peras Bela Helena **232**
Petit-gâteau de chocolate com recheio cremoso **64**
Pralinê (pasta de) **325**
Profiteroles com sorvete e calda quente de chocolate **234**

Q
Quadradinhos de chocolate e framboesa **22**

R
Religieuses de chocolate e manga **310**
Rocambole de chocolate **78**
Rocambole de chocolate ao licor de laranja **76**
Rocambole de Natal de chocolate **16**
Rochers **370**

S

Sablés bretões de cacau com creme de limão — 302
Sablés bretões com chocolate e framboesa — 304
Sablés de chocolate — 306
Sopa de chocolate, espetinho de abacaxi em calda de anis e abacaxi crocante — 252
Sopa de morango com quenelles geladas de chocolate branco — 222
Sorbet de chocolate com coulis de frutas vermelhas — 236
Sorvete de chocolate branco e anis com nozes-pecãs caramelizadas — 224
Suflê de chocolate — 194
Suflês de chocolate branco — 200
Suflês gelados com merengue — 238
Suflê quente de chocolate amargo — 196
Suflês quentes de chocolate e café — 198

T

Tagliatelle de chocolate com salada de laranja — 312
Terrina bicolor de musse — 152
Tigelinhas de creme de chocolate — 190
Torrone gelado de chocolate — 228
Torrones de chocolate — 366
Torta com confeitos coloridos de chocolate — 124
Torta de chocolate — 98
Torta de chocolate amargo — 102
Torta de chocolate com peras caramelizadas — 114
Torta de chocolate com perfume de limão — 104
Torta de chocolate com pralinê — 116
Torta de chocolate e coco — 110
Torta de chocolate e figo — 106
Torta de chocolate e laranja aromatizada com coentro — 112
Torta de chocolate grand cru — 108
Torta de creme de chocolate com frutas secas caramelizadas — 122
Torta de maçã com ganache e nibs de cacau — 120
Torta de maracujá e chocolate — 118
Torta tipo Sacher — 80
Trio de avelãs cobertas de chocolate — 374
Trio de cremes — 192
Tronco gelado de chocolate amargo — 212
Trufas ao rum — 382
Trufas de chocolate com limão — 342
Trufas de laranja — 338
Trufas de licor de laranja — 380
Trufas de limão — 378
Trufas de matcha — 344
Trufas geladas — 242
Trufas práticas — 376
Trufinhas de café — 384
Tuiles de chocolate — 314
Tuiles de chocolate e avelã — 316

V

Verrine de chocolate e matcha — 204
Verrines de chocolate com compota de damasco e crumble de flor de sal — 244

ÍNDICE DAS RECEITAS POR INGREDIENTES

A

Abacaxi
Fondue de chocolate — 166
Sopa de chocolate, espetinho de abacaxi em calda de anis e abacaxi crocante — 252

Amêndoa
Amêndoas de marzipã cobertas de chocolate — 330
Beignets de semolina recheados com chocolate e mascarpone — 308
Bolo de amêndoas — 24
Bolo de chocolate com amêndoas — 38
Bolo rosácea — 168
Bombons crespinhos de amêndoa — 372
Bombons crocantes de amêndoa — 352
Bombons tipo Ferrero Rocher — 370
Coração de chocolate — 26
Florentinos com chocolate — 282
Kouglof com gotas de chocolate — 52
Línguas de gato de chocolate crocantes — 258
Minitortas de chocolate com nougatine — 128
Musse de chocolate com pralinê — 182
Pasta de chocolate para passar no pão — 188
Pequenas dacquoises e seus florentinos — 68
Pralin (pasta de) — 325
Torrone gelado de chocolate — 228
Torta de chocolate com pralinê — 116
Torta de creme de chocolate com frutas secas caramelizadas — 122
Trufinhas de café — 384
Tuiles de chocolate — 314

Amêndoa (farinha de)
Beignets de semolina recheados com chocolate e mascarpone — 308
Bolo de chocolate com amêndoas — 38
Bolo Ópera de chocolate e pistache — 36
Bolo real — 66
Dacquoise de pera com calda de chocolate ao vinho — 28
Delícia de chocolate — 30
Delícia de chocolate com nozes — 32
Delícias de chocolate e laranja — 294
Entremets de chocolate e laranja — 156
Financiers com gotas de chocolate e musse de chocolate ao leite — 278
Financiers de laranja com gotas de chocolate — 280
Folhas de outono — 34
Línguas de gato de chocolate crocantes — 258
Macarons de chocolate — 286
Macarons de chocolate com flor de sal — 288
Minitortas de chocolate com nougatine — 128
Pequenas dacquoises e seus florentinos — 68
Torta de chocolate — 98
Torta de chocolate com pralinê — 116
Torta de chocolate e coco — 110

Torta de creme de chocolate com frutas secas caramelizadas — 122
Torta de maracujá e chocolate — 118
Torta tipo Sacher — 80
Verrines de chocolate com compota de damasco e crumble de flor de sal — 244

Amora
Bolo de Natal com frutas — 18

Anis (licor de)
Sorvete de chocolate branco e anis com nozes-pecãs caramelizadas — 224

Anis-estrelado
Dacquoise de pera com calda de chocolate ao vinho — 28
Sopa de chocolate, espetinho de abacaxi em calda de anis e abacaxi crocante — 252

Avelã
Bolo de chocolate com frutas secas — 20
Bombons crocantes de amêndoa — 352
Mendiants de chocolate amargo — 362
Musse de chocolate com avelãs e uísque — 180
Musse de chocolate com chá preto e creme de café — 178
Musse de chocolate com pralinê — 182
Pasta de chocolate para passar no pão — 188
Pralinê (pasta de) — 325
Torrones de chocolate — 366
Torta de chocolate com pralinê — 116
Torta de creme de chocolate com frutas secas caramelizadas — 122
Trio de avelãs cobertas de chocolate — 374
Tuiles de chocolate e avelã — 316

Avelã (licor de)
Minitortas suflês de chocolate e avelã — 134

Avelã (farinha de)
Bolo de chocolate e avelã — 46
Delícia de chocolate — 30
Manga caramelizada com crumble de chocolate — 100
Minitortas suflês de chocolate e avelã — 134
Verrine de chocolate e matcha — 204

Avelã (creme de com chocolate)
Bolo de chocolate e avelã — 46
Crepes de chocolate — 274

B

Banana
Bombons de banana — 346
Fondue de chocolate — 166

Baunilha (essência de)
Amanteigados de chocolate e canela — 284
Bolinhos fofos de chocolate com creme de pistache — 62
Bolo de chocolate com amêndoas — 38
Cookies de canela com gotas de chocolate — 268
Flã de chocolate com caramelo de goiaba — 162
Flã moderno de chocolate com crumble de quinoa — 94
Musse de chocolate com chá preto e creme de café — 178
Tagliatelle de chocolate com salada de laranja — 312
Torta de chocolate — 98
Torta de chocolate com pralinê — 116
Torta de maçã com ganache e nibs de cacau — 120
Trufas de chocolate sem álcool — 376
Verrines de chocolate com compota de damasco e crumble de flor de sal — 244

Baunilha (sorvete de)
Duo quente-frio de baunilha com biscoitos crocantes — 220
Milk-shake de chocolate — 250
Peras Bela Helena — 232
Profiteroles com sorvete e calda quente de chocolate — 234

Baunilha (fava de)
Beignets de semolina recheados com chocolate e mascarpone — 308
Bolo cremoso de chocolate e figo — 50
Bolo de chocolate e avelã — 46
Bombons crocantes de amêndoa — 352
Crème brûlée de chocolate branco — 144
Creme de chocolate e chantili com pimenta e folhinhas de caramelo — 146
Creme inglês — 208
Duo quente-frio de baunilha com biscoitos crocantes — 220
Éclairs de chocolate triplo — 276
Entremets de semolina com morangos — 160
Financiers com gotas de chocolate e musse de chocolate ao leite — 278
Fondue de chocolate — 166
Macarons de chocolate com flor de sal — 288
Mil-folhas de chocolate com creme de baunilha — 296
Minibombas de chocolate — 298
Peras Bela Helena — 232
Sopa de chocolate, espetinho de abacaxi em calda de anis e abacaxi crocante — 252
Sopa de morango com quenelles geladas de chocolate branco — 222
Suflê de chocolate — 194
Torta de chocolate amargo — 102
Torta de chocolate e laranja aromatizada com coentro — 112
Trio de cremes — 192

ÍNDICE DAS RECEITAS POR INGREDIENTES 411

Baunilha (açúcar de)
Minitortas suflês de chocolate
 e avelã   134
Torta de chocolate com pralinê   116
Torta de chocolate e laranja
 aromatizada com coentro   112

C

Cacau (em pó)
Beignets de chocolate   260
Bolo de amêndoas   24
Bolo de chocolate amargo   40
Bolo de chocolate com cerejas   42
Bolo de chocolate com frutas secas   20
Bolo de chocolate e framboesa   44
Bolo de Natal com frutas   18
Bolo maravilha   60
Bolo mármore   56
Bolo mármore de chocolate
 e pistache   58
Bolo quatre-quarts de chocolate   70
Bolo Rainha de Sabá   74
Bolo real   66
Bolo rosácea   168
Brownie   262
Cheesecake de batata e chocolate
 amargo   96
Chocolate total   202
Creme aerado à moda antiga   150
Creme de Irish coffee   148
Creme gelado de chocolate com
 zabaione quente de café   218
Delícia de chocolate   30
Entremets de chocolate e laranja   156
Folhas de outono   34
Génoise de chocolate e framboesa   54
Génoise de chocolate em três
 camadas   82
Macarons de chocolate   286
Macarons de chocolate com flor
 de sal   288
Madalenas marmorizadas
 de chocolate e limão   290
Manga caramelizada com crumble
 de chocolate   100
Merengue de chocolate   172
Mil-folhas de chocolate com creme
 de baunilha   296
Milk-shake de chocolate   250
Minitortas de chocolate amargo
 com caramelo de nozes   126
Minitortas de marrom-glacê   130
Minitortas musse de chocolate   132
Minitortas suflês de chocolate
 e avelã   134
Rocambole de chocolate   78
Rocambole de chocolate ao licor
 de laranja   76
Sablés bretões de chocolate com
 creme de limão   302
Sablés de chocolate   306
Sorbet de chocolate com coulis
 de frutas vermelhas   236
Suflê de chocolate   194
Suflê quente de chocolate amargo   196
Suflês quentes de chocolate e café   198
Tagliatelle de chocolate com salada
 de laranja   312
Terrina bicolor de musse   152
Torta de chocolate   98
Torta de chocolate com peras
 caramelizadas   114

Torta de chocolate com perfume
 de limão   104
Torta de chocolate e coco   110
Torta de chocolate e figo   106
Torta de creme de chocolate com
 frutas secas caramelizadas   122
Torta de maçã com ganache e nibs
 de cacau   120
Trio de cremes   192
Tronco gelado de chocolate amargo   212
Trufas ao rum   382
Trufas de chocolate sem álcool   376
Trufas de licor de laranja   380
Trufas de matcha   344
Trufas geladas   242
Tuiles de chocolate e avelã   316

Cacau (nibs de)
Torta de maçã com ganache e nibs
 de cacau   120

Cacau (pasta de)
Chocolate belga   214
Creme gelado com calda quente
 de chocolate   216
Creme gelado de chocolate com
 zabaione quente de café   218
Quadradinhos de chocolate
 e framboesa   22

Café (essência de)
Bolo da mamãe   48
Creme de Irish coffee   148
Entremets de café e chocolate   154
Rocambole de Natal de chocolate   16

Café (licor de)
Creme gelado de chocolate com
 zabaione quente de café   218

Café (solúvel)
Creme gelado de chocolate com
 zabaione quente de café   218
Entremets de café e chocolate   154
Musse de chocolate com chá preto
 e creme de café   178
Suflês quentes de chocolate e café   198
Trio de cremes   192
Trufinhas de café   384

Canela
Amanteigados de chocolate e canela   284
Chocolate quente   246
Cookies de canela com gotas de
 chocolate   268
Dacquoise de pera com calda de
 chocolate ao vinho   28
Duo quente-frio de baunilha com
 biscoitos crocantes   220
Flã de chocolate com caramelo
 de goiaba   162
Flã moderno de chocolate com
 crumble de quinoa   94

Cassis
Bombons de chocolate com cassis   348

Cereja cristalizada
Bolo de chocolate com frutas secas   20
Florentinos com chocolate   282
Pequenas dacquoises e seus
 florentinos   68
Torrones de chocolate   366

Cereja em calda
Bolo de chocolate com cerejas   42
Cerejinhas cobertas com chocolate   336
Torrone gelado de chocolate   228

Chá
Musse de chocolate com chá preto
 e creme de café   178
Trufas de chocolate com limão   342
Trufas de matcha   344
Verrine de chocolate e matcha   204

Chocolate amargo (55 a 70% de cacau)
Beignets de chocolate   260
Bolinhos fofos de chocolate com
 creme de pistache   62
Bolo cremoso de chocolate e figo   50
Bolo de chocolate amargo   40
Bolo de chocolate e avelã   46
Bolo Saint-Honoré de chocolate   84
Bombons de chocolate com cassis   348
Bombons tipo Ferrero Rocher   370
Brownie   262
Chocolate belga   214
Creme aerado à moda antiga   150
Creme de Irish coffee   148
Creme gelado com calda quente
 de chocolate   216
Creme gelado de chocolate com
 zabaione quente de café   218
Dacquoise de pera com calda de
 chocolate ao vinho   28
Entremets de café e chocolate   154
Flã moderno de chocolate com
 crumble de quinoa   94
Minitortas de chocolate com
 nougatine   128
Suflê quente de chocolate amargo   196
Torta com confeitos coloridos
 de chocolate   124
Torta de chocolate amargo   102
Torta de maracujá e chocolate   118
Tronco gelado de chocolate amargo   212

Chocolate ao leite
Barquetes doçura   92
Bombons crocantes de amêndoa   352
Bombons de banana   346
Bombons de chocolate com pralinê   364
Financiers com gotas de chocolate
 e musse de chocolate ao leite   278
Musse tricolor   240
Pequenas dacquoises e seus florentinos   68
Terrina bicolor de musse   152
Torta de chocolate   98
Torta de maracujá e chocolate   118
Trio de avelãs cobertas de chocolate   374
Trufas de chocolate com limão   342
Trufas de licor de laranja   380
Trufas de limão   378
Trufas de matcha   344
Trufinhas de café   384

Chocolate branco
Bombons Annabella	332
Crème brûlée de chocolate branco	144
Delícia de chocolate com nozes	32
Fudges de chocolate branco e pistache	356
Musse de chocolate branco	176
Musse tricolor	240
Sopa de morango com quenelles geladas de chocolate branco	222
Sorvete de chocolate branco e anis com nozes-pecãs caramelizadas	224
Suflês de chocolate branco	200

Chocolate (glaçagem de)
Entremets de café e chocolate	154
Entremets de chocolate e laranja	156
Marquise de chocolate	170

Chocolate (glacê de)
Éclairs de chocolate triplo	276

Chocolate (gotas de)
Bolo quatre-quarts com gotas de chocolate	72
Cookies de canela com gotas de chocolate	268
Financiers com gotas de chocolate e musse de chocolate ao leite	278
Financiers de laranja com gotas de chocolate	280
Kouglof com gotas de chocolate	52
Muffins de maracujá com gotas de chocolate	300

Chocolate granulado
Bolo de chocolate amargo	40
Torta de maçã com ganache e nibs de cacau	120

Chocolate (sorbet de)
Sorbet de chocolate com coulis de frutas vermelhas	236

Chocolate (sorvete de)
Chocolate belga	214
Chocolate total	202
Creme gelado com calda quente de chocolate	216
Creme gelado de chocolate com zabaione quente de café	218
Milk-shake de chocolate	250
Sorvete de chocolate branco e anis com nozes-pecãs caramelizadas	224
Trufas geladas	242

Citronela (talos de)
Sopa de morango com quenelles geladas de chocolate branco	222

Coco
Amanteigados de chocolate e canela	284
Torta de chocolate e coco	110

Coentro (grãos de)
Torta de chocolate e laranja aromatizada com coentro	112

Cravo-da-índia
Dacquoise de pera com calda de chocolate ao vinho	28
Flã moderno de chocolate com crumble de quinoa	94

D
Damasco (compota de)
Verrines de chocolate com compota de damasco e crumble de flor de sal	244

Damasco (geleia de)
Torta tipo Sacher	80

Damasco seco
Bolo de chocolate com frutas secas	20
Mendiants de chocolate amargo	362

F
Figo seco
Bolo cremoso de chocolate e figo	50
Torta de chocolate e figo	106

Filo (massa)
Bombons de chocolate com caramelo cremoso	358

Flor de sal
Macarons de chocolate com flor de sal	288
Sablés bretões de chocolate com creme de limão	302
Verrines de chocolate com compota de damasco e crumble de flor de sal	244

Framboesa
Bolo de chocolate e framboesa	44
Bolo de Natal com frutas	18
Carolinas de chantili com chocolate e framboesas	264
Entremets Morgador	158
Merengue de chocolate	172
Quadradinhos de chocolate e framboesa	22
Rocambole de chocolate	78
Sablés bretões de chocolate com creme de limão	302
Sablés bretões com chocolate e framboesa	304
Sorbet de chocolate com coulis de frutas vermelhas	236
Torta de maracujá e chocolate	118

Framboesa (aguardente ou purê de)
Entremets Morgador	158
Quadradinhos de chocolate e framboesa	22
Torta de chocolate e figo	106

Framboesa (geleia de)
Entremets Morgador	158
Génoise de chocolate e framboesa	54
Rocambole de chocolate ao licor de laranja	76
Sablés bretões com chocolate e framboesa	304

Framboesa (licor de)
Bolo de chocolate e framboesa	44

Frutas cristalizadas
Bolo de chocolate com frutas secas	20
Florentinos com chocolate	282
Torrone gelado de chocolate	228

G
Goiaba
Flã de chocolate com caramelo de goiaba	162

Grapefruit
Parfait gelado de chocolate com creme de laranja e manjericão	230

Grenadine (xarope de)
Tagliatelle de chocolate com salada de laranja	312

H
Hortelã
Musse de chocolate com chá preto e creme de café	178
Tagliatelle de chocolate com salada de laranja	312

K
Kirsch
Bolo Ópera de chocolate e pistache	36
Torrone gelado de chocolate	228
Torta tipo Sacher	80
Trufas de laranja	338

Kiwi
Bolo de Natal com frutas	18
Fondue de chocolate	166

L
Laranja
Cheesecake de batata e chocolate amargo	96
Cookies de chocolate e laranja	270
Delícias de chocolate e laranja	294
Parfait gelado de chocolate com creme de laranja e manjericão	230
Tagliatelle de chocolate com salada de laranja	312
Torta de chocolate e laranja aromatizada com coentro	112

Laranja (geleia de)
Tagliatelle de chocolate com salada de laranja	312

ÍNDICE DAS RECEITAS POR INGREDIENTES

Laranja (licor de, tipo Cointreau)
Delícias de chocolate e laranja 294
Génoise de chocolate em três camadas 82
Rocambole de chocolate ao licor de laranja 76
Tagliatelle de chocolate com salada de laranja 312
Trufas de licor de laranja 380

Laranja cristalizada (ou casca de)
Bolo de chocolate com frutas secas 20
Entremets de chocolate e laranja 156
Financiers de laranja com gotas de chocolate 280
Florentinos com chocolate 282
Kouglof com gotas de chocolate 52
Musse de chocolate com cascas de laranja cristalizadas 184
Pequenas dacquoises e seus florentinos 68
Trufas de laranja 338

Leite (doce de)
Flã de chocolate com caramelo de goiaba 162

Leite condensado
Flã de chocolate com caramelo de goiaba 162

Leite de coco
Sopa de morango com quenelles geladas de chocolate branco 222

Limão-siciliano
Madalenas marmorizadas de chocolate e limão 290
Sablés bretões de chocolate com creme de limão 302
Trufas de chocolate com limão 342
Trufas de limão 378

Limão-taiti
Dacquoise de pera com calda de chocolate ao vinho 28
Muffins de maracujá com gotas de chocolate 300
Peras Bela Helena 232
Sorbet de chocolate com coulis de frutas vermelhas 236
Torta de chocolate com perfume de limão 104

M
Maçã
Torta de maçã com ganache e nibs de cacau 120

Maçã (compota de)
Torta de chocolate e coco 110

Manga
Manga caramelizada com crumble de chocolate 100
Religieuses de chocolate e manga 310

Manteiga com sal
Bombons de chocolate com caramelo cremoso 358
Sablés de chocolate 306

Maracujá
Muffins de maracujá com gotas de chocolate 300
Torta de maracujá e chocolate 118

Maracujá (suco de)
Sopa de morango com quenelles geladas de chocolate branco 222

Marrom-glacê (castanha portuguesa glaçada)
Castanhas portuguesas cobertas com caramelo de chocolate 360
Minitortas de marrom-glacê 130

Marzipã (pasta de amêndoa)
Amêndoas de marzipã cobertas de chocolate 330
Bolo de amêndoas 24
Bolo Rainha de Sabá 74
Bombons Annabella 332
Chardons de pistache 340
Rocambole de Natal de chocolate 16
Trufas de laranja 338

Mascarpone
Beignets de semolina recheados com chocolate e mascarpone 308
Entremets de semolina com morangos 160

Mel
Bolo de chocolate e framboesa 44
Bolo maravilha 60
Bolo mármore de chocolate e pistache 58
Bombons de chocolate com pralinê 364
Bombons de banana 346
Bombons de chocolate com cassis 348
Caramelos cremosos de chocolate 334
Castanhas portuguesas cobertas com caramelo de chocolate 360
Chardons de pistache 340
Cheesecake de batata e chocolate amargo 96
Creme de chocolate e chantili com pimenta e folhinhas de caramelo 146
Dacquoise de pera com calda de chocolate ao vinho 28
Delícia de chocolate 30
Delícia de chocolate com nozes 32
Delícias de chocolate e laranja 294
Discos de chocolate com ouro 368
Docinhos de chocolate com passas ao rum 350

Entremets de café e chocolate 154
Financiers com gotas de chocolate e musse de chocolate ao leite 278
Florentinos com chocolate 282
Fudges de chocolate branco e pistache 356
Macarons de chocolate 286
Madalenas de mel e chocolate 292
Marquise de chocolate 170
Minitortas de chocolate amargo com caramelo de nozes 126
Minitortas de chocolate com nougatine 128
Musse gelada de chocolate aerada 186
Pasta de chocolate para passar no pão 188
Pequenas dacquoises e seus florentinos 68
Quadradinhos de chocolate e framboesa 22
Sopa de chocolate, espetinho de abacaxi em calda de anis e abacaxi crocante 252
Torrones de chocolate 366
Torta de chocolate com peras caramelizadas 114
Torta de creme de chocolate com frutas secas caramelizadas 122
Trufas de licor de laranja 380
Trufinhas de café 384

Morango
Bolo de Natal com frutas 18
Coração de chocolate 26
Entremets de semolina com morangos 160
Fondue de chocolate 166
Frutas revestidas de chocolate 354
Sablés bretões de chocolate com creme de limão 302
Sopa de morango com quenelles geladas de chocolate branco 222

N
Nibs de cacau VER **Cacau (nibs de)**

Noz
Bolo maravilha 60
Cheesecake de batata e chocolate amargo 96
Delícia de chocolate com nozes 32
Minitortas de chocolate com caramelo de nozes 126

Noz-moscada
Dacquoise de pera com calda de chocolate ao vinho 28
Duo quente-frio de baunilha com biscoitos crocantes 220
Torta de maçã com ganache e nibs de cacau 120

Noz-pecã
Brownie 262
Sorvete de chocolate branco e anis com nozes-pecãs caramelizadas 224

414 ÍNDICE DAS RECEITAS POR INGREDIENTES

P
Pasta de cacau VER Cacau (pasta de)

Pera
Bolo de Natal com frutas	18
Dacquoise de pera com calda de chocolate ao vinho	28
Peras Bela Helena	232

Pera (em calda)
Torta de chocolate com peras caramelizadas	114

Pimenta
Chocolate quente	246
Creme de chocolate e chantili com pimenta e folhinhas de caramelo	146
Dacquoise de pera com calda de chocolate ao vinho	28

Pistache
Bolinhos fofos de chocolate com creme de pistache	62
Bolo mármore de chocolate e pistache	58
Bolo Ópera de chocolate e pistache	36
Bolo de chocolate com frutas secas	20
Chardons de pistache	340
Fudges de chocolate branco e pistache	356
Mendiants de chocolate amargo	362

Pistache (pasta de)
Bolo Ópera de chocolate e pistache	36

Praliné (pasta de)
Bolo maravilha	60
Bombons de chocolate com pralinê	364
Bombons tipo Ferrero Rocher	370
Duo quente-frio de baunilha com biscoitos crocantes	220
Fondant Sévigné com creme de pralin	164
Marquise de chocolate	170
Musse de chocolate com pralinê	182
Pasta de chocolate para passar no pão	188
Torta de chocolate	98
Torta de chocolate com pralinê	116

Q
Queijo branco
Cheesecake de batata e chocolate amargo	96

R
Rum
Bolo mármore	56
Bolo real	66
Bolo quatre-quarts de chocolate com gotas	72
Bombons Annabella	332
Chardons de pistache	340
Creme gelado de chocolate com zabaione quente de café	218
Docinhos de chocolate com passas ao rum	350
Entremets de semolina com morangos	160
Rocambole de Natal de chocolate	16
Torta de maracujá e chocolate	118
Trufas ao rum	382

S
Semolina
Beignets de semolina recheados com chocolate e mascarpone	308
Entremets de semolina com morangos	160

T
Tangerina
Frutas revestidas de chocolate	354

U
Uísque
Creme de Irish coffee	148
Musse de chocolate com avelãs e uísque	180

Uva-passa
Bolo de chocolate com frutas secas	20
Bombons Annabella	332
Docinhos de chocolate com passas ao rum	350
Kouglof com gotas de chocolate	52

V
Vinho (tipo moscatel)
Bolo cremoso de chocolate e figo	50

Vinho tinto
Dacquoise de pera com calda de chocolate ao vinho	28
Torta de chocolate e figo	106

AGRADECIMENTOS

A Le Cordon Bleu e a Larousse querem agradecer às equipes de chefs ao redor do mundo, sediadas em aproximadamente vinte países e mais de cinquenta escolas, que permitiram a edição deste livro graças ao seu know-how e à sua criatividade.

Expressamos nossa gratidão à escola de **Paris**, com os chefs Xavier Cotte, Jean-François Deguignet, Patrick Lebouc, Franck Poupard, Jean-Jacques Tranchant, Nicolas Jordan (MOF), Frédéric Lesourd, Olivier Mahut, Patrick Caals, Williams Caussimon, Christian Moine, Marc Vaca, Pascal Quéré e Olivier Boudot.

À escola de **Londres**, comandada pelos chefs Alan Swinson, Loïc Malfait, Éric Bédiat, Anthony Boyd, Tom Birks, Daniel Hardy, David Duverger, Reginald Ioos, Colin Westal, Julie Walsh, Graeme Bartholomew, Matthew Hodgett, Nicolas Houchet, Javier Mercado, Dominique Moudart, Olivier Mourelon, Ian Winton e Jerome Pendaries.

À escola de **Tóquio**, representada pelos chefs Guillaume Siegler, Yuji Toyonaga, Stéphane Reinat, Dominique Gros, Katsutoshi Yokoyama, Hiroyuki Honda, Manuel Robert, Kazuki Ogata e Jean-Francois Favy.

À escola de **Kobe**, dirigida pelos chefs Patrick Lemesle, Tsuyoshi Kawamichi, Philippe Koehl e Jullian Pekle.

À escola de **Ottawa**, sob o comando dos chefs Didier Chantefort, Aurélien Legué, Hervé Chabert, Yannick Anton, Jocelyn Bouzenard, Khushroo Kambata, Julie Vachon, Frédéric Rose, Xavier Baudy e Jason Desjardins.

À escola da **Coreia**, sob a supervisão dos chefs Fabrice Huet, Laurent Reze, Julien Favario, Alain Heuze e Alain Sanchez.

À escola do **Peru**, com os chefs Torsten Enders, Paola Espach, Clet Laborde, Eric Germanangues, Jeremy Peñaloza, Javier Ampuero, Hajime Kasuga, Gregor Funke, Elena Braguina, Giovanna De Rivero, Angelo Ortiz, Fabian Beelen, Gloria Hinostroza, Annamaria Dominguez, Daniel Punchin, Olivier Roseau, Andrea Winkelried, Christophe Leroy, Patricia Colona, Samuel Moreau, Raul Cenzano e Martin Tufro.

À escola do **México**, com os chefs Arnaud Guerpillon, Alberto Acero, Carlos Barrera, Carlos Santos, Omar Morales, Malik Meghezi, Denis Delaval, Richard Lecoq, Sergio Torres e Cédric Carême.

À escola da **Tailândia**, com os chefs Fabrice Danniel, Christian Patrice Ham, Lisa Thorsen Barker, Pruek Sumpantaworaboot, Marc Champiré, Willy Pierre Daurade, Niruch Chotwatchara, Guillaume Francois Lucien Ancelin, Rapeepat Boriboon, Supapit Opatvisan, Jérémy Gilles e Julien Laurent.

Às escolas da **Austrália**, sob a responsabilidade do chef Andre Sandison.

À escola de **Xangai**, com os chefs Philippe Clergue e Nicolas Serrano.

À escola de **Istambul**, com os chefs Gilles Company, Olivier Pallut, Christopher Gauci e Christophe Bidault.

À escola de **Madri**, com os chefs Yann Barraud, Victor Pérez, Erwan Poudoulec, Franck Plana, David Millet, José Enrique González, Jean-Charles Boucher, Amandine Finger, Carlos Collado e Natalia Vázquez.

À escola de **Taiwan**, com os chefs Nicolas Belorgey e Sébastien Graslan.

À escola da **Nova Zelândia**, com os chefs Sébastien Lambert, Paul Dicken, Francis Motta, Michel Rocton, Thomas Holleaux e Michael Arlukiewicz.

À escola da **Malásia**, com os chefs Rodolphe Onno, David Morris e Thierry Lerallu.

A publicação deste livro deve-se ao profissionalismo e ao entusiasmo das equipes de coordenação e administração, bem como à fotografia e à participação dos "degustadores" sob o comando do chef Daniel Walter: Catherine Baschet, Kaye Baudinette, Isabelle Beaudin, Émilie Burgat, Robyn Cahill, Marie-Anne Dufeu, Christian Lalonde (PhotoluxStudio), Charlotte Madec, Leanne Mallard, Sandra Messier, Kathy Shaw e Lynne Westney.

Agradecemos particularmente a Isabelle Jeuge-Maynard (presidente e diretora-geral) e a Ghislaine Stora (diretora-geral assistente), das Edições Larousse, e à sua equipe; Brigitte Courtillet, Anne-Charlotte Diverres, Camille Durette, Véronique de Finance-Cordonnier, Colette Hanicotte, Aude Mantoux e, por esta edição, Agnès Busière, Coralie Benoit e Olivier Ploton (fotografia).